국제관계연구총서 XVII

전통시대 동아시아 국제질서

| 권선홍 · 이상익 · 윤영인 · 김경록 지음 |

부산외국어대학교 출판부

국제관계연구총서 XVII

전통시대 동아시아 국제질서

2015년 12월 31일 초판 발행

저 자/ 권선홍, 이상익, 윤영인, 김경록
발행인/ 정 해 린
발행처/ 부산외국어대학교 출판부
등 록/ 제 14-11-15호
주 소/ 46234 부산광역시 금정구 금샘로 485번길 65
전 화/ 051) 509-6465, 6466 팩스/ 051) 509-6468
인터넷/ http://press.bufs.ac.kr
편 집/ 주간 · 김동하, 디자인 · 황은석
인쇄처/ 세종문화사 (051) 463-5898
공급처/ 한국출판협동조합 (02) 716-5616~9

ISBN 978-89-8312-415-9 94340

값 9,000원

서문

널리 알려진 바와 같이 근대 이후 서유럽 열강들의 전 세계적 침략·정복으로 결국 전 세계가 서구문명권에 편입되었고, 오늘날과 같은 하나의 세계국제사회가 등장하게 되었다. 그 과정에서 서구인들의 가치관이나 규범, 제도 나아가 생활방식이 전 세계적으로 보편화되어갔으며, 오늘날에는 전통적 기준 대신 서구문명기준이 당연시되고 있는 상황이다.

근대 이전의 유교문명권에 대해서도 근대 서구적 기준으로 접근하고 있음을 부인할 수 없을 것이다. 물과 불 또는 얼음과 숯 관계에 있는 서구적 기준으로 접근하려 한다면, 이를 제대로 이해하기도 쉽지 않거니와 그에 대한 정당한 평가는 더욱 어렵다고 본다. 무엇보다 근대인의 편견과 우월감을 시정하고, 좀 더 균형시각을 구비할 필요가 있다고 여겨진다.

19세기 중엽 이후 서구충격으로 붕괴되기까지 동아시아지역에서는 유교문명권이 그 핵심지역이었으며, 그 형성과 발전과정에서 중원지역의 한족들이 주도적인 역할을 하였음은 물론이나 주변지역의 여러 나라들도 이를 수용하여 나름대로 발전시켜 왔던 것이다. 즉, 유교문명은 그 구성국가들 모두의 참여로 만들어진 공동창조물이자 공동유산이었던 것이다.

이 책은 필자들이 이미 발표했던 논문을 수정 보완하여 펴낸 것이다. 처음 글은 2015 한국국제정치학회 하계 학술회의에서, 나머지 3편의 글은 '전통시대 동아시아 국제질서'라는 주제로 부산외국어대학교 국제관계연구소의 2015년 학술세미나에서 각각 발표되었다.

전통시대 동아시아 국제질서에 대한 연구는 국내외에서 상당한 정도 이루어지고 있고 많은 부분들이 밝혀지고는 있으나, 여전히 밝혀야할 부분과 해결해야할 문제점들이 적지 않다고 본다. 무엇보다 지적한 대로 근대적 시각에서 벗어날 필요가 있으며, 또한 국제정치학이나 경제학 등 사회과학분야와 함께 역사학과 철학 등 인문과학분야 간의 학제적 연구가 요구되고 나아가 충분한 의견교환과 지속적인 학술교류를 통해 역사적 실상에 대한 공감대를 넓혀갈 필요가 절실하다고 본다.

실린 글의 내용을 간략히 소개한다면, 권선홍은 전통시대 동아시아 국제질서를 이해하는데 문명권 차원에서 또한 비교접근방법이 필요함을 강조하고 있으며, 예의 중요성을 제기하면서 사대는 중세적 예치질서의 일부분으로서 흔히 생각하듯이 굴욕적인 것이 아니었다고 지적하고 있다. 또한 유교문명권의 평화지향성과 호혜성 나아가 동문의식으로 대표되는 공동체의식 등 장래에도 계승 발전시킬 만한 요소들이 적지 않다고 주장하고 있다. 아울러 일부 학자들이 주장하듯이, 더 나은 미래를 위해서는 서구적인 근대의 틀을 벗어나 중세의 장점 곧 보편주의특성을 적극 활용해야 함을 제안하고 있다.

이상익은 동양철학 특히 유교철학 전공자로서, '온 천하가 문명의 이상을 함께 한다'는 대일통사상과 덕으로 인정을 행해야 한다는 왕도론이 동아시아 국제질서의 사상적 기반이었으며, 호혜적 교류와 정치적 자율성을 내용으로 하는 사대자소와 책봉·조공체제가 작동하였다고 지적한다. 기본적으로 평화로운 국제질서를 유지하여 왔으며, 오늘날의 민주평화론과 유사하다면서 앞으로도 계승 발전시킬 필요가 있다고 주장하고 있다.

한편 조공체제론에 대한 대표적인 비판론자 중의 한사람인 윤영인은 중국의 우월성 유지를 위해 왜곡 또는 삭제된 사료에 매몰되는 것을 경계하면서, 지정학적인 세력균형과 실리주의에 따른 대외관계를 제대로 바라볼 필요가 있다고 강조하고 있다. 그러면서 조공체제에 대한 대안으로 세계체제이론과 불교문화권 시각에서의 접근을 제시하고 있다. 앞으로 많은 논의가 이루어질 것이라 기대된다.

명·청대 한중관계사 전공자인 김경록은 전근대 동아시아 국제질서에서 중화와 조공이 두 개의 키워드였다며, 국제관계에서 냉엄한 현실정치의 성격이 엄연히 존재하였지만 덕치와 예치를 바탕으로 발전된 특징이 있었다고 지적한다. 특히 조공제도가 현실화된 것은 역설적으로 한족이 아닌 몽고족의 원나라 때 이루어졌으며, 이를 계승한 명나라 때 와서 명나라 중심의 국제질서가 다양한 예제를 바탕으로 완비되기에 이르렀다고 한다. 무엇보다 책봉국과 조공국의 관계를 위계적으로 설정하고, 국왕의 정통성과 권위의 인정으로 통치의 명분이 되는 것이 현실정치에서 봉전이었다고 주장하고 있다.

이 책이 물론 부족한 점도 적지 않으리라 생각하지만, 부족한 것에 대한 독자 여러분들의 가르침을 받아 더 충실한 내용으로 가다듬어 나가고자 한다. 아울러 이 분야에 대한 논의를 활성화시키고, 역사적 실상에 좀 더 다가서는 디딤돌이 되기를 기대하여 본다.

끝으로 집필자 여러분께 우선 감사드리며, 또한 이 책의 발간을 지원해주신 학교 당국과 출판을 맡아주신 관계자 여러분에게도 감사드리고, 연구소 살림을 늘 도맡아 수고해주고 있는 성병욱 박사에게도 고마운 뜻을 전한다.

2015년 12월

부산외국어대학교 국제관계연구소

소장 권 선 홍

차례

유교사상에서 본 동아시아 전통국제사회*

권 선 홍**

Ⅰ. 머리말

널리 알려진 바와 같이, 오늘날의 단일한 세계국제사회(global international society)는 기독교문명권을 중심으로 한 서유럽 지역국제사회가 근대이후 비서구지역으로 침략·정복과 확대·전파를 하면서 마침내 세계 전역으로 확대된 것이다. 서구국제사회의 전 세계적 확대·침략과정에서 중동지역의 이슬람-아랍어, 남아시아의 힌두-산스크리트어 그리고 동아시아의 유교-한자 문명권들과 이에 기반을 두었던 지역국제사회들(regional international societies)이 차례로 붕괴되고 그에 흡수·편입되어갔다. 이러한 과정에서 서구의 시각이나 논리·가치관·규범·제도 등 곧 서구'문명기준(standard of civilization)'이 전 세계에 보편화되어 갔으며,[1] 그 결과 서구의 중세

---

* 이 글은 필자의 기존연구(2004; 2009; 2010; 2014; 2015)의 논지를 좀 더 발전시키고자, 2015 한국국제정치학회 여수 하계학술대회(2015. 6. 26)에서 발표한 필자의 논문을 수정 보완하여 작성한 것임

** 부산외국어대학교

1) 문명기준에 관한 대표적 연구는 Gerrit W. Gong, *The Standard of 'Civilization' in International Society* (Oxford: Clarendon, 1984) 참조. 또한 문명기준에 대한 특집

시대에 대해서는 물론이고 비서구지역에 대한 평가도 대체로 부정적일 수밖에 없게 되었다.

제1차 세계대전을 전후하여 영미권을 중심으로 출발한 국제정치학은 무엇보다 서구중심주의(Eurocentrism)와 몰역사주의(ahistoricism)라는 비판을 받고 있으며,[2] 여기에 무정부지향성(anarchophilia)과 국가중심주의(state-centrism), 현재주의(presentism) 등이 함께 문제점으로 지적되고 있다.[3] 즉 서구 중세의 기독교적 보편주의질서를 붕괴시키고 영토주권을 핵심으로 한 근대 국민국가(nation state)를 국제관계의 유일한 행위자로 규정하게 되면서, 국가보다 더 상위의 어떠한 권위체도 인정하지 않는 이른바 '무정부상태(anarchy)'를 당연한 전제로 삼고 있다. 그에 따라 근대 주권국가가 등장하기 이전에는 '국제관계'가 존재하지 않았다는 주장도 있다. 이와 같은 국제관계의 '근대기원론'에 따른다면 '국제(international)'라는 말을 고대나 중세시대의 경우에 사용하는 것은 시대착오적인 일이라 여기고 있다.[4] 실제로 영어의 'international'이란 용어는 영국의 공리주의학자 벤담(1748~1832)이 프랑스혁명 전후인 1780년에 발간된 저서

이 *Millennium* Vol. 42, No. 3 (2014)에 실렸다.

2) Yale H. Ferguson & Richard W. Mansbach, *Polities: Authority, Identities, and Change* (Columbia: University of South Carolina Press, 1996), pp. 21-27; Yongjin Zhang, "System, empire and state in Chinese international relations," *Review of International Studies*, Vo. 27, Special Issue (2001), p. 43.

3) Barry Buzan & Richard Little, *International Systems in World History* (Oxford: Oxford University Press, 2000), pp. 18-22.

4) Martin Wight, *Systems of States* (Leicester: Leicester University Press, 1977), pp. 130-31; J. L. Holzgrefe, "The Origins of modern international relations theory," *Review of International Studies*, Vol. 15, No. 1 (1989), pp. 11-12.

『도덕과 입법의 원리 서설』에서 처음 사용하였다.[5] 그러나 오랜 인류역사에서 본다면 근대는 매우 짧은 시기에 지나지 않으며, 따라서 좀 더 적절한 용어로 대체되지 않는 한 국제관계를 고대나 중세시대 나아가 비서구 문명권의 경우까지 확대 사용해야 한다고 본다.

국제정치학의 주도적 이론인 현실주의에서는 어느 국가든 무정부적인 국제사회에서 자국생존을 위해서는 다른 국가들과의 끊임없는 권력추구 경쟁이 불가피하며, 이러한 국제관계의 본질은 보편적이고 영속적이며 변함이 없다고 주장한다.[6] 그러나 서구사회에서도 중세와 근대의 차이에서 보듯이, 시대와 장소에 따라 국제관계와 그에 대한 관념의 변화가 적지 않았다는 사실을 유의할 필요가 있다.[7]

---

5) Jeremy Bentham, *An Introduction to the Principles of Morals and Legislation* (Mineola, N.Y: Dover Publications, 2007[1780]), p. 326; 『도덕과 입법의 원리 서설』 고정식 옮김(서울: 나남, 2011), 463-65쪽. 유교문명권에서 '국제(國際)'라는 용어는 일본의 기작인상(箕作麟祥미쓰쿠리 린쇼, 1846~1897)이 1873년에 서구의 'international law'를 이미 중국에서 사용하던 '만국공법(萬國公法)' 대신에 '국제법(國際法)'이라 번역함으로써, 처음으로 사용되기 시작하였다. 이에 대하여 김용구, 『세계관 충돌의 국제정치학: 동양 禮와 서양 公法』(서울: 나남, 1997), 40-41쪽; 김용구, 『만국공법』(서울: 소화, 2008), 49-50쪽 참조. 한편 '(고)문서'와 관련된 뜻으로 사용되던 diplomacy 용어가 '국제관계의 행위나 처리'라는 오늘날과 같은 의미로 사용되기 시작한 것도 프랑스혁명 전후였다. 이와 관련하여 김용구, 『만국공법』(서울: 소화, 2008), 80-88쪽; 권선홍 외, 『외교론』(부산: 부산외대출판부, 2009), 45-46쪽; Harold Nicolson, *Diplomacy*, 3rd ed. (Oxford: Oxford University Press, 1969), pp. 11-12 참조.

6) Tim Dunne & Brian C. Schmidt, "Realism," in John Baylis, Steve Smith & Patricia Owens (eds), *The Globalization of World Politics*, 6th ed. (Oxford: Oxford University Press, 2014), Chap. 6; Kenneth N. Waltz, *Theory of International Politics* (Reading, MA: Addison-Wesley, 1979).

7) 이러한 주장으로는 이용희, 『일반국제정치학(상)』(서울: 박영사, 1962); Adda B. Bozeman, *Politics and Culture in International History* (Princeton: Princeton University Press, 1960); Adam Watson, *The Evolution of International Society: A Comparative Historical Analysis* (London: Routledge, 1992); Christian Reus-Smit,

대체로 근대이전에는 위계적 국제사회가 주류였으며, 무정부적인 경우는 오히려 예외였고 하겠다.[8] 즉 무정부적인 국제사회는 주권국가들이 등장하면서 생긴 근대적 산물로 보아야 한다.

오랜 인류역사에서 존재하였던 다양한 형태의 국제관계는 수단차원에서 권위형과 강제력형으로, 구조측면에서 상하차등의 수직형과 상호대등의 수평형으로 나누어 볼 수 있다.[9] 주권국가들 간의 무정부적이며 수평형 국제사회와 상하차등의 위계적이며 수직형 국제사회는 이분법적으로 양립불가능하고 상호배타적이라 보기 쉬우나, 그보다는 오히려 양립가능하며 상호병존관계라고 보는 것이 역사적 사실에 더 가깝다고 하겠다.[10] 터커의 지적대로 국제관계의 역사는

The Moral Purpose of the State (Princeton: Princeton University Press, 1999); Buzan & Little (2000); Raymond Cohen & Raymond Westbrook (eds), *Amarna Diplomacy: The Beginning of International Relations* (Baltimore: Johns Hopkins University Press, 2000); Anja V. Hartmann & Beatrice Heuser (eds), *War, Peace and World Orders in European History* (London: Routledge, 2001); Stuart J. Kaufman, Richard Little & William C. Wohlforth (eds), *The Balance of Power in World History* (New York: Palgrave, 2007); Richard Ned Lebow, *A Cultural Theory of International Relations* (Cambridge: Cambridge University Press, 2008); Jakub Grygiel, "The Primacy of Premodern History," *Security Studies,* Vol. 22 (2013), pp. 1-32 등이 대표적이다.

8) Buzan & Little (2000), pp. 228-38.

9) 권위형과 강제력형에 대해서는 이동주(용희), 『국제정치원론』(서울: 장왕사, 4288 [1955]), 270-71쪽 참조.

10) Watson(1992), pp. 3-4, 13-18; Edward Ingram, "Hegemony, Global Reach, and World Power," in Colin Elman & Miriam Fendius Elman (eds), *Bridges and Boundaries* (Cambridge: MIT Press, 2001), p. 230; John M. Hobson, "What's at stake in 'bringing historical sociology back into international relations'?" in Stephen Hobden & John M. Hobson (eds), *Historical Sociology of International Relations* (Cambridge: Cambridge University Press, 2002), p. 18. 영국의 저명한 국제정치학자 와이트는 국제사회의 양대 유형으로 고대 그리스나 근대 유럽처럼 주권적 구성국들 간의 상호 승인에 기초하는 국제국가체제(international states-system)와 페르

무엇보다 '불평등'의 역사라 하겠으며,[11] 몇몇 학자들의 주장과 같이 '위계성(hierarchy)'은 근대이전에서는 물론 근대이후 국제관계에서도 핵심(core)적 특성이라는 사실을 부인할 수는 없다고 하겠다.[12]

권위형-수직형 국제관계의 대표적 사례 중의 하나가 바로 중국이 주도한 유교문명권을 중심으로 형성·유지되어오다가, 19세기 중엽이후 서구열강의 팽창·침략으로 붕괴된 동아시아국제사회였다. 전통시대 동아시아국제사회에서는, 근대이후 서구국제사회에서는 주권규범이 보편적 정당성을 확보하고 있으나,[13] 이와는 매우 다른

샤제국 등과 같이 제국 중심부와 그 주변 속국들과의 관계를 의미하는 종주국가체제(suzerain state-system)를 들고 있다. Wight (1977), pp. 22-26. 한편 영국의 외교관이자 학자 왓슨은 이들 양대 유형을 이분법적으로 구분하는데 대해 의문을 표시하였다. 즉 절대적 독립과 절대적 제국은 이론상으로는 가능하나 실제로는 존재하지 않는다면서, 국가(정치체)들 간의 관계를 네 부류로 나누어, 스펙트럼의 한쪽 극에는 구성국들이 자국의 대내 및 대외적 최종결정권을 보유하는 독립(independence)이 있고, 강대국(들)이 국제사회의 '법을 정하는' 그리하여 구성국들의 대외관계를 어느 정도 결정하는 패권(hegemony), 제국적 권위체가 구성국들의 대내문제까지도 어느 정도 결정하는 지배(dominion), 그리고 제국중심체가 직접 통치하는 제국(empire)이 또 다른 극에 연속적으로 각각 위치한다고 주장하였다. Watson(1992), pp. 13-16. 또한 Richard Little, "History, Theory and Methodological Pluralism in the English School," in Cornelia Navari (ed.), *Theorising International Society* (London: Palgrave, 2009), pp. 87-88; Barry Buzan, *An Introduction to the English School of International Relations* (Cambridge: Polity, 2014), Part II 참조.

11) Robert W. Tucker, *The Inequality of Nations* (New York: Basic Books, 1977), p. 3.

12) David A. Lake, *Hierarchy in International Relations* (Ithaca: Cornell University Press, 2009), Preface; John M. Hobson, "The Twin Self-Delusions of IR: Why 'Hierarchy' and Not 'Anarchy' Is the Core Concept of IR," *Millennium,* Vol. 42, No. 3 (2014), pp. 557-75. 이성시 역시 "전근대의 왕조국가 간의 관계"에서는 "원래 '대등'한 것이 있을 수 없"었다고 지적하였다. 이성시, 『만들어진 고대』, 박경희 옮김(서울: 삼인, 2001), 31쪽.

13) 주권에 관한 최근 연구로는 박상섭, 『국가·주권』(서울: 소화, 2008); Robert Jackson, *Sovereignty* (Cambridge: Polity, 2007) 등이 있다.

규범이 오히려 정당성을 누렸던 것이다. 다시 말해 근대 서구국제관계가 기독교의 영향력을 벗어나 주권국가들의 공존을 정당화하면서 무력에 의한 상호견제를 중요시하며 근대국가의 무력중심과 군사주의에 기반을 두고 있는데 반하여, 유교문명권의 경우는 사회구조나 국내정치는 물론 국제관계 즉 군주들 간의 관계에서도 원칙상으로 유교예법의 권위와 명분을 중심으로 신분적 예교(禮敎)관념에 기반하였던 것이다.[14)]

전통시대 중국을 중심으로 형성 유지되었던 지역국제사회 즉 동아시아국제사회는 시대에 따라 지리적 범위나 구체적 양상에서 적지 않은 변동이 있었음은 물론이나, 대체로 북방유목민이나 중앙아시아지역 나아가 동남아시아국가들까지 아우르기도 하였다.[15)] 그러나 그 핵심적 구성 국가는 중국과 함께 유교와 한자를 공유하였던 한국 · 유구 · 월남과 일본으로, 곧 유교문명권이 그 핵심지역이었음은 물론이다.[16)]

---

14) 이용희, "사대주의," 『한국민족주의』 노재봉 (편)(서울: 서문당, 1977), 168-70쪽. 일찍이 이용희는 "사대체제에서 말하는 천자의 권위, 상국의 우위론도 허구"이지만, "세력균형의 국가평등설도 현실에 비춰보면 허구"라고 지적하였다. 한편 크래스너는 주권규범이라는 것도 실제와는 괴리가 있다고 지적하면서, 이는 결국 '조직화된 위선'이라며 주권원칙의 위선적 측면을 지적하였다. 이용희(1977), 169쪽; Stephen D. Krasner, *Sovereignty: Organized Hypocrisy* (Princeton: Princeton University Press, 1999), pp. 3-9.

15) 동아시아역사에서 북방민족들의 중요성을 강조하는 연구로서 이삼성(2009); 니콜라 디코스모, 『오랑캐의 탄생』, 이재정 옮김(서울: 황금가지, 2005); 토마스 바필드, 『위태로운 변경』, 윤영인 옮김(서울: 동북아역사재단, 2009) 등 참조.

16) 예컨대 1831년 월남사절로서 청나라에 갔던 이문복(李文馥)은 '동문(同文)의 나라' 곧 '화(華)'의 범위에 이들 다섯 나라를 들고 있다[天地間同文之國者五 中州我粵朝鮮日本琉球亦其次也]. 최귀묵, "월남의 중국 사행문헌 자료개관 및 연구동향 점검," 『대동한문학』 34집(2011), 144-45쪽. 또한 유구도 청불전쟁 당시 "폐국이 바다

유교문명권의 국제관계에 관한 연구는 1930년대 장정불(蔣廷黻, 1894~1965)로부터 시작되었다고 하겠으며,[17] 그의 지도를 받기도 하였던 미국학자 페어뱅크가 1940년대부터 본격적으로 연구하여 1960년대에 중국 중심의 조공체제(tributary system) 곧 중화세계질서(Chinese World Order)라는 분석틀을 제시하였고,[18] 이후 학계에

바깥에 고립하고 있다고 하나, 원래 조선 · 월남과 함께 천조의 속국이 되어 대대로 조공을 해왔습니다"라며, 조공체제하의 국가들에 대한 강한 동질감[與國의식]을 보이고 있다. 박훈, "琉球處分期 유구지배층의 자국인식과 國際觀," 『역사학보』, 186집(2005), 159쪽. 한편 '일본 주자학의 선구'로 일컬어지는 후지와라 세이카(藤原惺窩, 1561~1619)는 "리(理)가 있음은 하늘이 덮지 않는 곳, 땅이 싣지 않는 곳이 없음과 마찬가지"라면서 이는 '일본도, 조선도, 안남도, 중국도 그러하다'며 리의 보편성을 강조하였다. 桂島宣弘, 『동아시아 자타인식의 사상사』, 김정근 외 옮김(서울: 논형, 2009), 51-52쪽; 김봉진, "홍대용 연행록의 대외관," 『세계정치』 30집 2호(2009), 141쪽. 한편 유교문명권의 구성요소로서 西嶋定生은 한자문화 · 유교 · 율령제 · 불교의 4가지를, 高明士는 한자 · 유교 · 율령 · 과학기술(중국의 역학 · 산학 · 의학 · 음양학 등) · 중국화된 불교의 5가지를, 韓昇은 한자 · 유학 · 교육제도 · 율령제도 · 불교 · 과학기술의 6가지를 각각 들고 있다. 한편 러셀은 중국전통문명의 가장 중요한 특징으로 한자 · 유교 · 과거제도를 지적하였다. 西嶋定生, 『中國古代國家と東アジア世界』(東京: 東京大學出版會, 1983), 399-400쪽; 高明士, 『天下秩序与文化圈的探索』(상해: 상해고적출판사, 2008), 229-34쪽; 韓昇, 『東亞世界形成史論』(상해: 복단대학출판사, 2009), 53-70쪽: Bertrand Russell, *The Problem of China* (London: George Allen & Unwin, 1966[1922]), pp. 34-47.

17) Ting-Fu Tsiang, "China and European Expansion," *Politica*, Vol. 2, No. 5 (March 1936)(reprinted in Immanuel C.Y. Hsü (ed.), *Readings in Modern Chinese History* [New York: Oxford University Press, 1971], pp. 129-40). 또한 Chu Djang(章楚), "Chinese Suzerainty: A Study of Diplomatic Relations between China and Her Vassal States, 1870-1895," Ph. D. dissertation, Johns Hopkins University, 1935이 있다.

18) John K. Fairbank & Ssu-yu Teng, "On the Ch'ing Tributary System," *Harvard Journal of Asiatic Studies*, Vol. 6 (1941), pp. 135-246(reprinted in John K. Fairbank & Ssu-yu Teng, *Ch'ing Administration: Three Studies* [Cambridge, MA: Harvard University Press, 1960], pp. 107-218); John K. Fairbank, "Tributary Trade and China's Relations with the West," *Far Eastern Quarterly,* Vol. 1 (1942), pp. 129-49; John K. Fairbank (ed.), *The Chinese World Order: Traditional China's Foreign Relations* (Cambridge, MA: Harvard University Press, 1968). 또한 M. Frederick

커다란 영향을 주었다.[19] 그러나 시간이 흐르면서 페어뱅크의 주장에 대해서 '조공'체제라는 말이 전통시대 중국의 대외관계를 전부 망라할 수도 없으며, 이를 전반적으로 이해하는 데에도 최상의 용어가 아니라며 점차 비판하는 견해들이 대두하기 시작하였다.[20] 특히 1990년대 이래 미국에서 청대 중국역사를 기존의 한화(Sinicization) 중심의 논의와는 달리 한화와 만주족 특성의 복합적 시각에서 새롭게 볼 것을 강조하는 이른바 신청사(New Qing History) 주장이 등장하면서, 그에 대한 비판은 한층 더 적극적인 상황이라 하겠다.[21] 국

Nelson, *Korea and the Old Orders in Eastern Asia* (Baton Rouge: Louisiana State University Press, 1945)도 있다.

19) 대표적인 연구로 王曾才, "中國對西方外交制度的反應" 『淸季外交史論集』(대북: 臺灣商務印書館, 1972), 1-25쪽; 坂野正高, 『近代中國政治外交史』(동경: 東京大學출판회, 1973), 3장; 梁伯華, 『近代中國外交的巨變』(香港: 商務印書館, 1990); 濱下武志, 『朝貢システムと近代アジア』(동경: 岩波書店, 1997); Immanuel C.Y. Hsü(徐中約), *China's Entrance into the Family of Nations: The Diplomatic Phase, 1858-1880* (Cambridge, MA: Harvard University Press, 1960); Key-Hiuk Kim(金基赫), *The Last Phase of the East Asian World Order: Korea, Japan, and the Chinese Empire, 1860-1882* (Berkeley: University of California Press, 1980); Mark Mancall, *China at the Center: 300 Years of Foreign Policy* (New York: Free Press, 1984) 등이 있다.

20) 비판적인 연구로는 John E. Wills, Jr. *Pepper, Guns, and Parleys: The Dutch East Indian Company and China, 1662-1681* (Cambridge, MA: Harvard University Press, 1974), pp. 204-206; idem, *Embassies and Illusions* (Cambridge, MA: Harvard University Press, 1988), Chap. 1; Morris Rossabi (ed.), *China among Equals* (Berkeley: University of California Press, 1983) 등을 들 수 있다.

21) James L. Hevia, *Cherishing Men from Afar* (Durham: Duke University Press, 1995), Chap. 1; Joanna Waley-Cohen, "The New Qing History," *Radical History Review*, Issue 88 (Winter 2004), pp. 193-206; Andre Schmid, "Tributary Relations and the Qing-Choson Frontier on Mount Paektu," in Diana Lary (ed.), *The Chinese State at the Borders* (Bancouver: UBC Press, 2007), pp. 128-31; Anthony Reid & Zheng Yangwen (eds), *Negotiating Asymmetry: China's Place in Asia* (Honolulu: University of Hawai'i Press, 2009); John E. Wills, Jr. (ed.), *Past and Present in*

내학계에서도 비판적인 주장들이 있음은 물론이다. 예컨대 윤영인은 조공제도라는 지극히 관념적인 틀은 근대이전 동북아국제관계사를 이해하는 해석의 틀로서는 한계가 있다고 비판하면서, 나아가 조선이 명나라에 대해 사대정책을 취한 것도 성리학 수용 때문이 아니라 지정학적 환경이 변했기 때문으로, 기본적으로 현실주의와 실용주의 원칙에 따라 대외정책을 추진하였다고 주장하고 있다.[22)]

최근에도 유교문명권의 국제관계에 대해 국내는 물론 중국과 일본, 서양 등 국내외학계에서 적지 않은 연구가 이루어지고 있으며,[23)]

China's Foreign Policy: From "Tribute System" to "Peaceful Rise" (Portland, Maine: MerwinAsia, 2010); John E. Wills, Jr. (ed.), *China and Maritime Europe, 1500-1800* (Cambridge: Cambridge University Press, 2011) 등 참조. 한편 중국에서는 이에 비판적인 학자들이 상대적으로 소수라고 하겠는데, 王貞平, 『漢唐中日關係論』(대북: 文津출판사, 1997); 庄國土, "略論朝貢制度的虛幻: 以古代中國与東南亞的朝貢關係爲例," 『南洋問題硏究』 2005年3期; Zhang Feng, "Rethinking the 'Tribute System': Broadening the Conceptual Horizon of Historical East Asian Politics," *Chinese Journal of International Politics* Vol. 2(2009), pp. 545-74(張鋒, "解構朝貢體系," 『國際政治科學』 總22期[2010, 33-62쪽]) 등이 대표적이다.

22) Peter I. Yun, "Rethinking the Tribute System: Korean States and Northeast Asian Interstate Relations, 600-1600," Ph. D. diss., University of California, Los Angeles, 1998; 피터 윤(윤영인), "서구학계 조공제도이론의 중국중심적 문화론 비판," 『아세아연구』, 제45권 3호(2002), 269-86쪽; 윤영인, "10~12세기 동아시아 국제관계사의 재조명: 조공체제이론 극복을 위한 시각과 방법론 모색," 부산외국어대 국제관계연구소 제33차 학술세미나 발표문(2015. 11. 5), 29-53쪽(본서, 203-47쪽 재수록). 국내에서의 비판적 주장으로는 계승범, "조선시대 동아시아질서와 한중관계," 동북아역사재단 편(2009), 139-43쪽; 구범진, "동아시아국제질서의 변동과 조선-청 관계," 이익주 외(2010), 293-380쪽; 전재성, "'사대'의 개념사적 연구," 하영선 · 손열 엮음, 『근대한국의 사회과학개념 형성사2』(서울: 창비, 2012), 47-50쪽; 백영서, 『핵심현장에서 동아시아를 다시 묻다』(서울: 창비, 203), 100-104, 195-99, 291-95쪽 등이 있다.

23) 최근 연구로는 김한규, 『천하국가』(서울 : 소나무, 2005); 방향숙 외, 『한중외교관계와 조공책봉』(서울: 고구려연구재단, 2005); 여호규 외, 『한국고대국가와 중국왕조의 조공 · 책봉』(서울: 고구려연구재단, 2006); 이삼성, 『동아시아의 전쟁과 평화1』

특히 국제정치이론을 적용하거나 지역공동체와 연계하려는 시도까지 등장하고 있다.[24)]

전통시대 동아시아국제관계의 실상을 제대로 알기위해서는 실제 상황과 함께, 그에 못지않게 정신문화적 측면의 이해가 중요함은 물

(파주: 한길사, 2009); 이익주 외, 『동아시아 국제질서 속의 한중관계사』(서울: 동북아역사재단, 2010); 전재성, 『동아시아국제정치: 역사에서 이론으로』(서울: 동아시아연구원, 2011), 4-5장; 高明士, 『天下秩序与文化圈的探索』(상해: 上海古籍출판사, 2008); 邊土名朝有, 『明代册封體制と朝貢貿易の研究』(東京: 岩波書店, 2008); 何新華. 『最後的天朝: 清代朝貢制度研究』(북경: 人民출판사, 2012); 檀上 寬, 『明代海禁: 朝貢システムと華夷秩序』(京都: 京都大學학술출판회, 2013); 萬明, 『中國融入世界的步履: 明与清前期海外政策比較研究』 수정판(북경: 故宮출판사, 2014); 李雲泉, 『萬邦來朝: 朝貢制度史論』 수정판(북경: 新華출판사, 2014); 王小紅 · 何新華, 『天下體系』(북경: 光明日報출판사, 2014); Takeshi Hamashita(濱下武志), *China, East Asia and the Global Economy*, ed. by Linda Grove & Mark Selden (London: Routledge, 2008); Reid & Zheng (eds)(2009); David C. Kang(康燦雄), *East Asia before the West: Five Centuries of Trade and Tribute* (New York: Columbia University Press, 2010); Zheng Yongnian (ed.), *China and International Relations* (London: Routledge, 2010); Barry Buzan & Yongjin Zhang (eds), *Contesting International Society in East Asia* (Cambridge: Cambridge University Press, 2014) 등이 대표적이다. 한편 기존연구 성과를 소개 평가하는 저술로서 국내에서는 동북아역사재단 (편) 『한중일학계의 한중관계사 연구와 쟁점』(서울: 동북아역사재단, 2009), 일본에서는 桃木至朗(모모키 시로) (엮음), 『해역아시아사 연구입문』, 최연식 옮김(서울: 민속원, 2012) 등이 있다. 한편 학술지인 『세계정치』, 제30집 2호(서울대 국제문제연구소, 2009)는 '동아시아 전통지역질서' 특집호이고, *The Journal of American-East Asian Relations*, Vol. 16, Nos. 1-2 (2009)(이들 논문은 Wills 2010 출간)과 *Journal of East Asian Studies*, Vol. 13, Issue 2 (2013)도 각각 이 주제에 관한 특집논문을 실었다. 또한 최연식, "조공체제의 변동과 조선시대 중화-사대관념의 굴절: 변화 속의 지속," 『한국정치학회보』, 41집 1호(2007), 101-19쪽; 김성규, "미국 및 일본에서 '전통중국의 세계질서'에 관한 연구사와 그 특징비교," 『역사문화연구』, 32집(2009), 147-74쪽; 김진웅, "조공제도에 관한 서구학계의 해석 검토," 『역사교육논집』 50집(2013), 409-28쪽 참조.

24) 남궁곤, "동아시아 전통적 국제질서의 구성주의적 이해," 『국제정치논총』, 제43집 4호 (2003), 7-27쪽; 周方銀 · 高程 (編), 『東亞秩序: 觀念,制度与戰略』(북경: 사회과학문헌출판사, 2012) 등 참조.

론이다. 즉 물질적 요인과 함께 관념적 요인도 함께 고려해야 한다. 따라서 유교사상 차원에서 접근하는 것이 무엇보다 핵심적인 선행과제라 할 수 있다. 예컨대 기독교나 이슬람 등의 문명권을 이해하기 위해서는 해당 종교사상에 대한 이해가 필수적이듯이, 유교문명권의 경우도 마찬가지라 하겠다. 특히 물질적 이익을 무엇보다 중시하는 근대와는 달리, 중세에는 어느 문명권이든지 명분 등 관념을 중시하였기 때문이다.[25] 이러한 관점에서 본다면 문화주의 측면만을 과도하게 강조하고 있다는 비판을 받고 있는 페어뱅크류의 조공체제론에서도 그러한 노력은 제대로 이루어지지 않고 있을 뿐만 아니라,[26] 수정주의 접근에서는 그 문제점이 더욱 크다고 여겨진다. 후자의 경우 무엇보다 청대를 주 연구대상으로 삼고 있으며,[27] 또한 청

---

25) 예컨대 김상준의 지적대로 "중세 유럽의 귀족들은 그들의 '명예(honor)'를 위해 기꺼이 죽었고, 유학자들은 그들의 '이름(名)'을 위해 분연히 목숨을 바쳤"던 것이다. 즉 명예를 근본원리로 삼는 사회에서는 '불명예보다는 죽음'을 선택하였고, '생존'도 중요하였지만 '부차적'인 목표였었다. 김상준, "예의 기원과 유교적 안티노미," 김상준 외, 『유교의 예치이념과 조선』(고양: 청계출판사, 2007), 45쪽; Lebow(2008), pp. 162-64. 이처럼 중세인들은 실리보다는 명분이나 명예를 중시하였던 것이다. 조동일(1999a), 63, 95쪽. 후술하듯이 유럽에서도 중세에는 신이 자연법칙과 인간의 정치세계·사회질서까지도 절대적으로 지배하였으나, 근대가 되면서 신과 인간이 분리되어 신의 영역은 인간 내면의 도덕적인 부분에만 국한되어가는 이른바 세속화(secularization) 과정으로 나아갔음은 잘 알려진 사실이다. 따라서 서구적 세속화관점에서는 인간행위에서 종교나 윤리도덕 등 관념의 중요성을 경시하려는 문제점이 있다. 이와 관련하여 Daniel Pipes, "Understanding Islam in Politics," *Middle East Review*, Vol. 16, No. 2 (Winter 1983/4), pp. 4-7 등 참조.

26) 조동일은 페어뱅크가 편찬한 책이 무엇보다 외교관계의 실제상황 측면에서만 다루고 정신문화적 의의를 밝혀 고찰하는 작업은 하지 못하였으며, 또한 책봉·조공관계의 전형이라 할 명대를 고찰대상으로 삼지 않았고, 뿐만 아니라 다른 문명권과의 비교를 하지 않았다고 비판하였다. 조동일, "연구방향 전환을 위한 구상," 『하나이면서 여럿인 동아시아문학』(서울: 지식산업사, 1999b), 63쪽.

27) 잘 알려져 있듯이 청조는 유목민이자 이적으로 간주되었던 만주족이 세웠던 왕조

나라와 몽고・중앙아시아나 동남아시아 등 비유교권과의 관계에 치중하고 있다. 그에 따라 조공체제는 단순히 상징적인 것일 뿐 현실적으로는 별다른 중요성이 없다거나, 아예 그 존재를 부정하기도 한다.[28]

기존 연구에서 많은 성과들이 이루어지고는 있으나, 이처럼 문제점도 적지 않다고 본다. 무엇보다 대부분의 서구학자들은 물론 국내학자들도 근현대적 시각에서 접근하고 있다는 판단이다. 이와 같은 문제점에 대하여 일찍이 이용희는 "왕왕 우리는 과거의 선인의 행적을 자주적으로 비판한다 하면서, 과거의 체제와는 수화(水火)의 관계에 있는 유럽의 가치관과 입장에 서서 보는 일이 많"다고 우려하며, "우리 역사를 유럽역사의 기준과 개념 도구를 사용해서 정리하려는 것도 위험천만"이라고 지적하였다.[29] 나아가 그는 동아시아세계 즉 "천하는 곧 중국이라고 생각"하는 것이야말로 "바로 현대의 사고방식이며 비전통적인 생각"이고 "천하를 중국으로 해석하고, 천하의 예법은 중국이란 나라의 예법이라고 생각하는 것이 바로 유럽적"이라며, 선인들의 머릿속에 있던 '천하'라는 관념에는 "그런

로, 통치의 필요상 유교를 수용하였지만 정통성 있는 유교왕조로 보기는 어렵다고 하겠다. 청에 대한 최근 연구로는 石橋崇雄(이시바시 다카오), 『대청제국 1616~1799』, 홍성구 옮김(서울: 휴머니스트, 2009); 구범진, 『청나라, 키메라의 제국』(서울: 민음사, 2012) 등이 있다.

28) 청나라와 유럽국가들 관계를 연구하는 John E. Wills, Jr.(2010)이 대표적이며, 그 외에 James L. Hevia, "Tribute, Asymmetry, and Imperial Formations: Rethinking Relations of Power in East Asia," in Wills (ed.)(2010), pp. 61-73; Yuan-kang Wang, "Explaining the Tribute System: Power, Confucianism, and War in Medieval East Asia." *Journal of East Asian Studies* Vol. 13, Issue 2 (2013), pp. 207-32 등을 들 수 있다. 이에 대한 소개로는 Kang(康燦雄)(2010), pp. 12-13 참조.

29) 이용희, "사대주의," 『한국민족주의』, 노재봉 (편)(서울: 서문당, 1977), 171, 185쪽.

것을 넘는, 폐쇄적 국가개념을 넘어 한 문화세계, 자기도 포함되는 어떤 국제사회 관념이 나라 관념에 묻어 있"었다고 강조하였다.30) 또한 조동일은 "국가주의를 위해서 봉사하는 것을 최대의 명예로 여기는 근대의 학문 범위"를 벗어나 "근대인의 편견을 시정하고 세계사의 중세를 정당하게 인식하는 연구를 수행해"야 한다고 주장하였다.31) 즉 유럽중심주의와 근대지상주의라는 기존 관념의 청산이 무엇보다 필요하다고 역설하고 있다.32) 한편 대만학자 감회진도 '동아시아세계'를 제대로 이해하기 위해서는 우선 근대이래의 '민족국가'적 개념 또는 일본학자들이 말하는 '일국사'적 관점을 극복해야 한다고 역설하고 있다.33) 한마디로 근대 서구적 논리와 기준을 편의적으로 전통시대의 역사적 사건들에 덮어씌우기 하는 잘못에서 벗어나야 한다.

유교문명권의 형성과 발전과정에서 중국이 주도적인 역할을 하여 왔음은 물론이지만 다른 구성국들 모두의 참여로 함께 이루어졌으며, 이들 '나라'는 각각 별개의 역사공동체를 형성하여 독자적인 역

---

30) 이용희(1977), 173쪽.

31) 조동일, "책봉체제," 『문명권의 동질성과 이질성』(서울: 지식산업사, 1999a), 15, 18쪽.

32) 조동일(1999b), 4쪽.

33) 甘懷眞, 『皇權,禮儀与經典詮釋』 (상해: 華東師範大學출판사, 2008), 366-67쪽. 그는 근대이후 동아시아지역에서 민족국가와 민족문화관념이 등장하면서 중국은 하나의 민족국가이고 '중국문화'는 중국의 민족문화이며 그에 상대하여 '한국/한국문화' · '일본/일본문화'를 당연시하게 되었고, 구체적으로 '중국유학' · '한국유학' · '일본유학'을 말하고 있지만, 근대이전에는 이러한 민족국가개념도 없었으며 유교 역시 어느 국가의 특정한 사상이라는 생각이 별로 없었다고 지적하였다.

사를 전개하면서 동시에 다른 '나라'들과 더불어 동아시아'세계'라는 한 차원 높은 역사공동체를 형성하여 공동의 운명과 문화를 서로 나누었던 것이다.34) 즉 유교문명의 공통성·보편성과 함께 이질성·독자성을 공유하면서, '하나이면서 여럿'인 세계였음을 유의해야 한다.35) 한마디로 유교문명은 그 구성국가들 모두가 참여하여 만들어낸 '공동 창조물'이었던 것이다.36)

이 글에서는 유교사상을 중심으로 전통시대 동아시아국제사회의 역사적 실상을 살펴보고자 한다. 그 실상을 제대로 이해해야만 정당한 평가를 할 수 있고, 나아가 장래 활용도 가능할 것이기 때문이다. 이러한 목적을 위해 기존의 국가중심보다는 문명권 차원에서, 근현대적 시각보다는 중세적 시각에서 접근해 보고자 한다. 또한 역사적 맥락에서뿐 아니라, 중국과 조선관계에만 국한하지 않고 중국과 월남, 유구 및 일본과의 관계와도 비교해보고, 나아가 유교문명권의 국제관계를 다른 문명권들의 경우와도 비교분석해보고자 한다.

우선 2장에서는 유교문명권에서 국제관계의 사상적 기반으로서 천명사상과 대일통사상, 예(禮)사상과 중화사상에 대해 살펴보고,

---

34) 김한규, "전통시대 중국 중심의 동아시아세계질서," 『역사비평』 통권50호(2000), 283쪽.

35) 조동일, 『하나이면서 여럿인 동아시아문학』(서울: 지식산업사, 1999b); 山室信一, 『여럿이며 하나인 아시아』, 임성모 옮김(서울: 창비, 2003); 堀 敏一, 『중국과 고대 동아시아세계』, 정병준 외 옮김(서울: 동국대출판부, 2012) 등 참조.

36) 그러나 근대이행기에 일본이 처음으로 유교문명권에서 이탈하였으며, '탈아입구(脫亞入歐)'를 주장한 福澤諭吉은 '인의예지'는 "外見의 虛飾"에 지나지 않으니 버려야 하고, 고래의 구습에 사로잡혀 있는 조선과 중국 두 "惡友를 사절"해야 한다고 주장하여, 유교문명의 내용을 부정하고 나아가 문명권의 외연을 파괴하는데 앞장섰던 것이다. 조동일, 『세계·지방화시대의 한국학 6: 비교연구의 방법』(대구: 계명대학교출판부, 2007), 391쪽.

이를 바탕으로 3장에서는 '사대자소'와 책봉·조공제도를 특히 '예' 차원에서 접근하려고 한다. 사대관계나 책봉·조공제도가 굴욕적인 역사라든지 단순히 국가생존을 위한 기능적인 것이었다는 기존 통설을 넘어, 유교적 정체성 내지 존재이유와 다름없는 '유교예치질서'[37]의 일부분이었음을 밝혀보고자 한다. 끝으로 4장에서는 유교문명권의 국제관계에 대한 평가를 통하여 앞으로도 계승·발전시킬 만한 요소들이 적지 않음을 드러내고자 한다.

Ⅱ. 유교국제사회의 사상적 기반

국제사회에 대하여, 일찍이 이용희는 "일정한 정치행위의 의미가 보편타당하는 권역"이라 하였다. 구체적으로 "군사적 점령이나 단순한 통치·지배"만으로는 부족하고 "특정한 정치조직·정치제도·정치권력이 정치의식의 밑받침을 얻어 정당화되고 또 합리화되어 정치행위의 국제기준으로 침전될 때" 다시 말해 "일정한 권력구조, 특정한 이데올로기, 고정된 행위양식으로 엮어져" 있어서 "핵심적인 행위형태·개념체계·제도조직이 국제적인 것으로 전파되었을 때" 비로소 형성된다고 하였다.[38] 또한 국제정치학에서 영국학

---

37) 이를 홍콩학자 황지련은 '천조예치체계(天朝禮治體系)'라 부르고 있다. 黃枝連, 『天朝禮治體系研究(上·中·下卷)』(북경: 중국인민대학출판사, 1992, 94, 95).

38) 이용희, 『일반국제정치학(상)』(서울: 박영사, 1962), 51-56쪽. 이용희는 '국제정치권'이란 용어를 사용하고 있다. 또한 그 권역은 고정적인 것이 아니라 재조정될 수 있으며, 필요한 경우 행위형태의 조절이나 개념체계의 수정도 있을 수 있다고 지적하였다. 이용희(1962), 52쪽.

파의 거장으로 평가받는 불은 "어떤 공통의 이해관계와 공통의 가치를 인식하는 국가들이 상호관계에서 일정한 공통의 규칙에 의해 구속되고 있음을 인지하고, 공통의 제도를 공유함으로써 하나의 사회를 형성할 때" 국제사회가 성립한다고 하였다.[39] 이처럼 국제사회가 형성되기 위해서는 무엇보다 '공통의 가치와 규칙·제도' 곧 상당한 정도 '문명의 공유'가 요구된다고 보았다. 즉 국제사회는 정치행위와 의식의 보편성을 요건으로 하며, 따라서 이는 생활행위와 양식의 보편성을 구비한 문명권과 밀접한 관계를 가지고 있으며, 이미 언급한 여러 문명권들과 대체로 그 권역을 같이 하였던 것이다.[40]

앞서 언급한 이용희는 "본래 나라의 국제관계에는 두 가지의 형이 있다"면서, 권위형 국제관계에 대하여 다음과 같이 설명하였다.

> 국제관계가 동일 권위관념에 의하여 규정되는 경우인데, 이러한 정치권위는 본질상 초국가적(超國家的)이 아닐 수 없으며, 또 따라서 권위가 타당하는 범역(範域)은 한 개의 초국가적인 국제사회를 형성한다. 그런 고로 이러한 국제권위(國際權威)가 통용하는 국제사회에 있어서 나라가 지니고 있는 성격은 유아독존적 근대국가와는 전연 유형이 다르지 않을 수 없으며 또 형식으로는 서로 마치 형제자매국가인 양하다. 그리고 국제권위가 지배하는 국제사회 속의 국가관계 혹은 국제정치는 본질상 계층적(階層的)이며 서열적(序列的)인 정치관계에서 이루어지며, 따라서 주권사상 같은 정치신화가 용납될 여지가 없다. 예컨대 중세 기독교사회의 국가관계, 회교사회간 의 국가관계 그리고 구불교·유교권 내의 국제정치를 들 수 있다.

39) 헤들리 불, 『무정부 사회』, 진석용 옮김(서울: 나남, 2012), 78쪽; Hedley Bull, *The Anarchical Society* (New York: Columbia University Press, 1977), pp. 13-16.
40) 이용희(1962), 53쪽. 또한 Wight(1977), p. 33 참조.

즉 권위형 국제관계는 '초국가적 단일 권위관념'에 의해 규정되고 나아가 '위계적인 정치관계'에서 이루어진다면서, 그러한 예로서 중세의 기독교사회와 이슬람사회 그리고 불교와 유교권 내의 국제관계를 들고 있다. 이어서 또 다른 형에 대하여 말하고 있다.

> 이에 대하여, 또 하나의 형은 무엇일까. 그것은 곧 권위관념이 서로 다른 나라 사이의 국제관계이다. 하기는 국제권위가 지배하는 문명권이라 하여도, 그것이 다른 문명권 혹은 권(圈) 밖의 다른 나라에 대한 관계는 결국 이 형에 귀착한다. 이 형의 근본적인 특색은 다름 아니라 어디까지나 배타적(排他的)이며 적대적(敵對的)이요, 그리고 「내」 「남」이 첨예하게 구별되는 차별관(差別觀)이었다. 무릇 권위는 그 권위가 통용 아니 되는 고장에서는 아무런 적극적인 위력을 발휘할 수 없다. 따라서 권위관념이 다른 나라 또는 문명권 사이의 관계는 자연히 「힘」의 남은 반면(半面) 곧 강제력(强制力)에 귀결될 것이다.
>
> 다시 말하자면, 권력의 양면에서 볼 때에 제1형의 국제관계가 주로 국제권위에 의거한 데 반하여, 제2형은 그 핵심이 주로 강제력에 있었다. 제1형을 권위형(權威型)이라고 한다면, 제2형은 강제력형(强制力型)이라 이름 붙일 수 있다.41)

반면에 근대국가의 국제관계로 대표되는 강제력형은 서로 다른 권위관념 속에 '상호 배타적이며 적대적'이고 또한 "'나'·'남'이 첨예하게 구별되는 차별관"이 근본적 특징으로, 국제권위가 통용되지 않으므로 국제관계의 핵심이 주로 강제력에 있다고 지적하였다. 즉 "권위형에 있어서의 권위는 초국가적인 권위로서, 국가 간의 서열·

41) 이동주(용희)(1955), 270-71쪽.

결합・연결을 이룩하는 매개체의 역할을 담당"하였으나, "강제력형의 국제관계에 있어서는 거연히 전투적이요, 파괴적인 성격을 발휘하여 자못 그 독이 맹렬하다"[42]고 강조하였다. 한마디로 권위형 국제관계는 '배타적이며 적대적인 세계를 전제'로 하는 것이 아니라, 무엇보다 '초국가적 정치권위 아래 계층적이고 서열적인 정치관계'를 당연시하였으며, 따라서 주권 같은 개념도 존재하지 않았던 것이다.

이처럼 중세시대의 최대 특징은 무엇보다 씨족적이며 신화적 정치사상과 지역국가적 특성이 강조되던 고대나, 특수적이며 국가주의적인 특성의 근대와는 다르게, 하나의 보편종교가 각 문명권을 독점하였으며 따라서 보편적이고 초국가적인 권위가 동시에 개별 국가의 정치를 정당화하는 정치권위로서 관념되었다는 사실이다. 이는 무엇보다 중세의 각 문명권에서 '초국가적 문명권의식'이 탄생하였고, 또한 하나의 통일제국이 등장하였기 때문이다. 즉 세계국가의 출현과 이를 정당화하는 유일한 국교의 등장으로 말미암아 고대는 사라지고, 새로운 역사의 전환이 이루어지게 되었다.[43] 예컨대 중세 유럽에서는 단일한 기독교세계의 단일한 제국이라는 관념이 지배하여, 제국은 명분상 '신의(神意)'에 의한 보편적인 정치체 곧 '기독교공화국(*Respublica Christiana*)'으로 존재하였으며, 사실상의 지배가 어떠하든 간에 그 보편성과 통치의 명분이 유지되었던 것이다.[44]

---

42) 이동주(1955), 271쪽.

43) 이용희, 『정치와 정치사상』(서울 : 일조각, 1958), 2편 1-2부. 또한 조동일도 고대는 자기중심주의, 중세는 보편주의, 근대는 민족주의가 각각 그 특징이라 지적하였다. 이에 대하여 조동일(1999a) 참조.

즉 '모든 권력은 오직 신으로부터만 유래된다'는 원칙하에 종교적 가치가 인간의 모든 행동을 규제해야 하는 것으로 여겼다. 그리하여 종교는 정치로부터, 정치는 도덕이나 그 밖의 것들로부터 분리되어 있지 않았으며, 적어도 공적 영역에서의 인간행위는 기독교 이외의 다른 어떤 규범에 의해서도 판단될 수 없다고 생각하였다.[45)]

뿐만 아니라 기독교의 일신론이란 특성은 천상에 오직 한 분의 신만이 존재하는 것과 마찬가지로 지상에도 단 한 명의 군주가 있어야 한다는 관념을 강화시키고 이를 정교화하는데 크게 기여하였다. 이로부터 '하나의 신(one God)', '하나의 제국(one Empire)', '하나의 교회(one Church)'라는 사실이 당연시되고 또한 강조되었던 것이다. 예컨대 중세 기독교사상의 토대를 제공하였다는 아우구스티누스(St. Augustine, 354-430)는 『신국론』에서 "왕과 신민은 '신의 은총'과 신의 섭리에 따라서 존재하는 것이다. 또한 국가는 어느 의미에서 신의 도성을 위한 보조역할을 하는 것이며, 통치 권력은 신을 경배하기 위하여 사용되어야 하는 것"[46)]이라고 강조하였다. 한편 교황 겔

44) 이용희(1962), 113, 270, 280쪽. 또한 장-바티스트 뒤로젤, 『유럽의 탄생』, 이규현 · 이용재 옮김(서울: 지식의 풍경, 2003), 2-3장 참조.

45) W. 울만, 『서양중세정치사상사』, 박은구 · 이희만 옮김(서울: 숭실대학교출판부, 2000), 제1장; 김필년, 『시련과 적응』(왜관: 분도출판사, 2001), 48-53쪽; Walter Ullmann, *Medieval Political Thought* (Harmondsworth: Penguin Books, 1975), Chap. 1. 또한 J.B. 모랄, 『중세서양의 정치사상』, 박은구 옮김(서울: 탐구당, 1983); 이경구, 『중세의 정치이데올로기』(서울: 느티나무, 2000); G.R. 에번스, 『중세의 그리스도교』, 이종인 옮김(서울: 예경, 2006); 로널드 디버트, 『커뮤니케이션과 세계질서』, 조찬수 역(서울: 나남출판, 2006) 참조.

46) 지동식 · 이장식 · 김규영 외 편역, 『서양중세사상사론』(서울: 한국신학연구소, 1981), 198, 216쪽; 강치원, "신정적 왕권과 대관식에 관한 연구," 『사학지』, 제16집(1982), 13쪽에서 재인용. 또한 아우구스티누스는 세속의 지상국가를 인간원죄로 인하여 불가피하게 만들어진 부자연스럽고 과도기적인 비상국가로 이해하며, 방어

라시우스(Gelasius) 1세(492-496)는 '교황에게는 권위(*auctoritas*)를, 황제에게는 단순한 권력(*regia potestas*)'을 각각 부여하였는데, '권위'는 단순한 '권력'에 비해 우월한 상위 개념으로, 권력은 권위에 의해 수립된 것의 집행을 의미한다고 하였다.[47] 또한 중세에는 정치의 목적이 각 문명권에서 이상적으로 여겼던 즉 덕성스러운 인간을 만드는 것이었으며, 국가의 목적도 윤리적 · 종교적 또는 형이상학적인 목적을 추구하는 것이었다.[48] 따라서 그 당시 군주의 최대 의무는 '신의 평화(*pax Dei*)' 내지 '기독교공동체의 평화와 안전'을 유지하는 것이었으며,[49] 이처럼 정치는 종교에 예속되어 있었고 국가 이익보다는 종교적 명분을 더 앞세웠던 것이다.[50] 뿐만 아니라 중세

할 가치가 없는 것으로 보았다. 즉 국가는 전적으로 교회에 봉사해야 하며, 궁극적으로는 신국을 지향해야 한다고 주장하였다. 이는 중세 서구사회를 지배하는 사상이 되었다. 박종대, "중세의 평화관," 서강대 철학연구소 (편),『평화의 철학』(서울: 철학과 현실사, 1995), 76-86쪽; 최상용,『평화의 정치사상』, 2판(서울: 나남, 2006), 63-76쪽; F. Parkinson, *The Philosophy of International Relations* (Beverly Hills: Sage, 1977), pp. 14-16.

47) 울만(2000), 43쪽.

48) 강정인 · 엄관용,『군주론』(파주: 살림, 2005), 2장; Mark V. Kauppi & Paul R. Viotti, *The Global Philosophers* (New York: Lexington Book, 1992), p.152. 정치관념에 관하여는 이용희(1962), 48-50쪽 참조.

49) 이용희(1962), 120-23쪽; 울만(2000), 60, 150쪽; Garrett Mattingly, *Renaissance Diplomacy* (Boston: Houghton Mifflin, 1955), pp. 48-51, 109-18; Robert Jackson, *Sovereignty* (Cambridge: Polity, 2007), pp. 33-38 등 참조.

50) 곽차섭,『마키아벨리즘과 근대국가의 이념』(서울: 현상과인식, 1996), 20-23쪽. 한편 동방기독교문명권에서도 황제의 조언자이자 주교였던 카이사레아의 에우세비우스(Eusebius of Caesarea)도 왕권신수설을 기초로 이상적인 정치체제로서 그린 것은 '전제군주의 단독 통치'였다. 그는 "하늘나라에서 전능한 하느님 한 분이 백성을 다스리는 것과 같이, 지상에서도 지고한 황제 한 사람이 정의를 관리해야 한다. 지상의 황제는 그의 원형이라고 할 수 있는 하늘나라의 신으로부터 권력을 받는다. 황제는 하늘나라의 지배자의 그림자 혹은 대리인이다. 그러므로 그리스도교 황제는 신의 권능뿐만 아니라 인간에 대한 신의 자비와 보호까지도 구현한다. 황제의

서구의 법은 만드는(*made*) 것이라기보다는 발견되는(*found*)[51] 즉 신에 의해 주어진(*given*) 것이었다. 나아가 중세 유럽에서는 주권국가들이 등장한 근대와는 달리, 공적인 것과 사적인 분야 그리고 국내적인 것과 국제적인 분야가 명확하게 구분되지 않았다.[52] 이와 같은 '하나의 신, 하나의 제국, 하나의 교회'가 모토인 신중심의 사상과 '보편적이고 위계적인 기독교공동체'가 붕괴되고, '인간 중심의 사상'과 '영토를 기반으로 하는 다수의 주권국가들'의 성장 그리고 '국가이성주의(*Raison d'État*)'에 기반한 '국가이익' 관념이 등장하면서 근대가 시작되었음은 널리 알려진 사실이다.[53]

임무는 제국을 야만족들과 불신자들로부터 보호하고 교회와 제국 내에서 평화를 증진시키는 것"이라 주장하였다. 이러한 사상을 배경으로 비잔틴 교회와 국가 사이의 결합은 말할 수 없을 정도로 강력했으며, "국가란 하나의 유기적인 통일체로서 세속적 권력과 종교적 권력이 합쳐져 만들어진 것으로 생각했"던 것이다. 뿐만 아니라 엄격한 위계질서를 갖고 있었는데, 최정상에는 '지상에서 신의 대리인'으로서 절대적 권력을 행사하였던 황제가 있었으며, 그 다음으로는 일반 총대주교, 그 밑으로 성직은 주교, 사제 또는 감독, 집사의 3가지 주요 품급으로 구성되었고, 그 밑으로는 낮은 품급이 있었다. 그러나 현실세계에서는 종교상의 이론과는 달리, 황제와 총대주교 간의 갈등이나 대립이 발생하기 하였음은 물론이다. 메리 커닝엄, 『비잔틴제국의 신앙』, 이종인 옮김(서울: 예경, 2006, 3-4장; Garth Fowden, *Empire to Commonwealth: Consequences of monotheism in late antiquity* (Princeton: Princeton University Press, 1993), pp. 85-97.

51) George H. Sabine, *A History of Political Theory*, 4th ed. (Hinsdale, Ill: Dryden Press, 1973), pp. 196-99.

52) Joseph R. Strayer, *On the Medieval Origins of the Modern State* (Princeton: Princeton University Press, 1970), pp. 27, 83; Holzgrefe(1989), pp. 11-12; John Gerard Ruggie, *Constructing the World Politics* (London: Routledge, 1998), pp. 145-47, 179-84; Hendrik Spruyt, *The Sovereign State and Its Competitors* (Princeton: Princeton University Press, 1994), Chap. 3; Benno Teschke, *The Myth of 1648* (London: Verso, 2003), pp. 65-67.

53) 이용희(1962), 119-20, 123-24쪽; 프리드리히 마이네케, 『국가권력의 이념사』, 이광주 옮김(서울: 민음사, 1990), 서론; Kauppi & Viotti(1992), Chaps. 7-8; Rodney Bruce Hall, *National Collective Identity* (New York: Columbia University Press,

이슬람문명권에서도 압도적으로 강대한 국가가 그 권역의 중심이 되어 정치적으로나 문화적으로나 중심세력으로 군림하였다. 이에 따라 이러한 단일한 중심세력의 존재를 관념적으로도 정당시하여, 통치의 정통사상을 낳게 하였다.[54] 무엇보다 이슬람권에서는 이슬람이 '종교이자 국가'라는 전통적 정교일원론이 그야말로 변할 수 없는 신앙이었다. 모든 권위의 궁극적 근원은 바로 신이며, 무슬림에게 절대신의 법 곧 샤리아(Shari'a)는 지상의 공동체나 국가보다 우선하고 앞서 존재하는 것이었다. 이처럼 이슬람사회는 샤리아의 구현과 그 확대를 목적으로 하는 종교사회로서, 이슬람의 이상은 단순히 국가·정부에 의하여 도달되는 것이 아니라 초국가적인 이슬람 영도자(이맘이나 칼리파)에 의하여 달성되는 것으로 여겼다.[55] 즉 국가의 기능은 본질적으로 샤리아를 충실히 시행하는 것이며, 정부의 제1차적 목적도 국가의 방어와 보호보다도 신앙의 방어와 보호에 있는 것이라고 하였다. 또한 이슬람권에서도 하늘에 '하나의 신'이 존재하듯이, 지상에서도 원칙적으로 '오직 하나의 칼리파(khalifa)' 만이 존재하는 것으로 여겼다.[56] 이슬람법 역시 절대신이 만든 것인

1999), Chap. 4. 마키아벨리(1469~1527)가 종교에 종속되어 있던 정치의 독자성을 주장하고, 군주에게도 기존의 윤리도덕적 규범으로부터 벗어나 '이익 지향적으로 행동'하길 요구하면서, 근대정치학이 시작되었다고 평가된다.

54) 물론 역사적 현실에서는 이러한 단일하고 압도적인 중심세력이 붕괴하여 상하위계적인 국제질서가 혼란에 빠지는 경우가 빈번하게 발생하기도 하였다. 그러나 그러한 분열 시기는 시간적으로 보더라도 안정시기에 비할 바가 못 되었으며, 그보다 더 중요한 것은 인간들의 관념 속에서도 그러한 분열시대가 이례적이며 과도적이며 비정상적인 것으로 간주되었다는 사실이다. 이용희(1962), 113쪽.

55) 이용희(1962), 74-76쪽; 앤 램톤, 『중세 이슬람의 국가와 정부』, 김정위 옮김(서울: 민음사, 1992), 서론, 제2장; 손주영, 『이슬람 칼리파制史』(서울: 민음사, 1997), 제1-2장.

만큼, 인간은 다만 이를 확인 · 해석 · 정리 · 설명해내는 임무만 수행할 뿐이었다.[57]

중세 문명권들의 또 다른 특징은 상하위계질서였다는 사실이다.[58] 예컨대 기독교문명권의 경우, 인간의 양심이나 신앙 등 영적 문제를 다루는 교회는 교황과 대주교-주교 등의 위계구조로 되어 있고 나머지 세속문제는 신의 권위가 신성로마황제에게 위탁된 것으로 인정되었는데, 봉건제에서 알 수 있듯이 황제와 국왕-지방영주 등의 상하위계질서로 이루어졌던 것이다.[59] 교황은 신의 이름을 빌어 국제평화의 수립이나 조약 · 협정 위반에 대한 정신적 제재 그리고 외교교섭 상의 중재개입 · 거중조정 등에 이르기까지 지대하고도 결정적인 영향력을 행사하였다. 예컨대 교황의 인준이나 윤허가 없으면 세속군왕 간의 전쟁행위나 평화교섭 또는 국제회의 등 일체의 공식 활동은 국제적 정당성이나 공신성을 부여받지 못하는 것으로

---

56) Bernard Lewis, *The Political Language of Islam* (Chicago: University of Chicago Press, 1988), p. 46.

57) 손주영(1997), 29-30쪽; Lewis(1988), pp. 30-31.

58) 고대 근동사회도 매우 위계적인 구조로 이루어졌다. Raymond Cohen & Raymond Westbrook (eds), *Amarna Diplomacy: The Beginnings of International Relations* (Baltimore: Johns Hopkins University Press, 2000) 참조. 예컨대 고대 이집트의 왕(Pharaoh)은 '신의 아들'이며, 모든 사람은 자신에게 복종해야 하고 온 세상이 자신의 영역이라 하였다. 바빌로니아의 나람신(Naramsin)도 자신을 '우주의 왕'이라 불렀으며, 아시리아 왕 역시 자신을 '세계의 왕'이며 '만민의 태양'이라 불렀다. Hugh Nibley, "The Hierocentric State," *The Western Political Quarterly*, Vol. 4, No. 2 (1951), pp. 231-34.

59) 이용희(1962), 104-10쪽; Frank M. Russell, *Theories of International Relations* (New York: Appleton-Century-Crofts, 1936), Chap. 6; Jeremy Larkins, *From Hierarchy to Anarchy: Territory and Politics before Westphalia* (New York: Palgrave, 2010), Chaps. 4-5.

인식되었던 것이다.[60] 동방기독교문명권의 경우, 비잔틴황제는 자신의 통치권이 신으로부터 주어진 것이라 하였고 '세계의 주인'이라 자처하였으며, 자신의 제국은 세계의 중심이자 지상의 유일한 합법적 제국이라 자부하였다.[61] 이슬람문명권에서도 각국은 '명분상' 동등한 것이 아니라 군주의 호칭에서 알 수 있듯이, 종주국을 중심으로 하는 상하위계적인 세계였다. 즉 예언자 무함마드의 대리인이자 이슬람문명권 전체의 유일한 존재인 칼리파는 이슬람신도공동체의 세속적인 것과 종교적인 양면을 동시에 통치하고 관장하는 수장으로, 술탄이나 지방 군주들보다 상위에 있다고 인식하였다.[62] 또한 중세초기 인도문명권에서도 세 부류의 왕 중에서 대왕(king of the kings)은 '세계의 유일한 지배자'라 하였으며, 우주가 하나이듯이 대

---

60) 김홍철, 『외교제도사』(서울: 민음사, 1985), 104, 116쪽; R. F. Wright, *Medieval Internationalism* (London: Williams & Norgate, 1930), pp. 18-50, 109-115; Arthur Nussbaum, *A Concise History of the Law of Nations* (New York: Macmillan, 1954), pp. 17-22.

61) 메리 커닝엄, 『비잔틴제국의 신앙』, 이종인 옮김(서울: 예경, 2006), 3장; Nibley(1951), p. 232; George Ostrogorsky, "The Byzantine Emperor and the Hierarchical World Order," *The Slavonic and East European Review*, Vol. 35, No. 84 (1956), pp. 1-14; Alexander Kazhdan, "The notion of Byzantine diplomacy," in Jonathan Shepard & Simon Franklin, (eds), *Byzantine Diplomacy* (Aldershot: Variorum, 1992), pp. 3-21; Dimitri Obolensky, "The Principles and Methods of Byzantine Diplomacy," in his *Byzantium and the Slavs* (Crestwood, NY: St Vladimir's Seminary Press, 1994), pp. 1-20; Keith Hamilton & Richard Langhorne, *The Practice of Diplomacy,* 2nd ed. (London: Routledge, 2011), pp. 19-25.

62) 이용희(1962), 233쪽. 또한 손주영(1997); Thomas W. Arnold, *The Caliphate* (Oxford: Clarendon, 2000[1924]); Patricia Crone & Martin Hinds, *God's Caliph: Religious authority in the first centuries of Islam* (Cambridge: Cambridge University Press, 1986) 참조. 이슬람문명권에서도 근대 서구적 국가평등원칙을 주장하지 않았다. Majid Khadduri, *War and Peace in the Law of Islam* (Baltimore: Johns Hopkins Press, 1955), Chap. 3; 램톤(1992), 296-97쪽.

군주도 오직 하나이며 마찬가지로 지구가 하나이듯이 주인도 오직 하나여야 한다고 하였다.[63)]

문명권이나 국제사회는 '중심-중간-주변'의 세 지역으로 나누어 볼 수 있다. 이용희에 따르면, 중심부는 "우세한 정치권력의 소재지이며 또 국제정치질서의 심볼이나 개념 체계의 근원지"가 되며, 유교문명권의 이른바 중원(中原)이라 하겠다. 중간부는 중심부의 "전파세력에 이미 충분히 순응하여 이 중심부의 견고한 외곽을 이룰 뿐 아니라 더 나아가서는 다른 지역에 (문명)전파자의 구실까지 하는 세력"이라 하겠으며, 유교문명권에서 조선이 그러한 위치에 있었다. 반면에 "(문명)전파도가 얕고 중심세력의 정치압력이 비교적 경(輕)하며 저항도가 강해서 다른 (이질적) 전파세력권으로 일탈되거나 반발의 가능성이 높아서 적응과 동조의 성적이 나쁜 지역"을 주변부라 하는데, 그 "특색은 (전파자의 견지에서는) 국제행위양식의 소화도가 나쁘고 국제정치의 틀에 어긋나는 면이 많으며, 전파자의 심볼과 개념체계나 '정치'가 국내정치체계로서는 완전히 침투되지 않거나 외면화에 그치고 동화적 단계에 들어가지 않는 세력 또는 지역"이라 볼 수 있으며, 명치이전의 일본이나 유럽의 러시아가 이에 가까웠다고 지적하였다.[64)]

---

63) Ronald Inden, "Hierarchies of Kings in early medieval India," *Contributions to Indian Sociology,* Vol. 15 (1981), pp. 107, 120.

64) 이용희(1962), 63쪽. 이용희는 근접부라 하였으나, 조동일의 분류에 따라 중간이라 하였다. 이러한 중심-주변문제와 관련하여 이수훈, 『세계체제론』(서울: 나남, 1993); 한국 서양사학회 (편), 『근대 세계체제론의 역사적 이해』(서울: 까치, 1996); 盛邦和, 『內核与外緣: 中日文化論』(상해: 學林출판사, 1988); Immanuel Wallerstein, *The Modern World-System* (New York: Academic Press, 1974); Michael Rowlands, Mogens Larsen & Kristian Kristiansen (eds), *Centre and Periphery in the Ancient*

이와 같은 중세시대의 여러 특징은 유교문명권에서도 유사하게 나타났다고 하겠다. 유교국제사회의 기본 구조와 특성에 대하여 이용희는 다음과 같이 명쾌하게 정리하였다.

> 이 권역의 정치양식은 유교의 정교(政敎)관념에 유래하고 있으며 국내의 법질서나 지배질서가 당·명률계(唐·明律系)나 충효사상에 입각한 가부장적인 전제이듯이 국제정치적 질서는 예교(禮敎)를 본으로 하되, 권역을 막연히 '천하(天下)'라 하여 천명(天命)을 받드는 중조(中朝)의 천자(天子)의 덕이 미치는 범위로 관념된다. 이 '천하'는 그것이 중조의 문화가 미치는 '터'이며, 예교의 '명분(名分)'이 유지되어야 하는 곳이며 또 신분적인 유교의 예(禮)사상을 따라 그 구조가 서계적(序階的)이 아닐 수 없었다. 이러한 예교의 질서가 통행하는 천하 안에 존재하는 상하(上下)와 서차(序次)의 '명분'을 규율하는 제도가 소위 '사대자소(事大字小)'의 '예(禮)'로서, 거기에는 반드시 조근(朝覲)과 빙문(聘問), 공헌(貢獻)과 사뢰(賜賚), 봉삭(奉朔)과 책봉(冊封) 등이 따르는 것이라고 여겨졌으나, 또 동시에 사대자소는 이와 같은 '조빙예문(朝聘禮文)'일 뿐이지 기외는 번국(藩國)에 '일병일역(一兵一役)'을 괴롭히지 않는 것이라고도 인정되는 것이 보통이었다. 이런 고로 상하와 서계에 있어서 상국은 상국으로 공인됨으로써 비로소 이 사대자소의 '예(禮)'가 '예'로서 통용될 것이므로, 그것이 군사와 무력에 의한 경우에는 '명분'은 어그러지게 되고 사대의 '예'가 '예'가 아닌 '힘'의 지배로 변할 것인데, 대개는 권역 내의 '헤게모니'의 변동에 따라 이런 긴장사태가 생기었다. (…) 이러한 상하·서계적인 국제사회에 있어서는 동반의 제국간은 이른바 '교린(交隣)'·'상빙(相聘)'의 관계이며 상하관계는 이른바 '복속(服屬)'인데 그 복속의 의의는 천명을 받든 왕덕(王德)에 복속한다는 것으로서 종속(宗屬)의 명분이 이로써 완결되는 것이며, 상국은 이 명분 위에 은혜와 회유의 의미로

World (Cambridge: Cambridge University Press, 1987) 등 참조.

사뢰를 내리고, 호시(互市)와 교역을 허용하는 것이라고 자처하였으며, 또 이 까닭에 사대・교린은 예부(禮部)소관의 국법으로 규율되었다.[65]

즉 유교국제사회는 예교를 바탕으로, 그 권역이라 여긴 천하는 천명을 받은 천자의 덕이 미치며 예교명분과 질서가 통용・유지되는 공간으로, 기본적으로 상하위계적 구조였으며 이러한 관념 속에서 국가 간의 관계에도 사대자소의 예와 함께 조공과 회사, 책봉과 봉삭의 예로 제도화되었던 것이다. 또한 조공국이 '조빙예문'의 기본적인 예만 준수한다면 원칙적으로 별다른 간여를 받지 않았으며, 상국에의 복속이란 천명을 받들고 이행하는 황제의 덕에 따르는 것으로 관념되었고, 이러한 국가 간의 모든 관계는 예부(조선의 경우는 예조)에서 관장하였던 것이다.[66]

이처럼 유교문명권의 국제관계는 사상적 차원에서 중국 스스로 지역적 및 정치적으로 천하의 중심일 뿐만 아니라 무엇보다 우수한 문명의 원천이라고 자부하며, 아울러 중화와 이적(비한인)의 존재를 전제로 하는 중화(화이)사상과 함께 천명과 대일통사상 등을 포괄하는 유교사상을 바탕으로, 중국과 그 주변의 국가들 간의 관계를 사대자소의 예적 질서로 규정하고, 현실에서는 책봉・조공제도가 운용되었다. 물론 이러한 사상이나 제도는 하루아침에 이루어진 것이 아니라 장구한 기간에 걸쳐 점진적으로 발전되어 왔으며, 따라서 시대

65) 이용희(1962), 71-73쪽.

66) 사대자소관계는 명분상 '예교의 질서'이므로 이미 지적하였듯이 국내정치에서도 이러한 '예교질서를 국내질서로 공인'하였던 것이고, 따라서 "국제체제와 국내체제는 본질상 구별될 수 없는 것"이었다. 이에 대하여 이용희(1962), 59쪽 참조.

나 지역 · 국가에 따라 그 실제 양상이 달라질 수밖에 없었음은 물론이다.[67]

여기서는 유교문명권의 국제관계의 이론적 기초가 되었던 천명사상과 대일통사상 및 중화사상, 그리고 이들을 포괄하는 예사상에 대해 살펴보고자 한다.

1. 천명사상과 대일통사상

유교문명권에서는 무엇보다 농경문화를 기반으로 하늘[天]을 우주만물의 원천으로 설정하여, 그것을 궁극적인 준거로 인생의 모든 길[道]을 설정하였다. 즉 '인간'은 이미 완성되어 있는 존재인 천지의 덕을 본받고 따르지 않으면 안 된다고 여겼다. 따라서 인간이 이상으로 삼는 세계는 하늘[天]과 땅[地]과 사람[人]이 함께 만들어 나가는 세계이며, 이를 위해서는 위로 하늘의 도[天道] · 리[天理]를 이어받고 아래로 만물의 정(情)을 살펴 얻어 그러한 능력을 갖춘 훌륭한 사람[聖人]이 되도록 노력해야 한다고 하였다. 이와 같이 '내성외왕(內聖外王)' · '수기치인(修己治人)'을 이상으로 삼고, 자신을 비롯하여 가정 · 국가 · 천하 모두가 함께 이상적 경지를 추구해나가는 것이 유교의 기본적 특성이었다.[68] 한마디로 유교문명권에서 하늘

67) 예컨대 중국 역대왕조의 한족 여부 또는 유교화 정도에 따라 차이가 있었으며, 주변 조공국들의 경우에도 중국과의 지리적 원근이나 정치적 또는 사회경제적 여건 특히 유교문명의 수용 정도에 따라 적지 않은 편차가 존재하였다. 대체로 중국과의 거리가 멀고 유교문명의 수용 정도가 약한 나라일수록 명목상으로만 책봉 · 조공관계를 유지한 채, 경제적 이익 등 자국의 실익을 추구하였던 것이 일반적이었다고 하겠다.

68) 김충열, 『중국철학사』(서울: 예문서원, 1994), 58-75, 142-54, 170-77쪽. 또한 김능

은 우주만물의 창조자이자 주재자이고 설계자였으며, 따라서 위로는 천자로부터 아래로는 일반 백성에 이르기까지 인간은 누구나 하늘을 숭배하고 천명을 우러러 받들어야 한다고 여겼던 것이다.[69)]

일찍이 『역경』에서 "천지의 도는 영원하고 무궁하다"[70)]고 하였으며, 『중용』에서도 "하늘이 명하신 것을 성이라 일컫고, 이 성을 따르는 것을 도라 일컫는다"라며 "도라는 것은 잠시도 떠날 수 없는 것이니, 떠날 수 있으면 도가 아니다"[71)]라고 규정하였다. 이와 관련하여 주희는 도를 "날마다 일이나 사물마다 마땅히 행하여야 할 이치[理]"라면서, '마음에 갖추어져 있어 사물마다 있지 않음이 없고 때마다 그렇지 않음이 없어 잠시도 떠날 수 없는 것'이라 해석하였다.[72)] 한

근, 『유교의 천사상』(서울: 숭실대학교출판부, 1988); 이춘식, 『유학의 천도관과 정치이념』(서울: 고려대 출판부, 2004); 송인창, 『天命과 유교적 인간학』(서울: 심산, 2011); 溝口雄三, 『개념과 시대로 읽는 중국사상 명강의』 최진석 옮김(서울: 소나무, 2004); 풍우, 『동양의 자연과 인간 이해: 중국의 천인관계론』 김갑수 옮김(서울: 논형, 2008); 王健文, 『奉天承運: 古代中國的'國家'槪念及其正當性基礎』(臺北: 東大圖書公司, 1995); 李承貴, 『德性源流: 中國傳統道德轉型硏究』(南昌: 江西교육출판사, 2004) 참조.

69) 일찍이 『詩經』에서 "하늘이 모든 사람을 낳으시니 사물마다 (하늘이 준) 법칙이 있다[天生烝民 有物有則]"(大雅 烝民. 『孟子』 고자 상편에도 이 글이 인용됨)고 하였다. 공자는 자신의 도덕적 역량이 하늘로부터 나오는 것으로 여겼으며(『論語』 술이), 순자는 '예에는 세 가지 근본'이 있다면서 "천지는 생명의 근본이고 선조는 종족의 근본이고 임금과 스승은 다스림의 근본[天地者 生之本也, 先祖者 類之本也, 君師者 治之本也]"이라 하였다(『순자』 예론). 한대의 동중서도 인간관계와 질서 나아가 윤리도덕 모두가 하늘로부터 유래되는 것이라 하였다. 즉, 그는 "하늘은 만물의 조상이다. 만물은 하늘이 아니면 생겨날 수 없다[天者萬物之祖 萬物非天不生]"(『春秋繁露』 제70 순명), "사람이 사람이 되는 것은 하늘이다[爲人者天]"(『春秋繁露』 제41 위인자천)라고 하였다.

70) 『周易』 繫辭傳: 天地之道恒久而不已也. 장기근, 『유교와 도덕정치』(서울: 서원, 1999), 45쪽에서 재인용.

71) 『中庸』 1장: 天命之謂性, 率性之謂道... 道也者 不可須臾離也 可離非道也.

72) 『中庸』 1장 주: 道者 日用事物當行之理 皆性之德 而具於心 無物不有 無時不然 所以

대의 동중서(董仲舒)는 "도의 위대한 근원은 하늘에서 나온다. 하늘은 변하지 않고, 도 역시 변하지 않는다"[73]고 하였으며, 주희도 이러한 견해를 계승하고 있다.[74] 일찍이 관중은 "하늘은 자신의 본래 법칙을 바꾸지 않는다"[75]고 하였으며, 순자도 "하늘의 운행은 일정불변한 것으로, 요임금 때문에 존재하는 것도 아니고 걸임금 때문에 없어지는 것도 아니다"[76]라 하여, 하늘은 고정불변한 것임을 강조하였다. 나아가 그는 "도가 있으면 나라가 존재하고 도가 없어지면 나라가 망한다"[77]고 하였고, 맹자도 "하늘의 뜻에 따르는 자는 생존하고 거슬리는 자는 망한다"[78]고 하였다. 북송의 사마광(司馬光, 1019~1086)은 "천지는 여전하며 일월은 변함이 없으며 만물은 마찬가지며 본성은 옛날과 다름없는데, 어찌 도만 변할 리가 있겠는가?"[79]라며, 도의 불변성을 강조하였다.[80]

이러한 천도사상은 유교문명권의 다른 국가들에게도 전파되었다. 예컨대 조선 건국에 절대적 역할을 한 정도전은 "도의 위대한 근원은 하늘에서 나온다"라면서, 도는 '사물마다 존재하며 어느 때나 그

不可須臾離也.

73) 『漢書』 권56, 董仲舒傳, 頁2518-19: 道之大原出於天 天不變 道亦不變.

74) 『中庸』 1장 주.

75) 『管子』 형세편: 天不變其常.

76) 『荀子』 天論: 天行有常 不爲堯存 不爲桀亡.

77) 『荀子』 군도: 道存則國存 道亡則國亡.

78) 『孟子』 이루 상, 7장: 順天者存 逆天者亡.

79) 『司馬溫公文集』 권74, 朱日耀 『전통중국정치사상사』, 정귀화 옮김(부산: 신지서원, 1999), 430쪽에서 재인용.

80) 청말의 왕도(王韜)는 "만세토록 변하지 않는 도는 공자의 도[蓋萬世不變道 孔子之道也]"라 하였고, 정관응(鄭觀應)도 "도는 근본이다[道爲本]. · · · 도는 변하지 않는다[道不可變]"고 하였다. 李宗桂, 『文化批判與文化重構』(서안: 陝西인민출판사, 1992), 76쪽에서 재인용.

러하다'고 하였다.[81] 또한 중종 연간에도 "도의 위대한 근원은 하늘에서 나와 마음에 갖추어지고 만사에 흩어지니, 천지를 통하여 한 가지 원리이고 만물을 통틀어 한 가지 본체"[82]라 하였다. 나아가 조선에서도 "나라는 망할 수 있어도 의리는 망할 수 없다"[83], "하늘의 이치를 거스르면 반드시 망한다"[84], "나라는 망해도 도는 망하지 아니한다"[85]고 여겼다.[86] 조선 중기의 이식(李植)은 "신들이 듣건대 도(道)가 있는 나라는 비록 허약해도 망하지 않지만 도가 없는 나라는 아무리 강해도 반드시 망하고 만다고 하였다. 그런데 도가 있느냐 없느냐 하는 것은 단지 선악(善惡)을 구별하는 것과 관련된 문제"[87]라고 하였다.

또한 유구의 대표적 유학자이자 국왕의 스승이었던 채온(蔡溫, 1682~1762)은 "도라고 하는 것은 본디 하늘에서 나오는 것"[88]이라며, 성인의 도란 "하늘에서 가르침을 받아 이 법칙을 닦는 것"[89], "천

---

81) 『三峰集』 권9, 佛氏雜辨 佛氏昧於道器之辨, 頁9: 蓋道之大原 出於天 而無物不有 無時不然.

82) 『조선중종실록』 권95, 36년 4월 2일 무오: 夫道之大原 出於天 而具於心 散於萬事 通天地而一理 盡萬物而一體. 또한 중종 37년 11월 12일 무오; 38년 11월 1일 신축조 등 참조.

83) 『조선선조실록』 권66, 28년 8월 23일 계해: 國可亡 義理不可亡.

84) 『조선고종실록』 권3, 3년 9월 11일 정묘: 逆天理者必亡.

85) 劉秉憲, 『晩松集附』 郭鍾錫疏: 國可亡 道不可亡. 총성의, 『근대한국 지식인의 대외인식』(서울: 성신여대출판부, 2000), 219쪽에서 재인용.

86) 권선홍(2004), 192-95, 222-24쪽.

87) 『澤堂集』 권8, 箚 癸酉九月論時政玉堂箚: 有道之國 雖弱不亡 無道之國 雖強必亡 夫有道無道 但別善惡.

88) 김헌선 편역, 『유구국 사상가 채온의 《사옹편언》』(서울: 보고사, 2014), 180-81쪽: 道者原出于天.

89) 김헌선 편역(2014), 119-20쪽: 受教于天而修此則之謂聖人之道.

지의 법칙[天理]에 따르는 것"[90]이라 하였다. 그는 또 "무릇 완전히 하늘을 거스르는 사람은 반드시 몸을 잃고 집안을 망치며 국가를 망하게 하는 바가 있을 것"[91]이라 경고하고 있다. 1790년 안남사신으로 청에 다녀온 반휘익(潘輝益, 1751~1822)도 조선사신과 주고받은 창화시에서 "나라는 바다의 동과 남으로 경계를 나누었지만 모두 명당(明堂)을 향해 멀리 수레를 달려왔네. 문헌을 통해 일찍 오도(吾道)의 소재를 징험하였고 부드럽게 품어주시니 전적으로 황제의 은덕을 우러르네"라 하여, '우리 도[吾道]'라는 유교문명을 공유하고 있다는 동질감을 드러내고 있다.[92] 이와 같이 유교문명권에서 도는 우주만물의 최고 주재자인 천으로부터 유래하였기에, 바로 절대성과 불변성 및 편재성을 구비한 것이었다. 즉 유교문명권에서 천이나 도는 인간세상의 존망과도 직결되며, 따라서 나라보다 더 근본적인 것으로 보았다. 나아가 인간사회의 모든 제도 역시 전적으로 '천도'를 본받아 만들어야 한다고 여겼던 것이다.[93]

한편 인간 사회를 다스리는 것도 우주만물을 주재하는 최고의 신으로서 비할 데 없는 위력을 지닌 절대 존재인 하늘의 뜻을 받아야만 된다고 여겼으며, 인간세상의 최고 통치자도 바로 하늘의 아들 곧 천자(天子)라고 일컬었다. 천자는 바로 하늘의 대리인이며, 하늘과 인

90) 김헌선 편역(2014), 121쪽.

91) 김헌선 편역(2014), 215-16쪽: 夫全逆天者 必有失身喪家亡國之禍.

92) 인하대 한국학연구소 (편), 『한국과 베트남 사신, 북경에서 만나다』(서울: 소명, 2013), 89-90, 270-86쪽.

93) 예컨대 『周禮』에서는 천지와 춘하추동 사계절의 순서에 따라 국가의 예의와 정무를 관장하는 천・지・춘・하・추・동관의 육관(六官)을 두었다.

간의 중개자이기도 하였다.[94] 예컨대 『서경』에서 "천자는 백성의 부모가 되어 천하의 왕이 된다"[95]고 하였고, 『예기』에서도 "천하에 군림하면 천자라 한다"[96]고 하였다. 공자도 "오직 천자만이 하늘로부터 명을 받는다"[97], "하늘에는 두 해가 없고 땅에는 두 임금이 없다"[98]고 말하였다. 이처럼 천자는 천명을 받아 천하를 다스리는 지고무상의 존재인 만큼, 천하 또한 천자의 소유라고 하였다. 대표적으로 『시경』에서는 "드넓은 하늘 아래 왕의 땅 아닌 곳이 없고, 온 땅 끝까지 왕의 신하 아닌 사람이 없다"[99]라고 하였다.

대일통(大一統)사상은 무엇보다 '천하에 정치적 통일과 함께 사상

---

94) 김충열(1994), 142-48, 170-77쪽; 이춘식, 『사대주의』(서울: 고려대학교출판부, 1997), 108-21쪽; 周桂鈿, 『중국철학』, 문재곤 외 옮김(서울: 예문서원, 1992), 제1장; 張爍, 『中國傳統合法性話語的文化研究』(무한: 武漢대학출판사, 2014), 3장.

95) 『書經』 洪範: 天子作民父母 以爲天下王. 같은 책 周書 泰誓上편에서도 "하늘과 땅은 만물의 부모요, 사람은 만물의 영이니, 진실로 총명한 자는 대군(大君)이 되고 대군은 만인의 부모가 된다[惟天地萬物父母, 惟人萬物之靈. 亶聰明作元后 元后作民父母]"고 하였다. '천자는 만민의 부모'라는 말은 『漢書』 권72, 鮑宣傳(陛下 上爲皇天子, 下爲黎庶父母)이나 『隋書』 권81, 東夷 高麗傳(朕於蒼生, 悉如赤子), 『鹽鐵論』 권7, 備胡편(天子者 天下之父母也)을 비롯하여 역대 君臣들이 자주 인용하는 문구였다.

96) 『禮記』 曲禮下: 君天下曰天子.

97) 『禮記』 表記: 唯天子受命於天.

98) 『禮記』 坊記: 天無二日 土無二王. 『禮記』 상복사제편에서도 "하늘에 두 해가 없고 땅에 두 왕이 없고 나라에 두 군주가 없고 집에 두 가장이 없으니, 이는 반드시 한 사람이 다스려야 한다는 것[天無二日 土無二王 國無二君 家無二尊 以一治之也]"이라 하였다. 한편 『孟子』 만장상편 4장에도 "天無二日 民無二王"이란 공자의 말을 인용하고 있다.

99) 『詩經』 小雅 北山: 溥天之下莫非王土 率土之濱莫非王臣. 이러한 '왕토왕신' 표현은 이후에도 계승되고 있는데, 예컨대 진시황 28년에 동쪽 군현을 순행하던 중 산동지방의 낭야산에 올라 진나라의 공덕을 칭송하는 비석을 세웠는데, 그 비문에 "육합 안이 모두 황제의 땅이며 (…) 인적이 이르는 곳마다 신복하지 않는 자가 없다[六合之內 皇帝之土 … 人迹所至 無不臣者]"라 하였다. 『史記』 권6, 진시황 본기.

적 통일까지 구현한다'는 뜻이었다. '모든 곳이 왕의 땅이고 모든 이가 왕의 신하'라는 '왕토왕신'은 그 초보적 형태였다고 하겠다. 또한 중국 역사상 최초로 통일을 이룬 진시황이 문자와 수레바퀴, 도량형 등을 통일시킴으로써 대일통 실현의 구체적 기반을 마련하였다. 이어 한나라 무제 때 동중서(董仲舒)는 유교를 국교로 채택하는데 핵심적 역할을 하였으며, 대일통사상을 크게 발전시켰다. 그는 "천자는 하늘로부터 명을 받고, 제후는 천자로부터 명을 받는다"[100], "오직 천자만이 하늘로부터 명을 받고, 천하는 천자로부터 명을 받는다"[101]고 하였으며, 나아가 『춘추』의 대일통이야말로 "천지의 변하지 않는 원칙이며, 고금의 보편적인 도리"[102]라고 역설하였다.

천명사상이나 대일통사상은 후대에도 이어졌으니, 예컨대 명나라가 건국되고 홍무제가 즉위하였다는 사실을 고려에 알리는 문서에서

> 송나라가 천하를 잘못 다스려 하늘이 그 왕조를 단절시켰다. 원나라는 우리 족류가 아니나, 천명으로 중국에 들어와 주인이 되어 백여 년이 지났다. (…) 짐은(…)금년 정월에 신민들이 추대하여 황제 자리에 오르고, 천하의 호칭을 대명(大明)으로 정하고 연호를 홍무(洪武)라 하였다.[103]

---

100) 『春秋繁露』 제70 순명: 天子受命於天 諸侯受命於天子. 또한 동중서는 "하늘이 도와주고 아들로 삼으니 천자라 호칭한다[天佑而子之 號稱天子]"고 하였다. 『春秋繁露』 三代改制質文 제23.

101) 『春秋繁露』 제41 위인자천: 唯天子受命於天 天下受命於天子.

102) 『漢書』 권56, 동중서전: 春秋大一統者 天地之常經 古今之通誼也.

103) 『高麗史』 권41, 공민왕 18년 4월 임진; 『明太祖實錄』 권37, 洪武 원년 12월 임진: 自有宋失馭 天絕其祀 元非我類 天命入主中國 百有餘年... 今年正月 臣民推戴 卽皇帝位 定有天下之號曰大明 建元洪武.

라고 하였다. 즉 이민족인 원나라의 중국 통치까지도 천명으로 여겼음을 알 수 있다.

명나라가 안남이나 일본 · 점성(占城) · 유구 등에 보낸 문서에서도 이와 유사한 내용이 나온다.

> 옛날 제왕이 천하를 다스림에, 무릇 해와 달이 비추는 곳은 멀고 가까움이 없이 누구나 똑같이 사랑하였다. 그러므로 중국은 안정되고 사방 이적들은 제자리를 얻게 되었다.104)

또한 명 성조는 "짐이 천명을 받들어 천하 군주가 되매 오직 만방의 사람들이 모두 제자리를 얻기만 바랄 뿐"105)이라 하였으며, 청나라가 조선에 보내온 국서에서도 "천하국가들은 모두 하늘의 명으로 건립된 것"106)이라 하였다.

이러한 천명과 대일통사상은 유교문명권에 전파되었다. 고려의 경우, 거란군을 물리칠 때 활동한 김취려는 "하늘에는 두 해가 없고 백성은 두 임금이 없는데, 천하에 어찌 두 황제가 있겠는가?"107)라 하여, 대일통적 인식을 잘 드러내주었다. 이색은 "하늘을 대리하여 일을 행하는 자를 천자라고 일컫고, 천자를 대리하여 봉해진 땅을 나누어 다스리는 자를 제후라고 일컫는다"108)고 하여, 중국을 천자국

---

104) 『명태조실록』 권37, 홍무 원년 12월 임진; 권38, 홍무 2년 정월 을묘; 권71, 홍무 5년 정월 갑자: 昔帝王之治天下 凡日月所照 無有遠近 一視同仁 故中國奠安 四方得所.

105) 『명태종실록』 권111, 영락 8년 12월 정미.

106) 『청태종실록』 권3, 천총 원년 5월 경오: 天下諸國 皆天之所命而建立之者.

107) 『益齋亂稿』 권6, 記 金公行軍記: 公曰天無二日 民無二王 天下安有二帝耶.

108) 『牧隱集』 周官六翼序: 代天行事者曰天子 代天子分理所封者曰諸侯. 이어서 "이들

으로 하고 고려를 제후국으로 하는 명분을 따르고 있음을 알 수 있다.[109] 조선에서도 천명이나 천자의 책봉을 받아 나라를 세운 것[受命立國]을 지극히 당연하고 떳떳한 일이라 여겼다. 예컨대 태조 이성계는 백관들이 추대하여 왕위에 오르기를 권하자 "예로부터 제왕의 일어남은 천명이 있지 않으면 되지 않는다"며 덕이 없어 감당하기 어렵다며 거절하기도 하였다.[110] 조선왕조의 설계자라는 정도전은 우리나라의 역대 왕조 가운데 오직 기자(箕子)만이 천자(주나라 무왕)의 명을 받아 조선후(朝鮮侯)에 봉하여졌으므로 명분이 가장 바로 선 왕조이며, 이로부터 중국의 번국이 되어 사대관계를 맺게 된 것을 매우 자랑스럽게 생각하였다. 이러한 의식은 조선시대의 성리학자들의 공통된 견해이기도 하였다.[111] 유학자 권근도 "무릇 제후가 나라를 이어 받는데 반드시 천자에게 명을 받는 것 또한 예의 상경(常經)"[112]이라 하였으며, 태종 때 사간원의 상소에서도 "전하께서 천자의 명을 받들어 나라를 가지셨다"[113]고 하였다.

또한 조선국왕 태종은 "하늘에는 두 해가 없고 왕위에는 두 임금이 없다"[114]고 하였고, 세종 때의 대신들 역시 동궁에 대한 칭신의 불가함을 아뢰며 "무릇 하늘에는 두 해가 없고 백성에게는 두 임금이 없다"[115]고 하였다. 성종 때 중국에 표착 후 중국 관리가 "그대 나

사이에는 그 지위에 각각 위와 아래가 있고 형세에 각각 크고 작은 차이가 있어서, 결코 문란시킬 수가 없다[位有上下 勢有大小 截然不可紊]"고 하였다.

109) 도현철, 『목은 이색의 정치사상 연구』(서울: 혜안, 2011), 180-81, 220-21쪽.

110) 『조선태조실록』 권1, 원년 7월 17일 병신.

111) 한영우, 『조선전기 사회사상연구』(서울: 지식산업사, 1983), 28쪽.

112) 『조선태종실록』 권12, 6년 8월 24일 경술: 凡諸侯之承國 必受命於天子 亦禮之經也.

113) 『조선태종실록』 권36, 18년 8월 9일 병술: 殿下承天子之命而有國.

114) 『조선태종실록』 권34, 17년 7월 10일 계해: 天無二日 尊無二主.

라 왕도 황제라 일컫는가?”라는 질문에 최부(崔溥)는 “하늘에 두 해가 없는데, 어찌 한 하늘 아래 두 황제가 있겠는가. 성심으로 사대하고 있을 뿐”116)이라 답하였다. 퇴계 이황도 일본에 보내는 문서에서

> 하늘에는 두 해가 없고 백성에게는 두 임금이 없다. 『춘추』의 대일통은 곧 천지의 떳떳한 도리이고 고금의 이치이다. 대명(大明)은 천하의 종주국으로, 바다 모퉁이 해가 뜨는 곳 어디를 막론하고 신하로서 복종하지 아니하는 사람이 없으므로, 귀국도 대대로 조공을 바친 것이다.117)

고 하였다. 즉 명나라는 천하의 종주국으로 천하가 모두 신복하고 있다고 강조하였다. 후일 ‘숭명반청(崇明反淸)’을 주도한 송시열(宋時烈, 1607~1689)도 “『춘추』에서 『강목』까지 한결같이 대일통을 주장하고 있다. 대개 대통이 분명하지 못하면 인도(人道)가 어지러워지고, 인도가 어지러워지면 나라가 뒤따라 망하는 것”118)이라 역설하였고, 영조 때 이무 역시 효종(孝宗)의 존호를 더 올리기를 청하면서 “『춘추』 대일통의 의는 천지를 버티고 만고에 뻗어, 하루라도 없어질 수 없는 것”119)이라고 강조하였다. 조선 후기 대표적 위정척사파

---

115) 『조선세종실록』 권117, 29년 9월 3일 임진: 夫天無二日 民無二王.

116) 『漂海錄』 권1, 무신년 윤정월 20일: 天無二日 安有一天之下 有二皇帝乎. 我王心誠事大而已.

117) 『退溪集』 권8, 書契修答 禮曹答日本國左武衛將軍源義淸: 天無二日 民無二王. 春秋大一統者 乃天地之常經 古今之通義也. 大明爲天下宗主 海隅出日 罔不臣服 亦貴國之世修朝貢者矣.

118) 『조선효종실록』 권19, 8년 8월 16일 병술: ≪春秋≫ 以至 ≪綱目≫ 一主於大一統 蓋大統不明 則人道乖亂 人道乖亂 則國隨以亡.

119) 『조선영조실록』 권51, 16년 5월 15일 갑인: ≪春秋≫ 大一統之義 撑天地亘萬古不可一日泯者也.

였던 이항로(李恒老)는 더 나아가 "하늘에는 두 상제(上帝)가 없고 마음에는 두 인군(人君)이 없다"[120]고까지 지적하였다. 이처럼 천명사상이나 대일통사상이 조선에서 불변의 진리로 받아들여졌던 것이다.

한편 일본의 경우, 성덕(聖德)태자가 섭정할 때 정치혁신을 하고자 중국의 '존왕(尊王)사상'을 받아들이고 이를 널리 선양하였는데, 604년 제정한 헌법조문 중에 "나라에는 두 임금이 없고 백성에는 두 주인이 없다"[121]고 하였으며, 효덕천황이 즉위하자 황태자가 올린 글에 "하늘에는 두 해가 없고 나라에는 두 임금이 없다"[122]라 주장하였다. 월남 최후의 왕조 완조(阮朝)에서도 유교를 신봉하여, 정통론을 수용하고 자국 역사에서 이를 적용하기도 하였다. 예컨대 장등계(張登桂)는 정・이・진・여・완조 5대 왕조를 월남역사에서 정통으로 보면서 특히 완조는 중국 상나라나 주나라에 견줄 수 있다고 하였다. 『월사통감강목』에서도 "천하가 통일된 것을 정통"[123]이라 하였다.

이상에서 살펴본 바와 같이, 중세의 어느 문명권이든 그 구성원들이 신봉하는 신(God)이나 하늘[天]과 같은 '절대적 존재'가 있었으며, 지상에는 그 '절대자의 대리인'이 존재하고 절대적 존재로부터

120) 『華西集』 雅言권3, 神明제7: 天無二帝 心無二君.

121) 朱雲影, 『中國文化對日韓越的影響』(臺北: 黎明文化事業公司, 1981), 251쪽: 國非二君 民無兩主.

122) 『日本書紀』 권25, 孝德천황 大化 2년 3월 20일: 天無雙日 國無二王. 朱雲影(1981), 251쪽에서 재인용.

123) 『欽定越史通鑑綱目』 卷首奏議, 頁9: 凡天下混一爲正統者. 朱雲影(1981),275-76쪽에서 인용.

부여받은 '절대적인 권위를 보유하고 행사'하는 것으로 여겼다. 중세 서구기독교권의 교황, 동방기독교권의 비잔틴제국황제, 이슬람권의 칼리파, 유교권의 천자가 바로 그러한 절대자의 대리인이었던 것이다. 유교문명권에서도 대일통사상에 따라 온 우주자연이 하나의 '천'에 의해 운행되고 있듯이 천하도 한 사람의 '천자'에 의해 통어되어야 한다는 것이었다. 즉 대일통사상에서 천하는 정치적 통일과 함께 사상의 통일을 위시하여 문자의 통일, 도량형의 통일, 수레폭[車軌]와 풍속의 통일 나아가 연호와 달력[曆法]의 통일을 이루고자 하였다.[124] 이와 같이 '하나의 통치자, 하나의 통치질서'를 강조하는 대일통사상은 중세시대 다른 문명권에서도 당연시하던, 매우 보편적인 현상이었던 것이다.[125]

---

124) 김충렬, "중국 '천하사상'의 철학적 기조와 역사전통의 형성," 전해종 외, 『중국의 천하사상』(서울: 민음사, 1988), 128-29쪽. 대일통사상에 관하여 楊向奎, 『大一統与儒家思想』(북경: 북경출판사, 2011[1989]); 周桂鈿 (主編), 『中國傳統政治哲學』(석가장: 河北인민출판사, 2001), 4장; 楊松華, 『大一統制度与中國興衰』(북경: 북경출판사, 2004); 黃朴民, 『王者無外: 中國古代國家統一戰略硏究』(장사: 岳麓書社, 2013) 참조.

125) 일찍이 마이네케도 서구 중세에 이르러 새로운 보편종교가 등장하면서 국가들도 준수해야 하는 보편적 도덕률이 만들어졌고, 개인들에게도 내세적 가치를 무엇보다 소중하게 여기도록 만들었다고 하였다. 즉 영웅주의를 포함한 세속적 가치들은 쇠퇴하게 되었으며, 나아가 게르만적 법체계와 기독교원리가 결부되어 국가를 크게 중시하지 않았다고 하였다. 물론 중세에도 국가는 존재하였으나 종교나 신법의 하위에 있어 결코 최상의 지위에 있던 것이 아니었으며, 한마디로 정치나 '국가이성'이 조금도 인정되지 않았다고 지적하였다. Friedrich Meinecke, *Machiavellism: The Doctrine of Raison d'Etat and Its Place in Modern History* (Boulder: Westview Press, 1984[1957; 독일어 초판 1924]), p. 27; 프리드리히 마이네케, 『국가권력의 이념사』, 이광주 옮김(서울: 민음사, 1990), 59-60쪽.

2. 예사상

유교사상에서 '(천)도'와 '(천)리'[126]는 우주만물의 궁극적 본체이자 인륜도덕의 최고 준칙이었던 것이나,[127] 도나 리는 추상적인 것이었던 만큼 현실의 인간세계에서는 구체적인 예규범으로 구현되어져야만 하였다.

잘 알려진 대로, 주나라가 건국되면서 혈연에 기반하고 윤리도덕을 중시하는 종법제도와 함께, 이에 근거하여 정치적인 분봉제도가 만들어져 시행되었다.[128] 즉 주나라 왕과 각 제후들 간에는 정치적으로 상하 군신관계가 성립하고 그에 상응하는 권한과 책무가 주어졌으며, 아울러 종법 상으로는 대종과 소종의 관계였다. 따라서 주나라 왕은 천하의 최고 통치자 곧 '천하공주(天下共主)'였으며, 동시에 주 왕실 대가족의 족장인 '천하의 대종(大宗)'이었다.[129] 이와 같이 천자-제후-경대부-사에 이르는 위계적 구조와 질서가 이루어졌으며, 이는 천자가 다스리는 천하(天下)와 제후가 다스리는 국(國) 그리고 경대부가 다스리는 가(家) 사이에서도 마찬가지였다.[130] 이와 같은

---

126) 理는 본래 "옥을 다듬는 것"에서 시작하여, 선진시대에는 도덕의 준칙으로 의미가 확대되었으며, 송대 성리학에 의해 천지만물의 최고 근원으로서 우주자연의 최고 본체이자 인륜도덕의 최고 준칙으로 간주되어 그 근본성과 보편성이 한층 강조되었다.

127) 張立文 (編), 『道』, 권호 옮김(서울: 동문선, 1995); 張立文, 『理의 철학』, 안유경 옮김(서울: 예문서원, 2004) 등 참조.

128) 종법의 특징은 무엇보다 혈연관계에 의한 '친함과 소원함의 차등[親疏之殺]'을 바탕으로 조직되었으며, 분봉의 특징은 '존귀함과 어짐의 차등[尊賢之等]'을 근거로 영위되었다. 예컨대 가정에는 부모형제 등의 위계가 있고, 사회에도 장유 존비 등의 차등이 있으며, 국가 차원에도 상하 귀천 등의 분별이 있었다.

129) 김충열(1994), 3장 2절; 이춘식, 『중국고대의 역사와 문화』(서울: 신서원, 2007), 2장 2절; 楊寬, 『西周史』(상해: 상해인민출판사, 2003), 3편 참조.

피라미드형의 통치구조 즉 위계적이며 상하등급적인 종법분봉제도를 제대로 이끌어 나가기 위하여, 주공(周公)을 비롯한 주나라 위정자들은 이른바 예악을 만들었던[制禮作樂] 것이다.

예는 유교문명의 핵심,[131] 관건,[132] 또는 근본특징[133]이라 평가되며, 매우 포괄적이고 복합적인 개념이다. 우선 예의 기원에 대해서는 많은 학자들이 주장하듯이, 신에 대한 제사행위에서 비롯되었다고 보고 있다.[134] 예에 대한 대표적 경전인 『예기』에서 다음과 같이 언급하고 있다.

---

130) 김한규, 『천하국가』(서울: 소나무, 2005), 47-48쪽; 陳劍峰, 『文化与東亞・西歐國際秩序』(상해: 상해대학출판사, 2004), 31-35쪽. 또한 이용희(1977); 趙汀陽, 『天下體系』(남경: 강소교육출판사, 2005) 참조.

131) 陳來, 『古代思想文化的世界』(북경: 삼련서점, 2002), 7장; 彭林, 『中國古代禮儀文明』(북경: 중화서국, 2004), 1장; 甘懷眞, 『皇權,禮儀与經典詮釋』(상해: 화동사범대학출판사, 2008), 3-9쪽; 徐燕斌, 『禮与王權的合法性建構』(북경: 중국사회과학출판사, 2011); 張自慧, 『禮文化与致和之道』(상해: 상해인민출판사, 2012) 참조.

132) 박종천, 『다산 정약용의 의례이론』(서울: 신구문화사, 2008), 제1장.

133) 鄒昌林, 『中國禮文化』(북경: 사회과학출판사, 2000), 12-14쪽.

134) '예(禮)'라는 글자 자체가 복사나 금문에서 제기에 제물을 올려놓은 형상 곧 신을 뜻하는 '기(示)'와 제기를 상형한 '풍(豊)'으로 구성되어 있다는 사실에서도 이를 확인할 수 있다. 한대 허신이 편찬한 『설문해자』에서도 예는 "(절차를) 밟는다[履]"는 것이고, "신을 섬겨 복을 불러오는 것[所以事神致福也]"이라고 풀이하였다. 예에 대해서는 전세영 외, 『禮樂교화사상과 한국의 윤리적 과제』(성남: 한국정신문화연구원, 1995; 한형조 외, 『전통 예교와 시민윤리』(화성: 청계, 2002); 한도현 외, 『유교의 예와 현대적 해석』(서울: 청계, 2004); 이범직, 『조선시대 예학연구』(서울: 국학자료원, 2004); 小島 毅, 『유교와 예』, 김용천 옮김(고양: 동과서, 2007); 김상준 외, 『유교의 예치이념과 조선』(고양: 청계, 2007); 박종천, 『예, 3천년 동양을 지배하다』(파주: 글항아리, 2011); 정창수, 『예의 본질과 기능』(서울: 성균관대출판부, 2013); 楊志剛, 『中國禮儀制度研究』(상해: 화동사범대학출판사, 2001); 鄒昌林, 『中國禮文化』(북경: 사회과학출판사, 2000); 陳戍國, 『中國禮制史(先秦卷)』(長沙: 호남교육출판사, 2002); 勾承益, 『先秦禮學』(성도: 파촉서사, 2002); 徐燕斌(2011) 참조.

무릇 예란 선왕이 하늘의 도(道)를 받들어서 사람의 정(情)을 다스리는 것이다. 그러므로 (예를) 잃는 자는 죽게 되고, (예를) 얻는 자는 살게 된다. (…) 이 때문에 무릇 예는 반드시 하늘에서 근본하고 땅에서 본받으며 귀신에게 펼쳐서 상례(喪) 제례(祭) 활쏘기(射) 말타기(御) 관례(冠) 혼례(婚) 조례(朝) 빙례(聘)에 이르는 것이다. 그러므로 성인(聖人)이 예로써 그것을 보여주기 때문에 천하(天下) 국(國) 가(家) 모두 바르게 되는 것이다.[135]

예란 사람의 정에 의거하되 그것을 절도 있게 정형화하여[節文] 백성들의 (무례한 행동을 막는) 제방[防]으로 삼는 것이다.[136]

무릇 예는 관례(冠禮)에서 시작하여, 혼례(昏禮)에 근본을 두고, 상례(喪禮)와 제례(祭禮)로 융중하게 하고, 조례(朝禮)와 빙례(聘禮)로 존경하게 하고, 사례(射禮)와 향음주례(鄕飮酒禮)로 화목하게 한다.[137]

즉 예는 하늘의 도를 모델로 삼아 인정을 다스림으로써 천하・국・가 등 크고 작은 공동체의 질서를 바로잡아 사회정치적 통합을 이루는 도구였던 것이다.[138]

제사행위에서 비롯된 예는 주나라 초기에 도덕적인 인문사상이 대두하면서 객관적인 행위규범으로 발전하였고, 또한 정치질서에 필요한 각종 제도 등 인간세상의 모든 영역을 망라하게 되었다.[139]

---

135) 『禮記』 禮運: 夫禮 先王以承天之道 以治人之情 故失之者死 得之者生. ... 是故夫禮必本於天 殽於地 列於鬼神 達於喪祭射御冠昏朝聘 故聖人以禮示之 故天下國家可得而正也.

136) 『禮記』 坊記: 禮者 因人之情而爲之節文 以爲民防者也.

137) 『禮記』 昏義: 夫禮始於冠 本於昏 重於喪祭 尊於朝聘 和以射鄕 此禮之大體也.

138) 박종천(2008), 제1-2장.

139) 김충열(1994), 352-53쪽; 甘懷眞(2008), 3-14쪽.

『주례』 춘관에서는 예를 길·흉·빈·군·가례의 오례(五禮)로 구분하였는데, 그 중 빈례는 제후들이 주나라 왕을 알현하거나 제후들 사이에 빙문하거나 또는 동맹을 맺을 때 따르는 예절이었다. 즉 『주례』에서 "빈례(賓禮)로써 서로 친근하게 하며 …"[140]라 하였다.[141] 한편 예는 전통적으로 왕조적 차원에서 길·흉·군·빈·가례의 오례로 분류되기도 하고, 평생의례 차원에서 관·혼·상·제례의 사례로 나뉘기도 하며, 의례주체의 계급·지위에 따라 천자·제후·대부·사·서인의 예 등으로 구분되기도 한다. 이처럼 예는 개인적 차원에서 국가적 차원 나아가 국제적 차원까지 다양한 영역을 포괄하며, 아울러 정치사회적 위계질서에 따른 다양한 차별적 양상을 지니고 있다.[142]

예의 기능에 대해 살펴보면, 우선 개인적 차원에서는 인격수양과 자아실현을 하게하고, 사회·국가적으로는 상하위계적이지만 조화로운 질서를 형성·유지하게 하는데 있었다.[143] 공자는 "예가 아니

140) 『周禮』 춘관 大宗伯: 以賓禮親邦國.

141) 한편 『儀禮』는 17편으로 이루어졌는데, 그 중 14번째 빙례는 제후국 사이에 사절을 주고받는 것으로 제후들 간의 외교예절을 기록하고 있으며, 16번째 근례는 제후가 천자를 알현하는 예절이었다. 王琦珍, 『중국, 예로 읽는 봉건의 역사』, 김응엽 옮김(서울: 예문서원, 1999), 22-28쪽.

142) 박종천(2008), 55쪽. 또한 楊志剛(2001); 彭林(2004) 등 참조.

143) 남상호, 『육경과 공자인학』(서울: 예문서원, 2003), 120-27쪽 참조. 『춘추좌전』에서 예는 "몸의 근간"(성공 13년 봄: 身之幹), "사람의 근간으로, 예가 없으면 스스로 설 수 없다"(소공 7년 9월: 人之幹 … 無禮 無以立)고 하였다. 이는 공자가 "예를 배우지 않으면 스스로 설 수 없다"(『논어』 계씨 13장: 不學禮 無以立. 또한 같은 책 요왈편 3장 참조)는 말과 같으며, 예를 배워서 지켜나가는 것은 개개인이 사회 생활하는데 매우 당연하고 필수적이었음을 알 수 있다. 순자도 "예란 몸을 바르게 해주는 것"(『荀子』 수신: 禮者所以正身也)이라 하였다.

면 보지도 말고, 예가 아니면 듣지도 말고, 예가 아니면 말하지도 말고, 예가 아니면 움직이지도 말라"[144]며, 예의 중요성과 그 포괄성을 강조하였다. 맹자 역시 "예가 아닌 일은 하지 않는다"[145]고 하였다.

다음으로 예는 국가의 통치 질서이기도 하였다. 『춘추좌전』에서는 예가 "국가의 근간"[146], "왕이 지켜야 할 근본 규범"[147], "백성을 바르게 다스리는 것"[148]이라 하였다. 또한 예는 "국가를 다스리고 사직을 안정시키고 백성들을 질서 지으며 후대를 이롭게 하는 것"[149]이자, "국가를 지키고 정령을 이행하고 백성을 잃지 않게 하는 것"[150]이라 하였다. 『예기』에서도 "도덕과 인의는 예가 아니면 이루어지지 않고, 백성을 교화하고 풍속을 바로잡는 일도 예가 아니면 완전무결할 수 없다. 분쟁과 소송도 예가 아니면 해결되지 않으며, 군신·상하·부자·형제관계관계도 예가 아니면 확정되지 않는다"[151]고 하였다. 순자 역시 "사람은 예가 없으면 살지 못하고, 일도 예가 없으면 이루어지지 않고, 국가도 예가 없으면 평안하지 못하다"[152], "천하가 예를 따르면 다스려지나 예를 따르지 않으면 혼란

---

144) 『논어』 안연 1장: 非禮勿視 非禮勿聽 非禮勿言 非禮勿動.
145) 『맹자』 이루 하, 28장: 非禮無行也. 또한 같은 책, 이루 하편, 6장에서도 유사한 말이 있다.
146) 『춘추좌전』 희공 11년 봄: 國之幹. 또한 같은 책, 양공 30년 7월.
147) 『춘추좌전』 소공 15년 12월: 王之大經.
148) 『춘추좌전』 장공 23년 여름: 所以整民.
149) 『춘추좌전』 은공 11년 8월: 禮 經國家 定社稷 序民人 利後嗣者也.
150) 『춘추좌전』 소공 5년 1월: 禮所以守其國 行其政令 無失其民者也.
151) 『예기』 곡례 상: 道德仁義 非禮不成, 教訓正俗 非禮不備, 分爭辨訟 非禮不決, 君臣上下父子兄弟非禮不定.
152) 『순자』 수신: 人無禮則不生, 事無禮則不成 國家無禮則不寧. 또한 같은 책 대략(大略) 참조.

에 빠지며, 예를 따르면 안전하나 예를 따르지 않으면 위험하며, 예를 따르면 생존하나 예를 따르지 않으면 멸망한다. (…) 예란 인도의 극치"[153]라며, 예의 중요성을 강조하였다.

이처럼 예는 기본적으로 상하·존비·귀천 친소·원근 등에 따라 차등을 두고 분별하는 기능을 하였다. 즉 예는 "친소를 정해주고 혐의를 결정해주며, 같고 다른 것을 분별해주고 옳고 그른 것을 밝혀주는 것"[154]이었다. 일찍이 공자는 "예가 아니면 군신 상하 장유의 지위를 분별할 수 없고, 예가 아니면 남녀 부자 형제의 친근함에 따른 친소관계를 구별할 수 없다"[155]고 하였다. 순자도 "예란 귀한 사람과 천한 사람 사이에 등급이 있고 어른과 아이 사이에 차별이 있으며 가난한 사람과 부자인 사람 및 낮은 사람과 높은 사람 사이에 모두 차례가 있는 것이다"[156]고 하였고, 관중 역시 "상하의 예의가 있고 귀천의 본분이 있고 장유의 차서가 있고 빈부의 절도가 있으니, 이 8가지가 예의 준칙"[157]이라 하였다.[158]

송대 성리학이 등장하면서 기존 유교의 삼강오륜 등 윤리원칙과 철학적 본체론은 '천리(天理)'라는 개념 속에 통합되기에 이르렀다.[159] 즉 '우주의 자연법칙'과 '인간의 도덕법칙'이 일체화되었고,

---

153) 『순자』 예론: 天下從之者治 不從者亂. 從之者安 不從者危. 從之者存 不從者亡. · · · 禮者人道之極也.

154) 『예기』 곡례 상: 所以定親疎 決嫌疑 別同異 明是非.

155) 『예기』 애공문: 非禮無以辨君臣上下長幼之位也, 非禮無以別男女父子兄弟之親.

156) 『순자』 부국 및 예론: 禮者, 貴賤有等 長幼有差 貧富輕重皆有稱者也.

157) 『관자』 오보(五輔): 上下有義 貴賤有分 長幼有等 貧富有度 凡此八者 禮之經也.

158) 『예기』에서 예는 "천지의 질서이다.… 질서가 있기 때문에 천지만물에 모두 구별이 있다"(악기: 天地之序… 序, 故群物皆別)고 하였으며, 『춘추좌전』에서도 "상하간의 기강"(소공 25년 여름: 上下之紀)이라 하였다.

더 나아가 물질적인 기(氣)와 법칙적인 리(理)라는 개념으로 우주의 생성과 운동을 설명하는 우주론은 물론, 인간본성의 선악까지 결정하는 인성론의 영역까지 포괄하게 되었다.[160] 성리학은 기존 유교에 도교와 불교의 장점을 결합하여 리[天理]를 우주만물의 근원이라 규정하며, 예(禮)를 도 내지 리의 구현이라고 하면서 이들 양자와 동일시함으로써 예를 더욱 절대화시켜 나갔던 것이다.[161] 이처럼 성리학자들은 예를 하늘의 초월성이 인간의 마음속에 내재한 자연적 본성을 발견하고 표현하는 방식이라고 보았다.[162] 예컨대 정이(程頤)는 다음과 같이 언급하고 있다.

> 사람은 천지의 사이에서 자리 잡고 만물의 위에서 서니, 천지와 우리는 동체(同體)요 만물과 우리는 동기(同氣)이니, 존비와 분류는 베풀지 않아도 뚜렷이 드러난다. 성인(聖人)이 이에 따라 관혼상제·조빙연향(朝聘燕享)의 예를 제정하여 군신·부자·형제·부부·붕우의 의(義)를 행하였다. (…) 중인(衆人)은 그것을 힘쓰고 현인(賢人)은 그것을 행하며 성인은 그것으로 말미암는다. 그러므로 그 몸과 그 가(家)와 그 국(國)과 그 천하(天下)에 행하는 방법은 예로 다스리면 질서가 잡히고 예가 어지러워지면

---

159) 張立文 편, 『道』, 권호 역(서울:동문선, 1995), 11-12장; 張立文 편, 『리의 철학』, 안유경 옮김(서울: 예문서원, 2004), 5-6장.

160) 이러한 세계관에 따른다면 인간세상의 리[人理]가 바로 하늘의 리[天理]이기에, 하늘이 내려주는 본성을 인간들이 스스로 실현하여 도덕적 완성을 이루어야 하는 실천철학이기도 하였다. 島田虔次, 『주자학과 양명학』, 김석근·이근우 옮김(서울: 까치, 1986); 溝口雄三, 『개념과 시대로 읽는 중국사상 명강의』, 최진석 옮김(서울: 소나무, 2004); 小島 毅, 『사대부의 시대』, 신현승 옮김(서울: 동아시아, 2004); 蕭公權, 『중국정치사상사』, 최명·손문호 역(서울: 서울대학교출판부, 1998), 15장; 주일요(1999), 7장 참조.

161) 柳肅, 『예의 정신』, 홍희 옮김(서울: 동문선, 1994), 138-41쪽.

162) 박종천(2008), 143쪽.

혼란하게 되며, 예가 있으면 유지되고 예가 없으면 망하게 된다.[163)]

즉 몸이나 가·국·천하 모두 예로 다스려야 질서가 잡히고 예가 있어야 유지된다고 하였다. 주희도 "예란 하늘의 이치를 알맞게 갖춰놓은 것이고 세상사에서 지켜야 할 법칙"[164)]으로 "예가 아니면 보지도, 듣지도, 말하지도, 움직이지도 않는 것이 곧 천리"[165)]라고 하면서, "예에는 근본[本]과 형식[文]이 있는데 (…) 하루라도 예를 배우고 익히지 않으면 안 되는 것"[166)]이라고 역설하였다. 명 태조 주원장 역시 "다스리는 도는 반드시 예에 근본을 두어야한다"[167)], "예가 있으면 다스려지고, 예가 없으면 어지러워진다"[168)], "예는 국가의 방범이자 인도의 기강으로, 조정에서 당연히 먼저 힘써야 할 것이다. 하루라도 없어서는 안 된다"[169)]이라 하며, 예를 중시하였다.[170)]

---

163) 『二程集』 1册, 禮序: ... 故所以行其身與其家與其國與其天下 禮治則治 禮亂則亂 禮存則存 禮亡則亡. 박종천(2008), 143-44쪽에서 재인용. 이와 유사한 내용은 조선의 『율곡전서』 권20, 성학집요2 頁30; 『眉叟記言』 원집 내편 권31, 경설 예설1; 『旅軒集』 권10, 跋　五先生禮說跋 頁1 등에서도 보인다.

164) 『論語』 학이 12장, 주자 註: 禮者 天理之節文 人事之儀則也.

165) 蔡尙思, 『中國禮教思想史』, 이광호 옮김(서울: 법인문화사, 2000), 158쪽.

166) 『性理大全』 권19, 家禮序: 凡禮有本有文・・・ 固不可以一日而不修, 도민재, "조선전기 예학사상 연구," 성균관대학교 대학원 철학박사 학위논문, 1998, 40쪽에서 재인용.

167) 『명태조실록』권53, 홍무 3년 6월 계해: 爲治之道 必本于禮.

168) 『명태조실록』권73, 홍무 5년 3월 신해: 有禮則治 無禮則亂.

169) 『명태조실록』권80, 홍무 6년 3월 갑진: 禮者 國之防範 人道之紀綱 朝廷所當先務 不可一日無也. 또한 羅冬陽, 『明太祖禮法之治研究』(북경: 고등교육출판사, 1998) 참조.

170) 청말 왜인(倭仁)도 "국가를 세우는 도는 예의를 숭상하지 권모를 숭상하지 않는다"고 하였다. 『籌辦夷務始末(同治朝)』 권47, 頁24: 立國之道 尙禮義而不尙權謀. 李細珠, 『晩淸保守思想的原型: 倭仁研究』(북경: 사회과학문헌출판사, 2000), 180쪽에서 재인용. 또한 蕭公權(1998), 1105쪽 참조.

유교문명권에서 '예'는 무엇보다 인간과 금수를 구별하는 기준이었다. 우선『예기』에는 다음과 같은 언급이 나온다.

> 무릇 사람이 사람답다는 것은 예의가 있기 때문이다.[171)]

> 앵무새는 말을 하지만 나는 새에 지나지 않고, 성성이는 말을 하지만 금수에서 벗어나지 못한다. 이제 사람으로서 예가 없다면 비록 말은 잘하더라도 역시 금수의 마음이 아니겠는가? 무릇 금수에게는 예가 없다. (…) 그러므로 성인이 … 예를 만들어 가르쳐서, 사람으로 하여금 예를 가지게 하고 스스로 금수와 다르다는 것을 알게 하였다.[172)]

즉 '예'가 있어야만 사람은 사람다워질 수 있으며, 따라서 인간과 금수를 구별해주는 중요한 표지라고 여겼던 것이다.

나아가 '예'는 중화와 이적을 구별하고 문명과 야만을 분별하는 상징이기도 하였다. 즉 중화와 이적을 구별하는데 습속이나 생활방식 등 문화·문명의 차이가 지역이나 종족·혈연보다도 더 중요한 기준이라고 여겼던 것이다. 일찍이 공자는 "(제나라 환공을 도와 천하를 하나로 바로잡게 한) 관중(管仲)이 아니었다면 지금 우리들은 모두 (오랑캐처럼) 머리를 풀어헤치고 옷섶을 왼쪽으로 여미고 있을 것"[173)]이라며, 중국인들이 오랑캐처럼 '피발좌임(被髮左衽)'하지 않게 만든 관중의 공을 높이 평가하였다.『예기』왕제편에서도 중원과 사방에 대하여 다음과 같은 언급이 있다.

---

171)『禮記』冠義: 凡人之所以爲人者, 禮義也.

172)『禮記』曲禮 上: 鸚鵡能言 不離飛鳥, 猩猩能言 不離禽獸. 今人而無禮 雖能言 不亦禽獸之心乎? 夫唯禽獸無禮... 是故聖人作 爲禮以敎人 使人以有禮 知自別於禽獸.

173)『論語』헌문 17장: 微管仲 吾其被髮左衽矣.

> 중국과 융이 등 오방 사람은 모두 각기 본성을 갖고 있으며, 가히 바뀌지 않는다.
>
> 동방(의 오랑캐)은 이라 하는데, 머리를 풀어헤치고 몸에 문신을 하며 음식을 불에 익혀 먹지 않는 자도 있다.
>
> 남방은 만이라 하며, 이마에 문신을 하고 두 발의 발가락이 서로 향하여 걸으며 불에 익혀 먹지 않는 자도 있다.
>
> 서방은 융이라 하며, 머리를 풀어헤치고 짐승가죽옷을 입으며 곡식을 먹지 않는 자도 있다.
>
> 북방은 적이라 하며, 새의 깃과 짐승의 털로 옷을 해 입고 동굴에 살며 곡식을 먹지 않는 자도 있다.
>
> 중국과 이만융적은 모두 거처와 미각 · 의복 · 용구 · 기물 등이 다르며, 언어가 통하지 않고 기호가 같지 않다.[174)]

즉 이만융적은 머리를 산발하고 문신을 하며, 화식 · 입식을 하지 않는 등 여러 면에서 다르다고 지적하였다. 이처럼 중화는 속발관대(束髮冠帶)인데 반하여 이적은 피발좌임이며, 따라서 중국은 의관예악의 나라[冠帶之國, 禮義之邦]로서 시서 예악과 법도로써 정치를 해 나가지만 이적에게는 이러한 것들이 존재하지 않는다고 보았던 것이다. 후한의 반고(班固) 역시 "이적들은 탐욕스럽고 이익을 좋아하며 피발좌임하고 인면수심"[175)] 운운하였으며, 이러한 인식이 후대에도 이어졌음은 물론이다.[176)]

---

174) 『禮記』 王制: 中國戎夷 五方之民 皆有性也 不可推移. 東方曰夷 被髮文身 有不火食者矣. 南方曰蠻 雕題交趾 有不火食者矣. 西方曰戎 被髮衣皮 有不粒食者矣. 北方曰狄 衣羽毛穴居 有不粒食者矣. 中國夷蠻戎狄 皆有安居 和味宜服利用備器 五方之民 言語不通 嗜欲不同.

175) 『漢書』 권94 下, 匈奴傳: 夷狄之人 貪而好利 被髮左衽 人面獸心.

176) 권선홍(2004), 37-43쪽 참조.

중화와 이적 곧 문명과 야만의 분별 나아가 인류와 금수를 분별해 주는 예의 중요성에 대하여 북송 말에서 남송 초의 학자 호안국(胡安國, 1094~1138)은 다음과 같이 명쾌하게 지적하였다.

> 중국이 중국이 되는 까닭은 예의 때문이다. (예의를) 한 번 잃으면 이적이 되고, 두 번 잃으면 금수가 되어 인류는 멸망한다.[177)]

앞서 언급한 정호·정이도 "예를 한번 잃으면 금수가 된다"[178)]고 하였으며, 주희 역시 예와 관련하여 다음과 같이 역설하였다.

> 무릇 예가 아니면 나라를 다스릴 수 없으니, 나라가 있더라도 예가 없으면 차라리 망하는 것이 낫다. 만일 중화이더라도 예가 없다면 또한 이적만도 못하다.[179)]

즉 나라에 예가 없다면 차라리 망하는 것이 낫다고까지 주장하였던 것이다. 명대의 구준 역시 예의 중요성을 다음과 같이 강조하였다.

> 예는 천하에서 하루라도 없어서는 안 된다. 중국이 이적과 다르고 인류가 금수와 다른 것은 예가 있기 때문이다. 예가 가히 하루라도 없을 수

177) 『春秋胡傳』 권12, 희공 23년 11월: 中國之所以爲中國以禮義也. 一失則爲夷狄 再失則爲禽獸 人類滅矣.

178) 『二程全書』 권2상 二程先生語錄: 禮一失則爲禽獸. 박지훈, "송대 화이론 연구," 이화여자대학교 대학원 박사학위논문, 1990, 107쪽에서 재인용.

179) 『論孟精義』 권2, 상: 夫非禮無以爲國 有國而無禮 則亡爲愈 若諸夏而無禮 則又夷狄之不如也. 우경섭, 『조선중화주의의 성립과 동아시아』(서울: 유니스토리, 2013), 50쪽에서 재인용.

있겠는가?[180]

이와 같이 유교문명권에서 예는 하늘의 도리를 본받은 것으로, 하루라도 없어서는 안 되는 것으로 여겼던 것이다.

예가 한국을 비롯하여 월남과 유구, 일본에도 전파되었음은 물론이다. 우선 예에 대한 인식에서 조선의 경우, 조선 초기 권근은 『예기천견록』에서 예가 "도에 근본"하기 때문에 "사람에게 쓰여지는 바는 그릇을 쓰는 것과 같아서 하루라도 없어서는 안 된다"라면서, "예의 실천은 하늘과 사람이 합일되는 과정"으로 인식하였다.[181] 『조선왕조실록』에서도 "옛사람은 예를 보고 그 나라의 존망 · 성쇠를 알았다. 예가 있으면 나라가 존재하고 예가 없으면 나라도 망하게 되니, 이는 필연한 이치"[182]라고 하였다. 즉 예를 "천리의 절문[天理之節文]"[183], "상하의 분별[分]"[184]이라 하면서, "잠시라도 몸에서 떠나서는 안 된다"[185], "하루라도 없어서는 안 되는 것"[186] 등이라며,

---

180) 丘濬, 『家禮儀節』 自序: 禮之在天下, 不可一日無也, 中國所以異于夷狄 人類所以異于禽獸 以其有禮也 禮其可一日無乎, 錢武偉, 『明代史學的歷程』(북경: 사회과학문헌출판사, 2003), 35쪽에서 재인용. 구준에 관한 연구로는 윤정분, 『중국근세 경세사상 연구: 구준의 經世書를 중심으로』(서울: 혜인, 2002); 李焯然, 『丘濬評傳』(남경: 남경대학출판사, 2005) 등이 있다.

181) 강문식, 『권근의 경학사상 연구』(서울: 일지사, 2008), 254-55, 260-63쪽.

182) 『조선중종실록』 권32, 13년 4월 17일 을유: 古人見禮而知國之存亡盛衰. 禮存則國存 禮亡則國亡 此必然之理也. 비슷한 내용은 『조선순종실록』 권25, 19년 8월 6일 정축조 등에도 보인다.

183) 예컨대 태종 4년 9월 19일 정사; 중종 13년 6월 1일 기사; 중종 29년 3월 4일 경오; 명종 2년 5월 20일 경오; 선조 즉위년 11월 4일 을묘; 광해군 2년 3월 14일 경인; 인조 4년 12월 25일 계해; 숙종 18년 1월 21일 신미 등 참조.

184) 태종 6년 8월 8일 갑오; 세종 10년 9월 27일 병자; 중종 21년 5월 16일 무술 또한 태종 11년 9월 26일 갑신; 성종 12년 9월 29일 경자; 중종 11년 7월 29일 무신; 인조 3년 8월 23일 기해; 인조 4년 2월 8일 신사 등 참조.

예의 중요성을 강조하였다. 국왕 선조는 "비록 굶어죽을지라도 어찌 예를 행하지 않을 수 있겠는가"[187]라고까지 하였다. 이처럼 예는 성리학에서 도 내지 리와 같은 절대성과 보편성을 가지게 되었던 것이다. 대표적 성리학자 이황은 "옛사람은 예가 하루라도 폐해져서는 안 된다는 것을 잘 알았다. 그래서 말하기를 '(예를) 한 번 잃어버리면 이적이 되고 두 번 잃어버리면 금수가 된다'고 했으니, 어찌 깊이 두려워하지 않겠는가"[188]라 하였다. 송시열 역시 군신 부자 등 인륜 도덕이 중요함을 지적하면서 "만약 혹시라도 이것을 버린다면 사람이 금수의 길로 접어들게 되고 중국이 오랑캐의 길로 빠져들고 말 것이니, 두려워하지 않을 수 있겠는가"[189]라며 천서(天敍)·천질(天秩) 등 예의 중요성을 역설하였다. 조선말 위정척사파였던 유인석(柳麟錫)은 "정자(程子)께서 말씀하시기를 '예를 한 번 잃으면 이적이 되고 두 번 잃으면 금수가 된다'고 하였다. 한 번 잃는 것은 제도를 잃는 것이고, 두 번 잃는 것은 윤리강상을 잃는 것"[190]이라며 부연 설명하였다. 전우(田愚) 역시 "중화와 이적의 구별은 예가 있느냐 없느냐의 차이에 있다. 그러므로 예를 조금 잃으면 이적으로 들어가고 크게 잃으면 금수로 들어간다고 한 것"[191]이라 하였다.

---

185) 세조 8년 8월 20일 임오; 선조 2년 윤6월 7일 기유; 인조 5년 4월 2일 무술: 不可斯須去身.

186) 세조 4년 9월 21일 을사: 不可一日而無也.

187) 선조 27년 5월 26일 계묘: 雖餓死, 豈可滅禮.

188) 『退溪集』 권41, 雜著, 論四學師生文, 頁36. 도민재(1998), 106쪽에서 재인용.

189) 『조선숙종실록』 권11, 7년 1월 3일 정사.

190) 『毅菴集』 권53, 道冒編중, 頁34:…一失失制度也, 再失失倫常也; 『국역 의암집』, 6 (춘천: 의암학회, 2010), 302쪽. 같은 책 권25, 頁22; 권34, 頁18 등에도 유사한 내용이 있다.

월남의 경우, 유학을 존중하고 유교윤리로 자국을 변모시키고자 하였던 레왕조(黎朝, 1428-1788)의 성종(聖宗, 1460-97)은 "인간이 금수와 다른 것은 예 때문"[192]이라 하였다. 이처럼 레왕조 때에는 유학을 적극 장려하고 중국식 문물제도를 많이 도입하였는데, 1517년 막등용(莫登庸)이 모반자 주살을 청하는 표문에서 "국가로서 이것(삼강오상)이 없다면 곧 화하라 하더라도 이적이 되며, 사람으로 이것이 없다면 곧 의상을 입고 있더라도 금수가 된다"[193]고 역설하였다.[194] 완조(阮朝) 익종(翼宗) 때 완자운(阮子雲)은 "이적은 군장도 없고 존비도 없다"[195]고 하여, 인도(人道) 곧 예제윤상의 유무를 화이 구분의 기준으로 삼았던 것이다. 위에서 언급한 유구의 채온도 "무릇 사람이 금수와 다른 바는 오직 그 예의를 가진 때문이다. 만일 예를 버린다면 곧 금수와 더불어 무엇이 다르겠는가?"[196]라 하여,

---

191) 『艮齋集』 별편 권1, 잡저 華夷鑑, 頁82: 華夷之分 以有禮無禮之異. 故曰禮小失則入於夷狄 大失則入於禽獸也...

192) 그리하여 모든 관리의 승진도 유교적 예의 준수 여부에 따라 결정되게 하였다. 유인선, "베트남 黎朝의 성립과 유교이념의 확립," 서강대 『동아연구』 48집(2005), 48쪽; 郭振鐸 · 張笑梅 (主編), 『越南通史』(북경: 중국인민대학출판사, 2001), 436-37쪽.

193) 朱雲影(1981), 298쪽.

194) 이처럼 월남도 '예의의 존망 여부'로써 화이를 구분하며, 유교문명권의 일원으로서의 동질성을 확인하였다. 최귀묵(2011), 144-48쪽. 예컨대 월남 황제 티에우찌(紹治: 1841-47)는 청조가 들어서면서 한족의 전통적 두발이 만주식 변발로 바뀐 사태에 대하여, "한당송명 수천백 년의 백성들이 한번 변하여 만주의 모든 법령을 좇음이 이토록 재빠르니, 무릇 중국 땅은 있되 중국 풍속은 없다"라며 개탄하였다. 최병욱(2011), 166쪽.

195) 『撫蠻雜錄』 제1頁下: 夫是蠻也 無君長 無尊卑. 李焯然, "越南史籍對'中國'及'華夷'觀念的詮釋," 復旦大學文史研究院 (編), 『從周邊看中國』(북경: 중화중화서국, 2009), 392쪽에서 재인용.

196) 김헌선 편역(2014), 167쪽: 夫人之所異于禽獸者 唯以其有禮也 若捨禮爲之則與禽獸何以別乎. 또한 같은 책, 200-202쪽에도 유사한 내용이 나온다.

예야말로 사람과 금수를 구별해주는 기준임을 말하고 있다. 한편 일본의 유학자 이등인재(伊藤仁齋, 1627~1705)는 “진실로 예의가 있으면 이적도 중화이고 예의가 없으면 비록 중화라도 이적이 됨을 면하지 못한다”[197]고 하였고, 적생조래(荻生徂徠오규 소라이, 1666~1728)도 “이적이란 예악을 모르는 사람을 말하는 것이다. 이적도 중화문명을 알면 중화가 되고, 중화도 그 문명을 잃으면 이적이 되는 것”[198]이라 하였다.[199]

이와 같이 유교문명권에서 예는 인간을 인간답게 해주고 인간사회의 질서를 유지해줄 뿐만 아니라, 이적이나 금수와도 구별해주는 이른바 인간의 정체성이자 ‘존재이유’였던 것이다.[200] 따라서 누구든 ‘속발관대(束髮冠帶)’로 상징되는 예를 지켜나가고자 목숨을 걸고 노력하였던 것이다. 예컨대 청 초기의 ‘체발령’[201]이나 조선말의 ‘단발령’과 ‘복식제도개혁’[202] 등에 격렬히 저항하였던 것은 이와

---

197) 『論語古義』: 苟有禮義 則夷卽華也. 無禮義 則雖華不免爲夷. 張昆將, “日本德川學者的‘華夷之辨’思想論爭內涵及其轉變,” 復旦大學文史研究院 (編)(2009), 127쪽에서 재인용.

198) 桂島(2009), 52쪽.

199) 덕천막부 시대의 貝原益軒, 中井履軒, 藤田東湖 등 일부 유학자들도 유사한 주장을 하였다. 朱謙之, 『日本的朱子學』(북경: 인민출판사, 2000[1958]), 246-73, 364-79, 497-512쪽.

200) 김성기는 유교에서 예가 “사람의 근본 아이덴티티에 해당되는 것으로 규정”하고 있다면서, “인간의 존재 근거로 설정”되어 있다고 지적하였다. 김성기, “유가의 예에 대한 해석학적 접근,” 최영진 · 지준호 (편), 『동아시아유교문화의 새로운 지향』(서울: 청어람미디어, 2004), 119쪽.

201) 岸本美緖 · 宮嶋博史, 『조선과 중국, 근세 오백년을 가다』, 김현영 · 문순실 옮김(서울: 역사비평사, 2003), 215쪽; 薛文郎, 『清初三帝消滅漢人民族思想之策略』(대북: 文史哲출판사, 1991), 69-70쪽.

202) 이와 관련하여 강상규, “1884년 ‘의제개혁’에 대한 정치적 독해,” 『세계정치』, 제30집 2호 (2009), 185-224쪽 등 참조.

같은 예의 중요성 때문이었음은 물론이다. 『효경』에서도 "(사람의) 몸과 머리터럭 · 피부는 모두 부모에게서 받은 것이니, 감히 이를 훼상하지 않는 것이 효도의 시작"이라 하였다. 한마디로 유교문명권에서는 "한번 머리털을 깎으면 호로가 되고 호로는 곧 견양"[203]으로 여겼던 것이다.

3. 중화사상

중원의 화하족(뒤에 한족)은 황하 중하류지역을 중심으로 일찍부터 농경문화를 발전시키는 한편, 청동기 제련이나 한자 및 예제문화의 창제 등 정치적으로나 문화적으로 발전을 거듭하였으며 그에 따른 문화적 자부심이나 자존의식이 자연스럽게 발생하였다고 보인다. 더욱이 이러한 의식이 지리적 관념과 결합됨으로써 그들 자신이야말로 지리적으로나 문화적으로 천하의 중심을 이룬다는 관념으로 확대되었고, 이로부터 중화(화이)사상이 발생하여 중국인들 나아가 유교문명권에까지 결정적인 영향을 끼치게 되었다. 다시 말하여 중국은 지대물박(地大物博)이란 표현에서 보이듯이, 광대한 땅과 자급자족적인 경제 그리고 오랜 역사와 찬란한 문명을 이루었고, 그에 따라 자연스럽게 주변 종족 · 국가들에 대하여 일종의 우월감을 갖게 되었다.[204]

203) 박지원, 『열하일기』 馹汛隨筆 秋7월 15일 신묘: 一薙髮則胡虜也, 胡虜則犬羊也.
204) 중화사상에 대하여 이춘식, 『중화사상』(서울: 교보문고, 1998); 이춘식, 『유학의 천도관과 정치이념』(서울: 고려대학교출판부, 2004), 제4장; 권선홍(2004), 1장 2절; 유근호, 『조선조 대외사상의 흐름』(서울: 성신여자대학교출판부, 2004), 1장 1절; 홍승현, 『중국과 주변』(서울: 혜안, 2009); 邢義田, "天下一家: 中國人的天下觀," 劉岱 (總主編), 『中國文化新論: 根源篇: 永恒的巨流』(대북: 聯經출판사업공사,

특히 주나라 때에는 내복(內服)의 관료와 외복(外服)의 제후라는 상나라 때의 服制를 발전시켜 오복제(五服制) 등의 내외차등관념을 만들었다. 이는 주 천자가 중앙에 위치・거주하고 그 주위를 제후들이 둘러싸고 있으며, 더 바깥으로는 이만융적 등 四夷들이 포진하고 있는 내외 층층의 동심원적 구조를 이룬다는 관념이었다.[205] 오복설 외에 구복설도 있으며, 그 명칭이나 내용에서 차이가 있기도 하였다.[206] 그러나 천자를 중심으로 제후와 이적들이 각기 층층으로 방위구조를 이루고 있다는 점에서는 동일하다. 이러한 구조는 주대 봉

1981), 425-68쪽; 孫建民, 『中國歷代治邊方略研究』(북경: 군사과학출판사, 2004), 4장; 曾文芳, 『夏商周民族思想与政策研究』(북경: 인민출판사, 2008); 韓昇, 『東亞世界形成史論』(상해: 復旦대학출판사, 2009), 1장 2절; 周書燦, 『中國早期四土經營与民族整合』(합비: 合肥공업대학출판사, 2011); 樊文禮, 『儒家民族思想研究』(제남: 齊魯書社, 2011); 李雲泉, 『朝貢制度史論』, 수정판(북경: 신화출판사, 2014), 4장 2절; Fairbank(1968), pp. 1-2 등 참조.

205) 즉 중앙에 왕성이 위치하고 그 주변 사방으로 매 500리마다 전복(甸服)・후복(侯服)・수복(綏服)・요복(要服)・황복(荒服)이 차례로 에워싸고 있으며, 거리의 원근에 따라 직책과 공부(貢賦)의 차등이 주어졌던 것이다. 예컨대 전복은 周王의 직할지 곧 王畿였으며 양식을 공납해야 하였다. 후복은 제후의 땅으로서 왕을 위하여 경계 정찰을 해야 하며, 수복은 왕이 정복하여 중국의 판도가 된 지역으로서 왕을 보위해야 하였다. 수복 바깥은 蛮夷가 사는 요복으로서 비록 느슨하나마 왕의 교화가 미치고 그 지배를 받는 지역이며, 가장 바깥은 戎狄이 사는 황복으로서 왕의 교화가 미치지 못하며 독자적인 정치가 행하여지는 이른바 천하의 자연적 끝이었다(『書經』 禹貢篇; 『史記』 권2, 夏本紀). 오복에 관한 기록은 『書經』 禹貢篇에 자세하며, 같은 책 康誥篇과 周官篇에서는 侯・甸・男・采・衛服이라 하였다(주관편에서는 오복과 畿內를 합쳐서 六服이라 하였음). 『荀子』 正論篇에는 오복을 甸・侯・賓・要・荒服이라 하였다. 한편 『欽定書經圖說』 권6, 禹貢篇의 "弼成五服圖"는 동심구형 즉 직사각형으로 그려져 있는데, 이는 오복에 관한 우공편의 설명에서 동심원 형상으로 묘사된 것과 부합되지 않는다는 지적도 있다. 侯甬堅, 『朝宗: 黃河與中華文化』(西安 : 陝西人民敎育出版社, 1991), 136쪽 주11.

206) 구복설은 『周禮』 夏官 職方氏에 보이는데, 중앙은 사방 1,000리의 王畿이고 그 바깥으로 매 500리마다 차례로 侯服・甸服・男服・采服・衛服・蛮服・夷服・鎭服・藩服이라 하였다. 구복은 九畿라고도 하였다.

건제도에서의 '친친(親親)'과 '내외(內外)'의 기본 관념과 완전 일치하는 것으로, 한마디로 내외차등을 바탕으로 한 것이었다. 아울러 이러한 내외구조는 주변 사방으로 무한히 확대되고 또한 무수한 층층이 형성될 수 있다고 보았다. 이와 같은 내외 층층의 동심원적 구조는 다분히 이상적인 것으로 보이지만, 그 시행여부를 떠나서 중국인들의 천하관에 커다란 영향을 주었다.[207]

또한 주나라 사람들은 그들 문화의 선진성·우월성에 대한 자부심으로 스스로를 하(夏)·화하(華夏) 등의 용어로써 부르고, 이민족을 이만융적(夷蠻戎狄)이라 하여 문화적으로 낙후·열등하다는 즉 경멸과 폄하의 의미를 지닌 명칭으로 비하시켜 버렸다. 즉 주대에 이르러 무(武)보다는 문(文)을 숭상하며, 고도로 화려한 자신들의 문화를 형용하기 위하여 화하(華夏)라는 말을 만들어냈을 뿐만 아니라, 이적에 대하여는 한없이 탐욕스러운 시랑(豺狼) 등 금수와 다름없는 존재로 격하시켰던 것이다.[208] 이와 같이 주대의 중국인들은 이전 시대의 중심 또는 중앙과 동서남북의 사방이라는 방위관념 그리고 내외차등 관념을 계승·발전시키면서, 나아가 문화적으로 중심이며 우월하다는 의식에서 중화와 이적을 구분·차별하고 멸시하는 이른바 '화이분별론'을 확립하였다. 이처럼 선진시대에 화하와 이적을 구별하는 기준이 단순히 지역이나 혈연·종족만이 아니라 오히려

---

207) 邢義田(1981), 443-46쪽; 劉逖, "我國古代傳統治辺思想初探" 馬大正 (編), 『中國古代邊疆政策研究』(북경: 중국사회과학출판사, 1990), 355-61쪽; 陳連開, 『中國民族研究初探』(북경: 知識출판사, 1994), 78-79쪽; René Servoise, "La Conception de l'ordre mondial dans la Chine impériale," Revue Française de Science Politique, 23: 3 (1973), pp. 555-57.

208) 『春秋左傳』 定公 10년 疏: 中國有禮義之大 故稱夏; 有服章之美 謂之華.

문명·문화상의 차이가 더욱 결정적인 것으로 여겼다. 즉 언어·복식·습속·경제생활 등의 차이가 중시되었으며, 무엇보다도 예제(禮制)의 준수 여부가 관건이었다. 예컨대 화하는 화식(火食)·입식(粒食)·속발관대(束髮冠帶)인데 반하여 이적은 불화식(不火食)·불입식(不粒食)·피발좌임(被髮左衽)이며, 중화는 의관예악의 나라[冠帶之國 禮義之邦]로서 시서 예악과 법도로써 정치를 해나가지만 이적에게는 이러한 것들이 존재하지 않는다고 보았다. 그리하여 중화는 예의를 알고 문화적으로 선진·고상하지만, 이적은 예의를 모르고 문화적으로 낙후·저급한 존재라고 보고, 양자 간에는 상하·존비·귀천 내지 문명과 야만의 구분이 주어졌던 것이다.209)

한편 춘추전국시대 사이에 중국인들의 문화적 우월감은 진일보하여 문화적 사명감으로 발전하였다. 즉 자신들의 우월한 문화를 주변 사방으로 널리 확산시킴으로써 사방의 이민족들까지 중화의 덕교(德教) 혜택을 누리게 해줄 책무가 있다고 여기게 되었다. 이와 같이 중국인들은 중화문명이야말로 사방의 이적들이 당연히 흠모하고 배워야할 대상으로 자부하였으며, 따라서 이적들은 중화문명의 우월성을 인정하고 그 은택을 흔쾌히 받아들여야 했고 그럼으로써 중화세계 내에 들어가게 되었던 것이다. 이를 이른바 '왕자무외(王者無外)'라 하는데, 다시 말해 화하와 이적 간은 비록 내외차등의 구별은

---

209) 邢義田(1981), 451-52쪽; 高明士(1983), 8-9쪽; 陳連開(1994), 34-42, 297쪽; 陳潮(1996), 210쪽. 또한 John K. Fairbank & Ssu-yü Teng, "On the Ch'ing Tributary System," *Harvard Journal of Asiatic Studies,* Vol. 6 (1941), p. 138; Shih-tsai Chen, "The Equality of States in Ancient China," *American Journal of International Law*, Vol. 35 (1941), p. 652; Samuel S. Kim (1979), p. 23; Servoise(1973), pp. 558-560; 堀 敏一(1993), 37-41, 45쪽 참조.

있으나, 이상적인 군왕은 마땅히 안의 화하로부터 밖으로는 사해(四海)의 이적에 이르기까지 덕의(德義)를 베풀어 천하를 하나로 통일시키거나(天下大一統) 하나의 가정과 같이 만들어야 한다(天下一家)고 보았던 것이다.[210] 이른바 '화이융합론'이라 할 수 있다. 따라서 화하와 이적은 비록 문화적으로는 구별되지만, 서로 확연히 갈라져 교류나 융합하지 못하는 것은 결코 아니었다. 즉 예의의 고하, 도의의 유무에 따라 이적이라 하더라도 나아가 화하가 될 수 있고, 반대로 화하라 하더라도 물러나 이적으로 떨어지기도(이른바 新夷狄이 되기도) 하였다.[211]

유교문명권에서 '중국'은 지리적으로 천하의 중심이면서, 문명의 중심이라 여겼다.[212] 예컨대 『사기』에 중국은 "총명하고 예지 있는 사람들이 사는 곳이고 만물과 재화가 모이는 곳이며, 성현이 교화를 베푸는 곳이고 인의가 행하여지는 곳이고 시서예악이 쓰이는 곳"[213]이라 하였다. 후한 때 하휴(129~182)는 "중국이란 예의의 나

---

210) 邢義田(1981), 453, 455-56쪽; 陳潮(1996), 211쪽.

211) 『春秋公羊傳』 昭公 23년 7월 解詁 (後漢) 何休 : 中國所以異乎夷狄者 以其能尊尊也 王室亂 莫肯救 君臣上下壞敗 亦新有夷狄之行 故不使主之.
『古文眞寶』 後集 권2, 原道 (唐) 韓愈: 孔子之作<春秋>也 諸侯用夷禮則夷之 夷狄進於中國則中國之.
(明)何瑭: 中夏夷狄之名 不籍其地與其類 惟其道而已矣. 故春秋之法 中國而用夷禮則夷之 夷而進入中國 則中國之 無容心焉. 陳潮(1996), 213쪽 재인용.

212) 白文剛, 『中國古代政治傳播研究』(북경: 중국사회과학출판사, 2014), 4장. '중국'이란 용어는 지리적 의미로는 중원지대, 민족적으로는 한족정권, 정치적으로는 중원왕조 또는 중앙왕조, 문화적 의미의 중국을 뜻하였다. 劉建軍, 『古代中國政治制度十六講』(상해: 상해인민출판사, 2009), 262쪽.

213) 『史記』 권43, 趙世家, 頁1808: 中國者 蓋聰明徇智之所居也 萬物財用之所聚也 賢聖之所敎也 仁義之所施也 詩書禮樂之所用也. 또한 『戰國策』 권19, 趙2 武靈王 관련

라”[214)]라고 자부하였다. 송대 석개(石介, 1005~1045)는 중국은 “천지의 중앙에 있는 것”이니, “군신이 저절로 세워지고 예악이 저절로 일어나고 의관이 저절로 드러나고 관혼제사가 저절로 쓰이는 곳”[215)]이라 주장하였다. 이미 언급한 북송 때 호안국도 “중국이 중국이 되는 까닭은 예의 때문”이라 하였고, 남송 때 육구연(1139~1191)도 “성인이 중국을 귀하게 여기고 이적을 천하게 여기는 것은 중국을 사사로이 한 것이 아니라 중국은 천지의 중화된 기를 얻어서 진실로 예의의 소재이기 때문이고, 중국을 귀하게 여기는 것은 중국을 귀하게 여기는 것이 아니라 예의를 귀하게 여기는 것”[216)]이라 하였다. 이처럼 중국은 “예의가 스스로 나오는 곳”[217)]이라면서 스스로 예의를 갖춘 화하라는 자부심을 가졌으며, 후대에도 이어졌던 것이다. 예컨대 명대 방효유(方孝孺, 1357~1402)는 “무릇 중국을 귀하게 여기는 것은 인륜을 가지고, 예문의 아름다움과 의관 제도가 있어 선왕의 도에 들어갔기 때문”[218)]이라 하였다. 청말 강유위(康有爲, 1858~1927)도 “이른바 중국과 이적을 구별하는 것은 오로지 문명과 야만을 분별하는 것일 따름이다. 중국의 예에 합치되면 중국이라 일

부분 참조.

214) 『春秋公羊傳』 隱公 7年冬, 戎伐凡伯于楚丘,以歸 (何休)注: 中國者 禮義之國也.

215) 『徂徠集』 권10, 中國論: 居天地之中者曰中國 ... 夫中國者 君臣所自立也 禮樂所自作也 衣冠所自出也 冠婚祭祀所自用也. 박지훈(1990), 112-15쪽 재인용.

216) 陸九淵, 『象山集』 권23: 聖人貴中國賤夷狄 非私中國也 中國得天地中和之氣 固禮義之所在 貴中國者 非貴中國者 貴禮義也. 박지훈(1990), 36쪽에서 재인용.

217) 范純仁, 『范忠宣集』 范忠宣遺文: 夫中國者 禮義之所自出也. 박지훈(1990), 110쪽에서 재인용.

218) 後正統論: 夫所貴乎中國者 以其有人倫也 以其有禮文之美 衣冠之制 可以入先王之道也. 소공권(1998), 900쪽; 饒宗頤, 『中國史學上之正統論』(상해: 상해遠東출판사, 1996[1977]), 155-56쪽.

컫고, 중국의 예에 합치되지 않으면 이적이라 일컫는다"[219]고 하였고, 왕도(王韜, 1828~1897)는 "중국은 천하의 종방(宗邦)"이라면서 문자나 예악제도 등 문물제도가 모두 중국으로부터 외국으로 전파되어 나갔다고 하였으며,[220] 화하와 이적의 구분은 "지리적 안팎에 있는 것이 아니라 예가 있느냐의 여부'에 있다고 하였다.[221]

이에 따라 유교문명권에서는 중국이란 지리적 중심일 뿐만 아니라 문명의 중심이라는 인식을 하였다. 예컨대 조선의 경우, 조선 전기의 최부(崔溥)는 "당당한 천조는 예악문물이 모인 곳이자 전장법도가 나온 곳"[222]이라 하였고, 『황명배신전(皇明陪臣傳)』의 저자로서 대명의리를 극도로 강조한 황경원(1709~1787)은 "이른바 중국이란 무엇인가? 예의일 따름이다. 예의가 밝으면 융적도 중국이 될 수 있고 예의가 밝지 못하면 중국도 융적이 될 수 있다"[223]고 하였다.

---

219) 『文鈔』 民族難定漢族中亦多異族而滿洲亦祖黃帝考: 所謂中國夷狄之別 專以別文野而已. 合於中國之禮者則進而謂之中國 不合於中國之禮者則謂之夷狄. 소공권(1998), 1140쪽 재인용. '중체서용'의 대표 논객이라 알려진 장지동(張之洞, 1837~1909)은 "성인이 성인인 이유, 중국이 중국인 이유는 '오륜(五倫)'에 있다"고 하였으며, 양계초(梁啓超,, 1873~1929)도 "『춘추』의 칭호 사용법에 의하면 예와 의를 소유하고 있는 자는 중국이라고 부르고, 예와 의를 소유하지 못한 자를 이적이라 부른다[春秋之記號也 有禮義者謂之中國 無禮義者謂之夷狄]"며, 예는 공리(公理)이고 의는 권한이라 하였다. 이혜경, "淸人이 만난 두 '보편'문명," 인하대 한국학연구소 (편), 『중국 없는 중화』(인천: 인하대출판부, 2009), 380-87쪽.

220) 『弢園文錄外編』 권1, 原學(瀋陽: 遼寧인민출판사, 1994), 6쪽: 中國 天下之宗邦也.

221) 『弢園文錄外編』 권10, 華夷辨, 387쪽: 華夷之辨 其不在地之內外 而系于禮之有無也明矣.

222) 『錦南集』 卷1, 記 慕華館記: 堂堂天朝 禮樂文物之所萃 典章法度之所出.

223) 『江漢集』 권5, 書, 與金元博茂澤書: 夫所謂中國者 何也 禮義而已矣. 禮義明則戎狄可以爲中國 禮義不明則中國可以爲戎狄. 유봉학, 『燕巖일파 북학사상 연구』(서울: 일지사, 1995), 62, 129쪽; 허태용, 『조선후기 중화론과 역사인식』(서울: 아카넷, 2009), 180쪽.

장현광(張顯光)은 "중국에 중국의 도가 없으면 중국이 오랑캐가 되며, 중국이 오랑캐가 되면 밖의 오랑캐들이 중국을 두려워하지 않는 것은 당연"[224]하다 하였고, 강재항(姜再恒, 1689~1756)도 "중화란 예의법도가 나오는 곳"[225]이라 하였다. 한편 실학자 박지원도 "중국은 문명(文明)이 집중되는 곳"[226]이라 하였고, 홍대용도 중국이란 "천하의 종국(宗國)"[227]이자 "사방의 표준"[228]이라 주장하였다. 정약용 역시 "이른바 '중국'이란 무엇을 일컫는가? 요 · 순 · 우 · 탕의 정치가 있는 곳을 중국이라 하고, 공자 · 안자 · 자사 · 맹자의 학문이 있는 곳을 중국"이라면서, 그 당시 성인의 정치와 학문은 조선이 얻어서 옮겨왔기에 멀리 다른 곳에서 구할 필요가 없다고 강조하였다.[229] 조선 말 이항로(李恒老)의 "사이와 팔만이 모두 중국을 사모하여 열복하고 화하를 모방하는 것은 자연스럽고 바꿀 수 없는 이치"[230]라는 말에서도 중국이란 문명의 중심지였음을 알 수 있다. 그의 제자 유중교(柳重教, 1821~1893)도 "중국은 천지의 마음이니 중국을 받들어 사모하지 않으면 천지의 마음을 알지 못하는 자"[231]라 하였으며, 유인석도 "중국은 세계의 대종이며 천지의 중심"이라면

---

224) 『旅軒集』 卷2, 疏 陳弭疏: 蓋中國無中國之道 則中國而爲戎狄矣. 中國而爲戎狄 則外之戎狄 宜其無畏也.

225) 『立齋遺稿』 권11, 雜識: 中華者禮樂法度之所自出. 허태용(2009), 180쪽.

226) 『熱河日記』 太學留館錄 秋八月 初10일 丙辰: 中國文明之所萃.

227) 『湛軒書』 內集권3, 書 又答直齋書: 中國者 天下之宗國也.

228) 『湛軒書』 外集권7, 燕記 吳彭問答: 中國非四方之表準乎.

229) 『與猶堂全書』 第1集詩文集第13卷, 序 送韓校理致應使燕序時爲書狀官: 所謂中國者何以稱焉 有堯舜禹湯之治之謂中國 有孔顏思孟之學之謂中國.

230) 『華西集』 雅言 권10, 尊中華: 四夷八蠻 慕悅中國 摸倣中華 亦自然不易之理也.

231) 『毅菴集』 卷37, 雜著 病牀記語 癸丑12月10日: 省齋則日中國天地之所心也 不尊慕中國 不知天地之心者也.

서 "중국은 어떤 나라인가? 복희 신농 황제 요순 우탕 문무 같은 임금이 있고, 고 기 직 설 이부 주소 같은 신하가 있고, 공자 안자 증자 자사 맹자 정자 주자 같은 성현이 있었다. 그리고 윤상 예악 제도 문물 같은 법도가 있고 육경과 사서 같은 학문 등이 모두 있으니, 어찌 중국을 숭모하지 않겠는가?"[232)]라고 하였다.

또한 위에서 언급한 유구국의 채온도 "무릇 중국은 뭇 성인들이 많이 나오는 땅"[233)]이라고 지적하였다. 한편 일본은 덕천막부 초기에 국내통치를 위해 주자학을 채용하였는데, 그 대표적인 주자학자 등원성와(藤原惺窩후지와라 세이카, 1561~1619)는 유교도덕의 보편성을 강조하는 한편 유교도덕의 발상지인 중국에 대해 '모화(慕華)의 념(念)'을 불태웠으니, 예컨대 중국문화를 흠모하여 "아아, 중국에서 태어나지 못하고, 또한 이 나라의 앞 시대[上世]에 태어나지 못하고 이 시대[當世]에 태어났다. 때를 만나지 못했다고 해야 할 것"[234)]이라며 한탄했다고 한다. 그의 문인이었던 임라산(林羅山하야시 라잔)은 "선생은 언제나 중화의 풍습을 그리워하고 그 문물을 보고 싶어 했다"[235)]고 스승의 모화사상을 전했다. 그보다 조금 뒤에

---

232) 『毅菴集』 卷51, 宇宙問答: 盖中國世界之一大宗 天地之一中心也... 夫中國如何也 有若伏羲神農黃帝堯舜禹湯文武之爲君 有若皐夔稷契伊傳周召之爲臣 有若孔顔曾思孟程朱之爲聖賢 有若倫常禮樂制度文物之爲則 有若六經四子之爲文 是皆在於中國 中國可以不慕乎.

233) 김헌선 역편(2014), 180-81쪽: 夫中國 乃群聖交出之地也.

234) 林羅山, "林羅山先生文集," 『藤原惺窩 林羅山』, 日本思想大系 28(岩波書店, 1980), 202쪽. 유근호, "한 · 일 국학사상의 중국관과 자국관의 비교," 박충석 · 와타나베 히로시 (공편), 『국가이념과 대외인식: 17~19세기』(서울: 아연출판부, 2002), 198-99쪽; 吉野 誠, 『동아시아 속의 한일2천년사』(서울: 책과함께, 2005), 231쪽.

235) 林羅山(1980), 190쪽. 유근호(2002), 199쪽에서 재인용.

활동했던 웅택번산(熊澤蕃山구마자와 반잔, 1619~1691)도 "중하(中夏)는 천지의 중국"이고, "사해의 사국(師國)"[236]이라 하였다.

이렇게 본다면 중국은 하나의 정치영역이라기보다는 문명공동체로 여겼다고 하겠다. 즉 서구와 같은 민족국가·국민국가가 아닌, 하나의 유교문명공동체이자 천하국가를 추구하였다고 할 수 있다.[237] 따라서 중국 이외의 지역에서도 유교문명의 핵심인 '예'를 배워, 중화의 일부가 되고자 하였던 것이다. 예컨대 신라의 최치원(崔致遠)은 "동방의 사람들이 중국에 가서 배우려 하는 것은 오직 예와 악"[238]이라 하였으며, 고려 때 최승로(崔承老)도 성종에게 올린 '시무책' 28조 가운데 11조에서 "중화의 제도는 좇지 않을 수 없으나, 사방의 습속이 각기 그 지방특성에 따르므로 모두 다 바꾸기는 어려울 것 같다. 그 시서예악의 가르침과 군신·부자의 도리는 마땅히 중화를 본받아 (우리의) 비루함을 고치"[239]자고 건의하였다.

한마디로 유교문명권의 천하관은 중앙과 동서남북 사방이라는 방위관념과 함께 내외차등관념, 그리고 문화적 화이관념이 결합되어 이루어진 것이었다. 천하는 중화와 만이융적으로 이루어지는 바, 중화는 시서 예악의 나라이며 방위상으로는 중심에 위치하고 또한 내복이었으나, 이적은 새나 금수와 다름없는 행동을 하며 사방 변두리

236) 『集義外書』 권2. 유근호(2002), 199쪽에서 재인용.

237) 邢義田(1981), 452쪽; 金洪喆(1985), 51쪽; Hsü(1960), p. 13; C. P. Fitzgerald, *The Chinese View of Their Place in the World* (London: Oxford Univ. Press, 1964), p. 6; Mancall(1968), p. 63; Samuel S. Kim, *China, the United Nations, and World Order* (Princeton: Princeton University Press, 1979), p. 24.

238) 『孤雲集』 卷1, 狀 遣宿衛學生首領等入朝狀: 臣竊以東人西學 惟禮與樂.

239) 『高麗史』 卷93, 列傳 諸臣 崔承老: 華夏之制 不可不遵 然四方習俗 各隨土性 似難盡變 其禮樂詩書之敎 君臣父子之道 宜法中華 以革卑陋.

에 위치하고 또한 외복에 해당한다고 보았다. 이와 같이 중국을 중심으로 하는 동심원적 구조는 밖으로 무한히 확대되어지며 중화문명 역시 무한히 전파되어, 최후의 이상은 천하를 일가로 만들고 나아가 대동세계(大同世界)를 이루는 것이었다.[240]

한편 유교문명권에서 '예'는 원칙적으로 유교문명권 내에서만 적용되었던 것으로서, 권역 밖의 이적에 대해서는 다만 이를 준용할 따름이지 굳이 엄격하게 적용하려고 하지는 않았던 것이다.[241] 즉 이적은 '예'를 모르며, 따라서 이적에게는 '예'가 원칙적으로 적용되지 않는다고 하였다. 예컨대 한대의 사마천(司馬遷)은 흉노가 "수렵을 생업으로 삼고 있기 때문에 다급하면 공격하고 침략하는 것이 그 천성"이라고 하면서, "이로움이 있으면 예의는 아랑곳하지 않는다"[242]고 평하였다. 동중서도 "흉노와 같은 자는 인의로써 설복시킬 수 없고 오로지 큰 이익으로써만 설득시킬 수 있다"[243]고 강조하였다. 후한의 반고(班固)는 화이분별론 나아가 기미론의 입장에서 이적에 대한 견해를 다음과 같이 개진하였다.

---

240) 邢義田(1981), 454-55쪽.

241) 이용희(1962), 52쪽; 이용희(1977), 18-20, 142, 149-150쪽; 김용구(1997), 16-17, 72-76쪽; 徐杰令(2004), 전언 19쪽 참조.

242) 『史記』 권110, 匈奴傳: 因射獵禽獸爲生業 急則人習戰攻以侵伐 其天性也. (…) 利則進 不利則退 不羞遁走. 苟利所在 不知礼義.

243) 『漢書』 권94 하, 匈奴傳: 如匈奴者 非可以仁義說也 獨可說以厚利.
唐代의 房玄齡도 "저 고(구)려는 변방 오랑캐이며 비천한 부류로서 인의로써 대할 수 없고 상례로써 꾸짖을 수 없다[彼高麗者 邊夷賤類 不足待以仁義 不可責以常禮]"고 하였다. 房玄齡, "兵惡不戢 武貴止戈," 彭清壽 (主編), 『中國歷代安邦治國方略集要』(북경: 해양출판사, 1993), 334쪽.

선왕은 땅을 헤아려 중앙에 봉기를 세우고 구주를 나누고 오복을 두어 토산물을 바치게 하여 내외를 달리 제도화하였다. 또한 혹은 형정을 닦고 혹은 문덕을 밝히어 원근의 세가 다르게 하였다. 이로 인하여 『春秋』에서는 諸夏를 안으로[內]하고 이적을 밖으로[外]한다고 하였다. 이적들은 탐욕스럽고 好利하며 피발좌임하며 인면수심으로, 중국과는 복장과 습속이 다르고 음식도 같지 않으며 언어가 통하지 않는다. (…) 이런 까닭으로 聖王은 그들을 금수처럼 기를 뿐, 그들과 더불어 서약하지 아니하고 그들을 공격하여 정벌하지도 아니하였다. 그들과 약속하면 뇌물만 허비하고 기만당하게 되며, 그들을 공격하면 군사를 수고롭게 하고 外寇만 불러들이게 된다. 그 땅은 경작하여 먹을 수도 없으며 그 사람들은 신하로 만들어 기를 수도 없다. 그리하여 그들을 밖에 두고 안으로 들이지 아니하고, 멀리하되 가까이 하지 않으며, 그들에게 (중국의) 政教를 미치지 아니하고 그 나라에 正朔을 가하지도 않는다. 그들이 오면 경계하여 방어하고 그들이 가면 방비하여 지킨다. 그들이 의리를 사모하여 貢獻해오면 예로써 받아들여 대접할 뿐이니, 羈縻가 끊어지지 않게 하여 잘못됨이 그들에게 있게 하는 것이 대개 聖王이 蠻夷를 제어하는 常道라 하겠다.[244)]

이와 같이 이적은 인성이나 문화·생활여건·방식 등에서 차이가 있는 만큼, 정치적으로도 마땅히 분별·격절되어야 한다는 것이었다. 즉 이적은 중화와 더불어 살 수 없으며 황제의 은택과 정교를 함께 나눌 수도 없다고 하였다. 또한 이적은 금수와 같은 본성으로 말

244) 『漢書』 권94 하, 匈奴傳: 先王度土 中立封畿 分九州 列五服 物土貢 制內外. 或脩刑政 或昭文德 遠近之勢異也. 是以春秋內諸夏而外夷狄. 夷狄之人 貪而好利 被髮左衽 人面獸心 其與中國殊章服 異習俗 飲食不同 言語不通 (…) 是故聖王禽獸畜之 不與約誓 不就攻伐; 約之則費賂而見欺 攻之則勞師而招寇. 其地不可耕而食也 其民不可臣而畜也 是以外而不內 疏而不戚 政教不及其人 正朔不加其國; 來則懲而御之 去則備而守之. 其慕義而貢獻 則接之以礼讓 羈縻不絕 使曲在彼 蓋聖王制御蠻夷之常道也.

미암아, 약서(約誓) 즉 화친(和親)의 대상이 될 수도 없다고 하였다. 『후한서』 남만전에서도 "예로부터 성왕은 풍속이 다른 사람을 신하로 삼지 않았다. (…) 그들이 금수 같은 마음에 탐욕스러워 예로써 거느리기 어렵다는 것을 알았기 때문이다. 그리하여 기미하고 수무하여, 내부해오면 받아들여 거스르지 않고 배반하면 버려두고 쫓지 않는다"[245]고 하였다. 송대 사마광(司馬光, 1019~1086)도 이적이 "오면 막지 않고 가면 쫓지 않는다. 내버려두어 근심거리가 되지 않게 해야 한다"[246]고 주장하였고, 소식(蘇軾, 1036~1101)은 "이적은 중국을 다스리는 방법으로 다스리지 않는다. 비유하자면, 금수와 같아 크게 다스려지기를 구하면 반드시 크게 혼란스러움에 이른다. 선왕은 그렇다는 것을 알았기에 다스리지 않음으로써 다스렸다"[247]며 후한 하휴의 주장을 되풀이 강조하였다. 이처럼 예의를 모르는 이적에 대해서는 '신하로 삼지 않고' 나아가 '다스리지도 않는다'(不治夷狄論)고 하였던 것이다.

이적에게 예를 적용할 수 없다는 원칙은 유교문명권의 다른 나라들에서도 마찬가지였다. 예컨대 조선의 세종은 "저들(일본)은 본래 예의를 모르는 자이니 무엇을 족히 책하겠는가?"[248]라 하였으며, 성종 역시 "저들은 인면수심이니 (…) 야인은 예의로써 꾸짖을 수가 없

245) 『後漢書』 권86, 南蠻傳, 頁2833: 自古聖王不臣異俗... 知其獸心貪婪 難率以禮. 是故羈縻而綏撫之 附則受而不逆 反則棄而不追.

246) 『宋名臣奏議』 권128, 上哲宗乞還西夏六寨, 頁14: 來則不拒 去則不追 置之度外 不以爲虞. 박지훈(1990), 127쪽.

247) 『古文眞寶』 後集 권9, 王者不治夷狄論: 夷狄不可以中國之治治也 譬若禽獸然 求其大治 必至於大亂 先王知其然 是故以不治治之.

248) 『조선세종실록』 권46, 11년 12월 9일 신사: 彼輩本不知禮義, 何足責也?

다"[249]고 하였다. 한편 월남 역시 "이적은 이익만 알 뿐 인의로써 설복하기 어렵다"[250]고 하였다. 이처럼 유교문명권 밖에 있는 화외의 나라에 대해서는 "예의로써 책하는 것은 불가하다"[251]고 여겼던 것이다.[252]

따라서 유교문명권에서 "(사대의) 예를 적용한다는 것은 상대가 문화권에 들어온 것을 의미하고, 또 문명국으로서 대우하는 것을 뜻한 결과가 되었"[253]던 것이다. 달리 말해 "사대질서에 들어오지 않고 신국이니 천황이니 하는 것이 바로 비문화적이요 이적의 특색이었다. 마치 흉노의 가한(可汗)칭호나 그 흉노적인 관직명이 바로 새외(塞外)북적(北狄)의 증거로 여겨지듯이, 일본의 독자성·정치이념의 일본색(日本色)이 바로 중국문화권의 아주 먼 변두리에 있는 미개한 만이(蠻夷)라는 말을 듣게 되는"[254] 이유였던 것이다.

이와 같이 중화가 이적보다 우월하다는 이른바 '종족중심주의'는 다른 문명권에서도 쉽게 찾아볼 수 있다. 예컨대 고대 그리스인들은 매우 종족중심적인 사람들로서, 주위의 다른 종족들을 '바르바로이

---

249) 『조선성종실록』 권186, 16년 12월 10일 정해: 彼輩人面獸心・・・然野人不可責以禮義.

250) 『大南實錄』 正編第1紀 世祖實錄 권44, 嘉隆 11년 6월: 夷狄之人 惟知有利 難以仁義說也. 朱雲影(1981), 276쪽 재인용.

251) 『조선선조수정실록』 권21, 20년 9월 1일 정해: 化外之國, 不可責以禮義.

252) 일찍이 고려 초기에 최충은 '이적이란 인면수심으로 인의로써 교화할 수 없는 부류[夷狄人面獸心 不可以刑法懲 不可以仁義敎]'라고 보았다. 『고려사』 권95, 열전8, 최충: 문종 4년.

253) 이용희(1977), 150쪽.

254) 이용희(1977), 261쪽. 고려에 사신으로 왔던 송나라 서긍도 "신이 듣건대, 오랑캐 군장들은 속임수와 폭력으로 자신을 높이며, 이름을 별나게 달리하여 '선우(單于)'니 '가한(可汗)'이니 하나, 족히 언급할 가치가 없다"고 지적하였다. 徐兢, 『高麗圖經』 권1, 건국.

(barbaroi)'라 불렀는데, 이는 그리스말을 모르며 따라서 미개하다고 여겼기 때문이다.[255] 구체적으로 고대 그리스인들은 스스로를 바르바로이와 대비하기를, 자신들은 자율적인데 반해 이민족은 노예근성이고, 정치적 자유를 누리는 데 반해 강제적 지배에 순응하고, 절제와 검약의 미덕을 지닌데 반해 사치와 방탕하며, 교양 있고 도덕적인데 반해 무지하고 부도덕하며, 합리적인 사유능력을 지닌데 반해 감정적이고 불균형한 사유를 하는 것으로 각각 대조시키며 비하하였던 것이다.[256] 특히 아리스토텔레스(Aristotle)는 바르바로이란 그리스인을 섬겨야 하는 '천성적 노예(natural slave)'라면서, 지배를 받아야 할 운명임에도 복종하지 않는 바르바로이에 대한 전쟁은 '사냥(hunting)'이라 하면서 '본래 정당한' 것이라고 주장하였다.[257] 초기 기독교인들도 다른 문화나 종교와 관련하여 많은 편견과 적대감을 가졌으며, 이방인에 대해 자연과 관습, 문명과 야만, 구제와 저주라는 식으로 차별과 배제를 하였다.[258] 한편 기독교공동체 내에서 기독교인들 간의 모든 전쟁행위는 본질적으로 잘못이라는 것이 중세 교회의 기본 입장이었다.[259] 근대에 들어와서도 서구인들은 자기

---

255) 강철구, "서론: 서양문명과 인종주의," 한국서양사학회 엮음(서울: 지식산업사, 2002), 15-16쪽. 또한 Paul Keal, *European Conquest and the Rights of Indigenous Peoples* (Cambridge: Cambridge University Press, 2003), pp. 68-74; Thomas Harrison (ed.), *Greeks and Barbarians* (New York: Routledge, 2002) 참조.

256) 김봉철, "고대 그리스문명과 인종의식," 한국서양사학회 엮음(2002), 59쪽.

257) Frank M. Russell, *Theories of International Relations* (New York: Appleton-Century-Crofts, 1936), pp. 55-56, 69; Nussbaum(1954), p. 5; David Boucher, *Political Theories of International Relations* (Oxford: Oxford University Press, 1998), pp. 172-76.

258) 강철구(2002), 16-19쪽.

259) Watson(1992), p. 145. 또한 Joycelyne G. Russell, *Peacemaking in the Renaissance*

들의 국제법이 기독교적인 문명국가들에게만 적용될 뿐, 비서구 국가들에게는 적용되지 않는다고 생각하였던 것이다.[260)]

한편 이슬람문명권의 경우, 세계는 무슬림이 통치하고 이슬람법이 집행되는 이슬람지역(*dar al-Islam*)과 그렇지 않은 적지역(*dar al-harb*)으로 양분된다고 보았다. 이미 말하였듯이 이슬람사회는 샤리아의 실현과 확대를 목적으로 하는 종교사회로서, 유교문명권과 같은 사대자소의 상하질서나 또는 근대 서구문명권과 같은 원자적인 주권국가의 공존질서와는 달리 초국가적인 종교질서이며, 신도의 의무는 지도자를 따라 이교도지역을 정복하여 이슬람지역을 확

(Philadelphia: University of Pennsylvania Press, 1986), p. 1 참조.

260) 이와 관련하여 Bozeman(1960), pp. 272-72; Gong(1984); David J. Bederman, *International Law in Antiquity* (Cambridge: Cambridge University Press, 2001); Lauren Benton, *Law and Colonial Cultures* (Cambridge: Cambridge University Press, 2002); Paul Keal, *European Conquest and the Rights of Indigenous Peoples* (Cambridge: Cambridge University Press, 2003); Antony Anghie, *Imperialism, Sovereignty and the Making of International Law* (Cambridge: Cambridge University Press, 2004) 참조. 이용희는 문명권이나 국제사회의 권역 안이 아닌 권역 바깥을 대할 때에는 "말할 여지도 없이 역내의 행위질서를 유지하는 규율의식은 줄어들고 적나라한 무력행위가 무통제하게 나타나는 것"이 역사의 일반이라 지적하였다. 예컨대 서유럽은 기독교문명권이라는 일종의 '공동체의식'이 있어서 현실정치를 규제하였으나, "비유럽지역에 대해서는 거연히 태도를 달리하였다"면서, "그 명백한 증거가 국제법의 적용이었다"고 하였다. 즉 "유럽에서 채택한 국제법이 소위 '문명국'에만 적용된다는 관념은 20세기에 와서도 고집되던 것인데, 이 경우 '문명국'이란 본래 구미사회를 두고 하는 말이었고, 그러므로 비유럽지역에는 적용이 아니 되는, 다시 말해서 법 관념이나 기독교문화권의 윤리 관념에 구애받지 않고 마음대로 실력을 행사할 수 있는 지역으로 간주되었다" 고 지적하였다. 이용희(1962), 52쪽; 이용희(1977), 18-19쪽. 한편 고대그리스인들은 자기 도시국가(polis) 또는 도시국가들의 연합을 '자기편'이라 하였으나, 중세에는 기독교도가 자기편이었고 이교도를 물리치겠다는 종교적인 사명감에 따라 전쟁을 하는 이른바 '문명권의 전쟁'시대였다. '민족국가의 전쟁'으로 바뀌면서 근대가 시작되었고, 자국의 명예를 높이고 이익을 추구하자는 애국심이 전쟁을 하는 동기로 등장하였던 것이다. 조동일(1999a), 220-21쪽 참조.

대하는데 있다고 보았다.[261] 즉 비이슬람지역과는 영구적인 전쟁상태에 있다고 보아, 이교도들이 개종을 하든가 굴욕적으로 공물을 바치게 될 때까지 전쟁이 계속되는 것으로 보았다.[262] 이처럼 이교도는 기본적으로 정복과 개종의 대상으로 여겼다고 하겠다. 뿐만 아니라 '이라크는 세계의 중심이며, 바그다드는 이라크의 중심이고, 칼리파의 소재지는 바그다드의 중심'이라 여겼는데, 이와 같은 중심임을 강조하기 위해 "세계의 배꼽(the navel of the world)"이란 매우 인상적인 비유를 사용하기도 하였다.[263]

한마디로 유교문명권을 포함하여 다른 문명권들에서도 권역 내에서는 당연히 적용되는 문명기준이 권역 밖의 이방인에 대해서는 그들을 낮춰보며, 이를 적용하지 않았던 것이다.

---

261) 이슬람국제관계에 대해서는 이용희(1962), 74-76쪽; 하병주, "이슬람문명권의 국제관계사상," 권선홍 외, 『비서구문명권의 국제관계사상』(부산: 부산외대출판부, 1998), 193-257쪽; Majid Khadduri, *War and Peace in the Law of Islam* (Baltimore: Johns Hopkins Press, 1955); Sobhi Mahmassani, "The Principles of International Law in the Light of Islamic Doctrine," *Recueil des Cours,* 1966-Ⅰ, pp. 205-323; Lewis(1988); AbdulHamid A. AbuSulayman, *Towards an Islamic Theory of International Relations* (Herndon, VA: International Institute of Islamic Thought, 1993); Bassam Tibi, "War and Peace in Islam," and Sohail H. Hashmi, "Interpreting the Islamic Ethics of War and Peace," both in Terry Nardin (ed.), *The Ethics of War and Peace* (Princeton: Princeton University Press, 1996), pp. 128-42, 146-65; Sohail H. Hashmi (ed.), *Islamic Political Ethics* (Princeton: Princeton University Press, 2002), Chaps. 6-10 참조.

262) 램톤(1992), 12장.

263) 이러한 비유는 이슬람뿐만 아니라 유태교나 인도문명권에서도 널리 찾아볼 수 있다고 한다. Lewis(1988), p. 23.

Ⅲ. 유교국제사회의 '사대자소의 예'와 책봉·조공제도

역사상 존재하여왔던 국제정치의 질서와 관련하여 이용희는 다음과 같이 지적하고 있다.

> 대개 국제정치를 질서 주는 경우를, 그 구성요소인 나라를 중심으로 생각하면 두 가지 경우 밖에 없습니다. 국제정치의 엄파이어 같은 상위체(上位體)를 두고, 그 아래 나라를 두어서 질서를 주느냐, 아니면 모두 평등한 입장에서 질서를 형성하느냐, 이 두 가지입니다.
>
> 또 상위체를 두는 경우도, 나라 중의 한 나라에 상위권을 주느냐, 아니면 비국가체(非國家體)에 상위권을 주느냐, 또 세분하면 상위권은 물리적 힘으로 강제력(强制力)이냐, 아니면 복종을 받게 되는 권위(權威)에 의한 것이냐. 권위에 의한 상위체로서의 예는 아마 중세의 로마법왕청(法王廳) 같은 것을 들 수 있겠죠. 이렇게 보면 국제정치에 있어서 사대주의는 한 나라에 상위권을 주어 그 나라의 권역과 위치를 다른 나라와 구별하는 방식이죠. 그러나 이와는 다른 방식으로 상위체 혹은 상위국을 설정한 예도 있습니다. 가령 앞서 든 중세 로마법왕청, 동로마제왕, 이슬람세계의 칼리프(일종의 法王)제 (…)
>
> 그런데 상위체를 설정해서 국제질서를 도모하는 국제사회에서는 상하의 관계를 부자(父子)로 표현하는 예가 아주 흔합니다. 중세 기독교사회가 그런 것은 말할 것도 없고, 비잔틴제국 중심의 국제사회에서도 그랬어요. 그뿐 아니라 자기 문명권 밖의 다른 나라, 소위 '야만인'에 대하여 그것이 강대할 때에는 '형제(兄弟)'라고 칭한 것도 동북아사회나 비잔틴사회가 서로 같습니다. 또 야만하고 미개한 나라의 국서(國書)에 대하여, 화외(化外)의 민족에 대하여 그들의 칭호를 그대로 불러주는 예도 세계적 현상입니다. 이렇게 보면 사대의 예가 통용하던 동북아사회에서 상하관계를 부자관계로 표시하던 것이 실은 국제적인 예(例) 중의 하나였을

뿐 아니라, 애당초 사대지례(事大之禮)의 골자인 상하 서계에 의한 국제질서의 절차 · 형식은 이상스럽게도 중세 유럽 · 이슬람사회 · 동로마교사회가 모두 그랬습니다. 사대의 예(禮)는 이렇게 보면 국제정치질서의 한 역사적 유형인 면이 있죠.264)

즉 국제정치질서를 이루는 방법에는 상위체를 두는 상하위계적 질서와 국가평등에 입각한 상호대등질서로 나누어지며, '사대의 예'를 중심으로 하는 유교국제사회는 중국이라는 한 나라에 상위권을 주고 다른 나라들과 구별하는 상하위계적인 수직형 국제사회였으며, 중국과 다른 나라들 간의 상하관계를 부자관계로 표현하는,265) 국제사회의 역사적 유형 가운데 하나였던 것이다.

1. 유교국제사회의 '사대자소의 예(事大字小之禮)'

사대문제에 관한 기존 연구는 적지 않으며,266) 다양한 견해들이

---

264) 또한 그는 "이러한 상위체 설치에 대립되는 것이 근대 유럽사에서부터 시작되는 주권국가 사이의 세력균형의 원칙"이라면서, "이런 점에서 보면, 세계 전체의 흐름으로 볼 때 '평등국가' 간의 세력균형의 원칙은 아주 새로운 것"이라고 지적하였다. 나아가 "국제정치는 국내정치와는 달라서 일종의 아나키다, 무질서 · 무정부의 상태다 하는 것이 유럽학자들의 통행설인데, 이것이 바로 근대 유럽의 국제정치를 말한 것은 될 수 있긴 하지만 국제정치 일반의 형태는 아"니라고 강조하였다. 이용희(1977), 155-56, 169쪽.

265) 고대 근동(Near East) 지역에서부터 대체로 대등한 국가 간에서는 형제(brother), 상하관계에서는 부자(father-son)라고 부르게 되었다. 김영진, 『조약과 언약』(서울: 한들출판사,2005), 1부; Cohen & Westbrook(2000); Amanda H. Podany, *Brotherhood of Kings: How International Relations Shaped the Ancient Near East* (Oxford: Oxford University Press, 2010), Chap. 1; Hamilton & Langhorne (eds)(2011), pp. 7-11.

266) 대표적으로 이기백, 『민족과 역사』, 신판(서울: 일조각, 1994), 제6부: 사대주의론; 이용희(1977), 136-87쪽; 이춘식, 『사대주의』(서울: 고려대학교 출판부, 1997); 김

제시되어 왔다. 우선 사대에 대한 평가문제와 관련하여, '개화의 선각자들'인 김옥균이나 서재필, 윤치호 등이 처음으로 부정적 평가를 하기 시작하였다. 예컨대 김옥균은 "청나라가 예전부터 우리나라를 속국으로 삼아왔는데, 이는 참을 수 없는 수치"라면서 "이제까지의 속박을 철퇴하고 독전자주(獨全自主)의 나라를 수립하는 것이 첫째 과제"[267]라 강조하였다. 윤치호 역시 "지금에 와서 종주국을 섬기고 옛 법규를 지키는 것은 비단 아무 실익이 없을 뿐만 아니라 오히려 나라를 망친다"[268]고 하였다. 또한 서재필은 『독립신문』 논설에서 "조선 대군주 폐하께서 청국 임금에게 해마다 사신을 보내시어 책력을 타 오시며 공문에 청국 연호를 쓰고 조선인민은 청국에 속한 사람들로 알면서도 몇 백 년을 원수 갚을 생각은 아니하고 속국인 체하고 있었으니, 그 약한 마음을 생각하면 어찌 불쌍한 인생들이 아니리요"[269]라며 통탄하였다. 이처럼 개화파 인사들에 와서 사대가 '참을 수 없는 수치'이자 '나라를 망치는 일'이라며, 이를 격하게 비판하기

용구(1997), 2장; 안정희, "조선초기의 사대론," 『역사교육』, 64 (1997), 1-33쪽; 김석근, "한국전통사상에서의 평화관념: '사대'와 '중화'를 중심으로," 하영선 편, 『21세기 평화학』(서울: 풀빛, 2002), 81-102쪽; 유근호, 『조선조 대외사상의 흐름』(서울: 성신여자대학교 출판부, 2004), 1장 2절; 이상익, "조선시대 중화주의의 두 흐름," 『한국철학논집』, 제24집(2008), 9-38쪽; 박충석, 『한국정치사상사』, 제2판(서울: 삼영사, 2010), 3장 3절; 임민혁, "조선시대의 묘효와 사대의식," 『조선의 예치와 왕권』(서울: 민속원, 2012), 283-309쪽; 전재성(2012), 45-76쪽; 장인성, "중화체제와 사대," 『한국동양정치사상사연구』, 13권 2호(2014), 185-215쪽; 이재석, "고려후기 사대 연구: 대외정책수단으로서의 사대," 『한국동양정치사상사연구』, 14권 2호(2015); 孫衛國, 『大明旗號与小中華意識』(북경: 상무인서관, 2007), 1장 2절 등이 있다.

267) 『金玉均全集』, 朝鮮改革意見書: 自來 淸國之自以爲屬國 誠萬無之恥.

268) 『윤치호일기』, 1884년 2월 10일.

269) 『독립신문』, 1896년 6월 20일 논설.

시작하였던 것이다. 이러한 부정적 평가를 신채호 등 민족주의 사학자들이 이어받았으며, 해방 이후에도 어느 정도 지속되었다. 예컨대 이종항은 사대를 몰아적(沒我的)이며 자비적(自卑的)인 것으로, "완전히 자아를 말소하고 자주성을 상실"하였다며 비판하였다.[270] 한중관계사 연구의 1세대 학자 전해종도 중국에의 사대는 "'약자'의 정책에 지나지 않으며 바람직한 정책은 아니었"고 조공 역시 "무엇보다도 굴욕적인 것이었음은 자명한 일"이라며, 부정적인 평가를 하였다.[271] 신복룡도 사대나 조공에 대해 "원초적으로 굴욕외교의 성격"을 담고 있다며, 매우 부정적인 평가를 하고 있다.[272]

다음으로, 시간이 지나면서 사대는 '안보를 보장받기 위한 불가피한 조치'였으며 어디까지나 '국가보전을 위한 현실적인 외교정책'이었다는 주장이 일반적인 견해로 대두하고 있다.[273] 즉 해방이후 사대는 "자주적 실리외교"라고 보는 해석이 점차 유행하고 있다.[274] 예컨대 신석호는 조공이 "고대 동양사회에 있어서의 일종의 외교 및 무역의 형태를 말하는 것"이었다며, 주위의 여러 나라들은 "(진보한 중국문화 수입이라는) 문화적·(중국과의 물물교환이라는) 경제적 이익을 취하기 위하여" 또한 "자국의 안전을 도모하기 위해서라도

270) 이종항, 『한국정치사』(서울: 박영사, 1963), 239-44쪽.

271) 전해종, 『한중관계사연구』(서울: 일조각, 1970), 24, 56쪽.

272) 신복룡, "한국사상사에서 중화주의의 형성과 맥락," 2015 한국동양정치사상사학회 춘계공동학술회의 발표논문, 59쪽.

273) 김당택, 『한국대외교류의 역사』(서울: 일조각, 2009), 123쪽. 또한 손승철, 『조선시대 한일관계사연구』(서울: 지성의 샘, 1994); 한명기, 『임진왜란과 한중관계』(서울: 역사비평사, 1999); 박원호, 『명초조선관계사연구』(서울: 일조각, 2002); 김순자, 『한국중세 한중관계사』(서울: 혜안, 2007); 계승범(2009a) 등이 있다.

274) 계승범(2009a), 131-35쪽 참조.

중국에 조공하지 아니할 수 없었던 것"이라고 강조하였다.[275] 박원호는 조선이 "명분상으로는 다소 굴욕적인 점을 감수하더라도 실리적으로는 자국의 이익을 추구하며, 동시에 주체성을 상실하지 않으려고 노력하였다"고 하면서, 국가안보의 보장과 필요한 물자의 획득 또는 선진문물의 도입 등 "정치적 목적과 함께 경제적 · 문화적 이익"을 위하여 조공제도에 적극 참여하였다고 주장하고 있다.[276] 그러나 처음의 부정론은 물론이고, 그 다음의 일부 긍정론도 사대에 대한 평가에서 여전히 부정적인 틀을 크게 벗어났다고 보기는 어렵다 하겠다.

마지막으로, 이러한 주장들과는 달리 문명권 차원의 거시적 시각에서 접근하여, 국제질서의 한 역사적 유형 즉 중세적 국제관계의 한 유형으로 보는 학자들이 있다. 예컨대 이용희는 일찍이 사대의 "국제정치적 의의는 동양사회의 국제권위(불교 · 유교)적인 구조에서 유래되는 것이 틀림없다"면서, 사대를 "약국의 굴욕적 외교정책이라고 보기 쉽"지만 그러나 "적어도 권위형적인 국제관계의 시대적 의미를 생각하는 한 정확한 이해의 방식은 아니"[277]라고 지적하였다. 구체적으로 사대에는 "명분으로서의 사대가 있고 명분 없는 힘에 의한 사대의 현실"이 있었다면서, "하나는 가치관념 혹은 이데올

275) 신석호, "조선왕조 개국 당시의 대명관계," 『국사상의 제 문제』, 1(1959), 93-134, 특히 95-96쪽.

276) 박원호(2002), 277, 290-91쪽. 한편 박충석은 사대가 문화이념적 지향을 핵심으로 하는 중화관념과는 달리, "'힘'관계 위에 성립된 관계개념으로서 매우 상황적인 성격을 내포"하고 있었다고 지적하였다. 박충석, 『한국정치사상사』, 제2판(서울: 삼영사, 2010), 280쪽.

277) 이동주(용희), 『국제정치원론』 (서울: 장왕사, 1955), 275쪽 주9.

로기이고 또 하나는 단순한 힘의 부족, 힘의 위협 아래에 생기는 현실과 그 적응"이라고 하였다. 즉 전자의 사대란 "단순히 대국을 섬긴다는 것을 넘어서서 여러 가지 예(禮)다운 의식·절차·규정에 맞아야 된다는 것"으로, 적어도 가치관으로서의 '사대의 예'는 유교문명권의 "특정한 형식·절차·규범과 가치관이 구조적으로 통합"되어 있었으며, 사대의 예는 원칙적으로 '유교권내 문명국 사이의 법'으로서, 말하자면 '유가예교질서의 일부분'이었다고 역설하였다.[278)] 한편 조동일은 "사대관계는 약소국이 강대국의 침략에 대응하는 방책"이었다고 하는 기존의 견해는 중세시대 여러 문명권들에 대한 "광범위한 비교연구의 결과에 의해 부인된다"면서 유교는 "사대가 당연하다"고 하였고, 나아가 "동아시아뿐만 아니라 다른 여러 문명권에서도 중세근대인이 이해하기 어려운 사고구조를 사대관계를 통해 구현했다"[279)]고 주장하였다.

우선 사대자소는 주대의 종법적 분봉제도 내에서 크고 작은 제후국들 간의 우호증진과 친목도모 및 결속강화를 위한 이른바 '교린의 예[交隣之禮]'에서 비롯되었다. 예컨대 『춘추좌전』에는 사대자소에 대해 다음과 같은 언급이 나온다.

---

278) 이용희(1977), 145-46, 149-51, 156, 169쪽. 또한 그는 '명분으로서의 사대'에 대해서는 우리 "선인들의 의식 속에 하등 굴욕감이나 열등의식을 발견하기 어려"우며 오히려 "당연하다고 의식"하였으나, 반면에 '힘으로 강요된 사대의 현실'이 굴욕적인 것이었다고 지적하였다. 이용희(1977), 151, 159쪽.

279) 조동일(1999a), 12, 15쪽.

> 예라는 것은 작은 나라가 큰 나라를 받들고 섬기며, 큰 나라가 작은 나라를 어여삐 여기고 돌보아주는 것을 말한다. 사대는 큰 나라의 명령을 공손히 받드는데 있고, 자소는 작은 나라의 모자라거나 없는 것을 걱정하고 도와주는데 있다.[280]

즉 사대자소를 예라는 차원에서 설명하였다. 또한 같은 책에서 "작은 나라가 큰 나라를 섬기는 것은 신(信)이고 큰 나라가 작은 나라를 돌보아주는 것은 인(仁)이다"[281]라 하였다. 사대에 대한 좀 더 구체적인 설명은 맹자의 다음과 같은 말에서 찾아볼 수 있다.

> 오직 어진 사람만이 큰 나라로서 작은 나라를 섬길 수 있다. (…)오직 지혜로운 사람만이 작은 나라로서 큰 나라를 섬길 수 있다. (…) 큰 나라로서 작은 나라를 섬기는 것은 하늘의 뜻을 즐거워하는 것이고, 작은 나라로서 큰 나라를 섬기는 것은 하늘의 뜻을 두려워하는 것이다. 하늘의 뜻을 즐거워하는 사람은 천하를 지키고, 하늘의 뜻을 두려워하는 사람은 자기 나라를 지킨다.[282]

이에 대하여 송대의 주희는 "큰 나라가 작은 나라를 돌보아주고 작은 나라가 큰 나라를 섬기는 것은 모두 천리의 당연함"[283]이라고 해석하였다. 명 태조 주원장도 "이적이 중국을 받드는 것은 예의 변치 않는 원칙이고, 작은 나라가 큰 나라를 섬기는 것은 예나 지금이

---

280) 『춘추좌전』 소공 30년 8월: 禮也者 小事大 大字小之謂. 事大在共其時命 字小在恤其所無.

281) 『춘추좌전』 애공 7년 여름. 같은 책 양공 22년 가을에도 유사한 내용이 나온다.

282) 『맹자』 양혜왕 하 3장. 惟仁者 爲能以大事小 (…) 惟智者 爲能以小事大 (…) 以大事小者 樂天者也 以小事大者 畏天也. 樂天者 保天下 畏天者 保其國.

283) 『맹자』 양혜왕 하 3장 주자 注: 大之字小 小之事大 皆理之當然也.

나 똑같은 이치"[284]라 하였다.[285] 이와 같이 사대자소는 대소 제후국들이 지켜야 하는 당연한 예이자 천리였던 것이다.[286] 다시 말해 사대자소는 단순한 물리적 힘의 관계라기보다, '하나의 '가치관 · 명분'으로 유교문명권의 '국가 간의 법' 곧 '천하법'이었던 것이다.[287]

물론 한비자 등 비유가 사상가들은 사대자소를 현실적인 힘의 강약에서 보고 있기도 하였다.[288]

> 힘이 많으면 남들이 조공해오나, 힘이 적으면 남에게 조공해야 한다.[289]

그러나 유교에서는 힘보다는 덕과 예를 중시하고 문치를 숭상하였으며, 대외침략이나 정복보다는 수비와 방어를 강조하였다. 일찍이 공자는 "먼데 사람이 복종하여 오지 않으면 (무력을 사용하기보다는) 문덕을 닦아서 스스로 오게 해야 한다"[290]고 하였으며, 후한 초기의 하휴(何休)도 "왕자는 이적을 다스리지 않는다. (…) 오는 자는 막지 않고 가는 자는 쫓지 않는다"[291]고 하였는데, 이는 후대에도

---

284) 『명태조실록』 권90, 홍무 7년 6월 을미: 夷狄奉中國 禮之常經. 以小事大 古今一理.

285) 명대 정효는 "작은 나라로 큰 나라를 섬기는 것은 사리와 형세의 마땅한 일"이라 하였다. 鄭曉, 『吾學編』 皇明北虜考 제69, 頁1: 以小事大 理勢之常.

286) 이춘식(1997), 241-52쪽,

287) 이용희(1977), 141-42, 148, 150쪽; 高明士, 『天下秩序与文化圈的探索』 (상해: 상해고적출판사, 2008), 11, 58쪽.

288) 이용희(1977), 141, 150쪽.

289) 『韓非子』 顯學: 力多則人朝, 力寡則朝於人. 또한 『鹽鐵論』 권8, 誅秦편에도 같은 내용이 나온다.

290) 『論語』 季氏 1장: 遠人不服則修文德以來之. 旣來之則安之.

291) 『춘추공양전』 은공 2년 봄 하휴 注: 王者不治夷狄. 錄戎者 來者勿拒 去者勿追.

되풀이 강조되어졌다.

한편 한국사에서 사대의 기록을 보면『삼국사기』에 "무릇 국가는 큰 나라와 작은 나라가 있고 (…) 작은 나라로 큰 나라를 섬기는 것은 예"[292]라고 하였다.『고려사』에서도 "작은 나라로 큰 나라를 섬기는 것은 의이다. 섬기기를 예로써 한다"[293], "폐방(고려)은 본래 바다바깥의 작은 나라로서, 예로부터 반드시 사대의 예를 행하며 왔고 그런 연후에야 국가를 보전할 수 있었다"[294]고 하였다. 고려 후기 이제현(1287~1367)은 왕국과 천자국을 강[江河]과 바다[溟渤]에 비유하며[295] 원나라를 천자국으로 고려를 제후국으로 인정하는 명분론을 받아들였고,[296] 이색(1328~1396)도 "소국이 대국을 섬김은 예의 떳떳함[禮之常]"[297]이라 하였다. 삼국시대나 고려 때에는 사대가 생존을 위한 수단적 측면이 좀 더 강하였다는 지적도 있으나,[298] 이처럼 예규범으로 인식되기도 하였음을 알 수 있다. 즉 성리학이 수용되면서 고려 말의 사대부들은 원·명에 대한 양단외교를 반대하고 명분을 기준으로 사대의 대상을 정하였다. 예컨대 정몽주(鄭夢周)는 중원의 지배자는 '의로운 군주[義主]'여야 한다고 하였으며,[299] 박

292)『삼국사기』권13, 고구려 본기 제1, 유리왕 28년 8월: 以小事大者禮也.

293)『고려사』권102, 열전 권15, 諸臣, 俞升旦: 以小事大 義也 事之以禮.

294)『고려사』권23, 고종 19년 11월:…必行事大之禮 然後能保有其國家.

295)『益齋亂稿』卷5, 序 送辛員外北上序.

296) 이들 천자국과 제후국은『중용』9경장의 '懷諸侯'論에 따라 각기 그 명분에 합당한 일들을 준수해야 한다고 보았다. 변동명,『고려후기 성리학수용연구』(서울: 일조각, 1995), 161-62쪽.

297)『牧隱詩藁』卷20, 詩 江南進獻使李宰相加官: 以小事大禮之常.

298) 도현철,『고려말 사대부의 정치사상연구』(서울: 일조각, 1999), 106쪽; 전재성(2012), 57-60쪽.

299) 정몽주는 고려조정이 다시 북원을 섬기려고 할 때, 문신 10여 명과 함께 이를

상충도 이치로 보나 형세로 보나 명나라가 우위에 있다고 하였다. 이들은 명나라를 정통왕조로 여기고 천자국으로 섬겨야 한다고 주장하였던 것이다.[300)]

조선이 건국되면서 성리학을 국가통치이념으로 삼게 되고, 대내외적으로 유교 예규범을 구현하여 이른바 '동쪽의 주나라[東周]'를 건설하겠다는 이상을 내세웠다. 그에 따라 사대는 "보국의 방도"[保國之道]로 여겨지기도 하였으나,[301)] 그보다는 건국이념으로 삼은 유교 예치의 구체적 반영이었으며,[302)] 무엇보다 예(禮)로서 인식되었던 것이다. 예컨대 조선왕조의 설계자 정도전(鄭道傳)은 성리학을 철저히 수용하여, 한족인 명의 건국이 이적인 원나라를 물리치고 중화의 정통을 회복시킨 것이라 높이 평가하고, 명 황제를 '진주(眞主)'로 존숭하여 중국과의 관계도 인간관계와 마찬가지로 상하·존비관계로 차등화하였다. 따라서 그는 "사신을 파견하는 것은 천조(明)에

반대하면서 올린 '배원친명'을 주장하는 상소문에서 "천하와 국가를 다스리는 반드시 먼저 큰 계책을 세워야 한다"면서, "우리나라는 해외에 치우쳐 있으면서 우리 태조께서 당나라 말기에 일어나신 이래 중국을 예로 섬겨왔는데, 그 섬긴 것은 천하에 '의로운 군주'를 본받을 뿐이었다[念吾東方 僻在海外 自我太祖 起於唐季 禮事中國 其事之也 視天下之義主而已]"고 역설하였다. 『고려사』 권117, 열전 제30 諸臣, 정몽주.

300) 도현철(1999), 195-201쪽; 정성식, 『포은과 삼봉의 철학사상』(서울: 심산, 2003), 119-26쪽; 김순자(2007), 171-98쪽.

301) 예컨대 『조선태조실록』 권1, 총서 신우 14년; 『조선명종실록』 권17, 9년 10월 30일 정유조 등 참조.

302) 왕원주, "한국근대이행기 화이관의 변화와 민족의식," 연세대대학원 박사학위논문, 2001, 18쪽; 陳潮, "傳統的華夷國際秩序與中韓宗蕃關係," 復旦大學 『韓國研究論叢』, 제2집(1996), 225쪽; Walker, Hugh Dyson. 1971. "The Yi-Ming Rapprochement: Sino-Korean Foreign Relations, 1392-1592," Ph. D. diss., University of California, 1971, p. 155.

표문을 올려서 사대의 성경을 다하기 위한 것"[303], "우리나라는 예로써 사대하여 조빙하고 공물을 바치며 세시에 사신을 보내니, 이는 제후의 법도를 닦고 맡은 바 직무를 보고하기 위한 것"[304]이라 주장하였다. 조준(趙浚)은 요동정벌문제에 대해 '사대의 예를 잃을 뿐만 아니라 명분 없는 군대 동원은 극히 불가하다'[305]며 반대하였으며, 권근(權近) 역시 "작은 나라로 큰 나라를 섬기고 이적이 중화를 흠모하는 것은 예가 또한 그러하다"[306]고 하였다. 태종 연간에 사헌부도 "작은 나라로 큰 나라를 섬기는 것은 고금의 공통된 의리"[307]라고 하였다. 조선 수성기의 제갈량이라 평가받는[308] 양성지(梁誠之 1415~1482)도 "대개 작은 나라가 큰 나라를 섬기는 것은 예법의 상도[禮之常]로서, 예로부터 다 그러하였다"[309]라고 지적하였다.

'사대의 예'와 관련하여 태종은 "내가 대국을 섬기는데 있어 결코

---

303) 『三峰集』 권7, 朝鮮經國典 上 禮典 摠序: 其遣使也 奉表天朝, 以盡事大之誠敬.

304) 『三峰集』 권7, 朝鮮經國典 上 禮典 遣使: 本國事大以禮 朝聘貢獻 歲時遣使 所以修侯道而述所職也.

305) 『조선태조실록』 권11, 태조 6년 6월 14일 갑오: (浚)極言不可曰: 本國自古不失事大之禮 且以新造之邦 輕擧無名之兵 甚爲不可.

306) 『陽村集』 권34, 東國史略論 신라 내물왕 41년: 以小事大 以夷而慕華 禮亦然矣. 또한 변계량도 "삼가 생각하건대, 임금과 신하 간의 분수는 마치 높은 하늘과 낮은 땅처럼 문란할 수 없는 것으로 대국을 섬기는 예는 정말 신중히 지키지 않을 수 없으며, 대소의 형세는 마치 뒤섞일 수 없는 흑백과 같은 것으로 대국을 섬기는 예 또한 신중히 지키지 않아서는 안 된다고 여[竊謂君臣之分 如天尊地卑之不可紊也 則事大之禮 固不可以不謹矣. 大小之勢 如白黑之不可以相混也 則事大之禮 亦不容於不謹矣]"긴다면서, 요동정벌에 대해서도 "요동을 공격하는 것은 아랫사람이 윗사람을 거역하는 것인데 옳은 일이겠습니까? 소국으로 대국을 도모하는 것인데 이로울 수 있겠습니까?[攻遼之擧 以下逆上 得爲是乎. 以小圖大 得爲利乎]"라며 비판하였다. 『春亭集』 권6, 永樂13年6月日封事 謹事大, 頁14.

307) 『조선태종실록』 권8, 4년 8월 20일 기축: 以小事大 古今之通義也.

308) 한영우, 『조선 수성기 제갈량 양성지』(서울: 파주: 지식산업사, 2008).

309) 『조선세조실록』 권1, 1년 7월 5일 무인: 盖以小事大 禮之常也 自古皆然

참람한 생각이 없으니,"[310] "내가 공경히 천자를 섬겨 오직 한 마음[一心]을 다했을 뿐(…) 내가 마음속으로 하늘을 두려워하기 때문에 대국을 정성껏 섬기는 것"[311]이라 하였다. 뿐만 아니라 "대국을 섬기는 것은 두려워하는 것이 아니라 예가 그러한 것"[312]이라 하여, 사대의 본질이 예라는 사실을 지적하였다. 세종 역시 지성으로 사대하였으니, 매의 진헌 중단을 요구하는 신료에 대해 "사대함에 있어서는 마땅히 성심껏 하여야 할 것"이라며, 매의 포획과 진헌 때문에 백성의 폐해가 있음을 잘 알고는 있지만 "대의로 말할 것 같으면, 민간의 폐해가 있는 것은 그 일이 가벼운 것이나 사대를 성실히 하지 않는 것은 그 일이 무거운 것"[313]이라 하였다. 또한 사대의 예를 지나치게 한다는 말을 듣고는 "우리나라는 본래 예의의 나라로서 해마다 직공의 예를 닦아, 때에 따라 조빙하면 명나라가 이를 대우하는 것이 매우 후하였다. 그런데 정성을 다하여 섬기지 않는다면 이것은 크게 불경하는 일이고, 특히 신하된 도리를 다하지 못하게 되는 것이니, 그럴 수가 있겠느냐"[314]라며, 지성으로 사대해야 함을 강조하였다. 병자호란 패배 후 조선이 청에 보낸 국서에서도 "약한 나라가 강한 나라에 복종하고 작은 나라가 큰 나라를 섬기는 것이야말로 당연한 이치"[315]라 하였다. 송시열도 '기축봉사'에서 "작은 나라가 큰 나라

310) 『조선태종실록』 권9, 2년 7월 2일 계미.

311) 『조선태종실록』 권18, 9년 11월 15일 계미.

312) 『조선태종실록』 권22, 11년 8월 18일 정미: 事大 非畏之也 禮則然矣.

313) 『조선세종실록』 권33, 8년 9월 29일 기미: 事大當以誠.. 民間有弊 其事輕 事大不誠 其事重.

314) 『조선세종실록』 권40, 10년 윤4월 18일 기해: 但以我國本禮義之邦 歲修職貢 朝聘以時耳. 大國待之甚厚 而不盡誠事之 則是爲大不敬 殊失人臣之義 其可乎?"

315) 『조선인조실록』 권34, 15년 정월 11일 신해 : 以弱服强 以小事大 乃理之常. 한편

를 섬기는 것은 천리이나, 부끄러움을 참고 원수를 섬기는 것은 인욕"[316]이라 하면서, 명과의 사대관계는 천리이지만 청과의 사대는 인욕이라 규정하였다. 실학자 안정복도 "소국이 대국을 섬기고 약자가 강자에 복속하고 이적(夷狄)이 중국에 귀부하는 것은 바뀌지 않는 정한 이치"[317]라 하였다. 조선조 말 위정척사파의 거두 이항로는 "작은 나라로 큰 나라를 섬기는 것은 또한 천리의 당연함이니, 공명을 계산하고 이익을 도모하여 행하여서는 안 된다"[318]고 하였다. 그의 제자 유인석도 1913년에 저술한 『우주문답』에서 "중국과 조선은 친척 간의 큰집과 작은집과 같다"며, "나라가 나라답고 사람이 사람답기 위해서는 중국을 임금으로 삼고 중국을 스승으로 삼아야 한다"[319]고 역설하였다. 이와 같이 유교문명권에서 정통성이 있는 황제 즉 '의주(義主)' 또는 '진주(眞主)'에 대한 사대는 지극히 당연하고도 지엄한 예였던 것이다.[320] 이처럼 중국의 번국이 되어 사대관계를 맺게 된 것을 매우 자랑스럽게 생각하였으며, 이러한 의식은 조

『청태종실록』 권33, 숭덕 2년 정월 계축조에는 "以弱臣强 以小事大 乃理之常"으로 되어있다.

316) 『송자대전』 권5, 봉사 기축봉사: 小事大者天理 而忍恥事讐者人欲也.

317) 『東史綱目』 권1, 병오년 왕 준 26년: 以小事大 以弱服强 以夷狄歸中國 此不易之定理也. 또한 한영우, 『조선후기사학사연구』(서울: 일지사, 1989), 345쪽 참조.

318) 『華西集』 권9, 書 答柳穉善 丙午正月, 頁41: 以小事大 亦天理之當然也 非計功謀利而爲之也. 또한 왕원주(2003), 134쪽 참조.

319) 『우주문답』, 서준섭 외 옮김(춘천: 의암유인석선생기념사업회, 2002), 143-44쪽: 中國朝鮮有如親戚大小家也.(…) 國以爲國 人以爲人矣 君中國而師中國也.

320) 몽고족의 원나라는 물론 만주족의 청조 역시 비한족 왕조로서 정통성시비가 있어왔음은 물론이다. 따라서 이들 왕조를 유교권의 전형으로 삼는 것은 문제가 있다고 하겠다. 정통론에 대해서는 陳芳明, "송대 正統論의 형성과 그 내용," 민두기(편), 『중국의 역사인식』, 하(서울: 창작과비평사, 1985), 419-49쪽; 饒宗頤, 『中國史學上之正統論』(상해: 상해원동출판사, 1996[1977]) 등 참조.

선시대 유학자들의 공통된 견해이기도 하였다.321)

앞서 언급하였듯이 가치관·이념과 현실은 서로 괴리되기 쉬우며, 사대의 경우도 예외는 아님은 물론이다. 『조선왕조실록』을 보면, 태조 때에 외교문서인 표전 문제로 관련자들을 보내라는 명나라 요구에 대하여 변중량(卞仲良)은 "대국을 섬기는 예절[事大之禮]로서는 그리해야겠지만 임기응변하는 계책[應變之計]으로서는 불편한 점이 있을 듯"하다며, 보내지 말라고 상소하였다.322) 태종 때에도 명나라가 전쟁에 쓰일 말을 보내라고 하는 문제에 대하여 사간원은 "사대의 예[事大之禮]로 말하면 바치지 않을 수 없고, 종사의 계책[宗社之計]으로 말하면 많이 바칠 수 없는 것"이라며, 국왕에게 '사대의 예'와 '종사의 계책'으로 참작하여 시행할 것을 건의하였다.323) 이처럼 명분으로서의 '사대의 예'는 다른 한편으로 조선의 현실을 감안해야 한다는 '임기응변의 계책', '종사의 계책' 또는 '권의의 계책'324), '백성의 폐해'325) 등과 대비되어 인식되기도 하였던 것이다. 다시 말해 사대를 행함에 명분론과 현실론의 충돌은 어쩌면 불가피한 것이었다고 할 수 있다. 이와 관련된 대표적인 논란이 명종 연간

321) 한영우, 『조선전기 사회사상연구』(서울: 지식산업사, 1983), 28쪽. 북학파 박지원도 "동방(조선)이 중국을 사모하는 것은 곧 그 천성"이라고 하였다. 『열하일기』 망양록 망양록서.

322) 『조선태조실록』 권14, 7년 윤5월 3일 무인. 표전문제에 대해서는 박원호, 『명초조선관계사연구』(서울: 일조각, 2002), 5-32쪽 참조.

323) 『조선태종실록』 권18, 9년 11월 14일 임오: 臣等謂以事大之禮言之 不可不獻 以宗社之計言之 不可多獻. 又安知今日求之 而明日不求耶? 伏惟殿下 以事大之禮 宗社之計 參酌施行.

324) 『조선성종실록』 권170, 15년 9월 4일 무자: 權宜之策.

325) 『조선명종실록』 권14, 8년 3월 30일 병오: 生民之弊.

에 보인다. 즉 사헌부는 "나라를 다스리는 방법에는 상도(常道)와 권도(權道)가 있는데, 권도가 알맞게 되면 실로 상도와 다름이 없다"면서, 사대와 관련하여 다음과 같이 주장하였다.

> 『맹자』에 '소국으로서 대국을 섬기는 자는 하늘을 두려워하는 자이다' 하였다. 이른바 두려워한다고 한 의미는 다른 것을 가리키는 것이 아니라, 대국의 위세를 두려워하면서 자기 나라 백성을 잘 보호하는 것을 말하는 것이다. 그러므로 대국을 섬기는 것은 단지 자기 백성을 잘 보호하기 위해서일 뿐이니, 혹시라도 대국을 섬겨야 한다는 명분만 지키면서 오히려 백성에게는 해로운 실상을 가져오게 된다면 깊이 생각하여 잘 처리하지 않아서야 되겠는가.

즉 사대를 행함에 상도만을 고집할 것이 아니라 권도를 써서 백성에게 해가 되지 않도록 조치해야 한다고 주장하였다. 그러면서 고려의 현실주의적인 사대외교에 대하여 다음과 같이 평하였다.

> 고려시대에 남으로는 송나라를 섬기고 북으로는 금나라를 섬겼는데, 송나라에 조공할 때에는 금나라 섬기는 일을 숨기고 금나라에 조공할 때에는 송나라 섬기는 일을 숨겼다. 상도로 논한다면 비록 올바르지 못한 것이지만, 권도로 논한다면 백성 보호하는 방도를 잘 했다고 할 수 있다. 혹시라도 그렇게 하지 않고 송나라만 섬기고서 금나라는 끊었다면 온 나라의 백성이 모두 어육이 되었을 것이니, 고려가 어찌 5백 년이나 누리고 망했겠는가. 그러니 그 당시의 모신(謀臣)들이 계책을 잘 세웠음을 알 수 있다.

즉 고려가 송·금 두 나라를 동시에 섬겼던 상황적·실리적 사대관계가 비록 명분상으로는 잘못이 있으나, 백성보호라는 기준으로는 훌륭한 계책이었다며 긍정적으로 평가하였던 것이다. 그러나 이에 대하여 사신(史臣)은 다음과 같이 비평하였다.

> 고려가 남으로는 송나라를 섬기고 북으로는 금나라를 섬긴 것을 이미 바르지 못한 것이라 하였으니, 간언을 드리는 사람들이 과연 바르지 못한 것으로 임금을 인도해서야 되겠는가. 비록 백성을 보호하는 길이 된다고 하더라도, 이런 의론은 취할 만한 것이 못된다.[326)]

즉 비록 백성을 보호하는 길이라 하더라도, 올바르지 못한 것인 만큼 취할 만한 게 못된다며 고려의 현실주의적인 사대외교를 비판하며, 명분론적 원칙을 강조하였던 것이다. 이러한 주장은 후대에도 보이는데, 영조 연간에 성균 생원들은 "승국(고려)에 이르러서는 아침에는 금나라를 저녁에는 원나라를 섬기며, 오직 강약을 살펴 향배를 결정했다"고 비판하면서 조선에 이르러서야 '존주(尊周)의 의'를 세우고 지성으로 사대하여 마침내 왜란 때 재조의 은혜를 입었다고 하였다.[327)]

사대나 조공문제와 관련하여 이율곡은 누구보다도 구체적이고 명쾌한 견해를 제시하였다고 여겨진다.

> 이름은 비록 외국이라 하나 실은 동방의 한 제·노일 따름입니다. (…)

326) 『조선명종실록』 권17, 9년 7월 18일 병진: 雖曰保民之道 其論不足取也. 이와 유사한 내용은 그 1년 전 포획한 왜인을 중국에 보낼 것인지의 논란에서도 드러난다. 『조선명종실록』 권15, 8년 7월 24일 무진조 참조.

327) 『조선영조실록』 권87, 32년 2월 1일 기해: 至於勝國 朝金暮元 惟視强弱而向背之.

> '예라 예라' 하는 것은 옥이나 비단 등의 예물만을 일컫는 것이 아닙니다. 삼국과 고려가 사대함에 게으르지 않았던 것은, 그것이 정말로 의리가 있어 능히 그 정성을 다하였는지, 대국의 도움을 빌려 적국을 제압하려고 했던 것은 아닌지, 위세에 눌리어서 진심으로 복종하지 않았던 일은 없는지, 감히 알지 못하겠습니다. 그 예의는 비록 부지런했으나 반드시 의리에 맞지는 않았고, 그 의례는 비록 성했으나 반드시 그 정성이 있지는 않았으니, 어찌 우리 국가가 필히 의리로써 (섬기고) 필히 정성으로써 (섬기는) 것과 똑같이 말할 수 있겠습니까. (...)
>
> 신이 듣건대, "아랫사람이 윗사람 섬김에는 쉽고 어려움 때문에 그 마음을 바꾸지 아니하고, 성함과 쇠함 때문에 그 예의를 폐하지 아니한다" 하오니, 능히 이를 행하고 있는 것은 오직 우리 국가가 중조를 섬김 바로 이것입니다. (…) 중화와 동방이 합하여 한집안이 되어(…). 이제 소국이 대국을 섬겨 군신의 지위가 이미 정하여졌으니, 때의 어려움과 쉬움을 헤아리지 말고 형세의 이로움과 해로움에 꺾이지 아니하고 그 정성을 다하는데 힘쓸 따름입니다.[328]

즉 사대는 상황의 변화에 따라 좌우되는 것이 아니라 오직 의리와 정성을 다 해야 한다고 주장하며, 삼국이나 고려의 사대는 진정한 것이 아니고 조선만이 이를 행하고 있다고 자부하였던 것이다. 또한 숙종 때 임상덕(林象德, 1683~1719)은 중화국가와 우리나라 관계에서 명과 조선 간의 '부자・군신'관계를 대의에 가장 맞는 표준으로 설정하면서, 고구려나 신라 등 역대의 양국관계는 반드시 대의에 맞게 맺어져 왔다고는 보지 않았다. 나아가 무엇보다 고려가 금과 원에 사대한 사실을 큰 치욕이라 생각하였다.[329] 위백규(魏伯珪, 1727~

328) 『율곡전서』 습유 권4, 잡저 貢路策; 『국역 율곡집』, I(민족문화추진회, 1968), 287-95쪽: 名雖外國 而實東方一齊魯耳 (…) 華夏東方 合爲一家 (...) 今夫以小事大 君臣之分已定 則不度時之艱易 不揣勢之利害 務盡其誠而已.

1798)도 "우리 소방(조선)의 명나라에 대한 관계는 고구려가 당나라에, 고려 왕씨가 원나라에 대한 관계처럼 단지 강약의 형세 때문에 겉으로만 복종하고 섬기는 것과는 같지가 않다"[330]고 하여, 진정한 사대는 '단지 강약의 형세 때문에 겉으로만 복종하고 섬기는 관계'가 아님을 알려주고 있다. 한편 박지원은 명과 청에 대한 사대와 관련하여 다음과 같이 지적하였다.

> 아아, 황명(皇明)은 우리 상국(上國)이다. 상국이 속방에게 주는 물건은 비록 터럭 같은 작은 것일지라도 하늘에서 떨어진 듯이 그 영광이 전국을 움직이고 경사스러움이 만세에 끼칠 것이요, 그 따뜻한 말과 몇 줄짜리 서찰을 받들더라도 높기는 운한과 같고 놀랍기는 우레와 같으며 감격하기는 때를 맞추어 오는 비와 같은 것은 무슨 까닭인가? 그것은 상국인 까닭이다. 무엇을 상국이라 하느냐? 중화를 가리켜 하는 말이니, 우리 선왕(先王)들과 여러 조정에서 명(命)을 받은 바이기 때문이다. 그러므로 그 도읍한 연경을 경사(京師)라 하고 그 순행하는 곳을 행재(行在)라 하며, 우리나라 토물을 바치는 것을 직공(職貢)이라 하고, 당시의 임금을 천자(天子)라 하며 그 조정을 천조(天朝)라 하고, 사신이 그 조정에 가는 것을 조천(朝天)이라 하고 그 나라 사신이 우리나라에 오는 것을 천사(天使)라 하여, 우리나라 부인이나 어린애들까지도 상국을 말할 때는 언제나 하늘이라 일컫지 않는 법이 없어 4백 년을 하루같이 하였으니, 대개 우리가 명실(明室)의 은혜를 잊을 수 없기 때문이다. (…) 지금의 청(淸)은 명의 옛 신하들을 어루만져 사해를 통일하고서 여러 대를 두고 우리나라에 혜택을 베풀어 왔다. 우리가 물건을 바치는데, 금은 토산이 아니라고 하여 그만두게 하였고, 말은 작고 약하다 하여 면제하였고 쌀·모시·종이·

329) 한영우, 『조선후기 사학사연구』(서울: 일지사, 1989), 175-76쪽.

330) 『存齋集』 卷17, 雜著 春秋大義辨: 惟我小邦之於皇朝 非如句麗之於唐 王氏之於元 只以強弱之勢 外託服事之名而已也.

> 자리 같은 폐백도 해마다 그 수를 감했으며, 몇 해 동안 칙사를 내보낼 만한 일도 반드시 그냥 처리하고 송영하는 폐단을 없애도록 하였다. (…) 이는 실로 세상에 없는 성전으로서, 일찍이 황명 시대에도 보지 못했던 것이다. 그러나 우리는 (이것을) 혜택으로 여길 뿐 은혜로 생각지 않고, 걱정으로 여길 뿐 영예로 생각지 않는 것은 무슨 까닭일까? 상국이 아닌 때문이다. 우리가 지금 황제가 있는 곳을 행재라 일컬어서 그 사실을 기록하지만, 상국이라 이르지 않는 것은 중화가 아닌 때문이다. 우리가 힘을 굽혀서 저들에게 복종하고 본즉, 그들을 대국이라 하는 것이요, 대국이 능히 힘으로써 우리를 굴복하게 하기는 했으나 우리가 처음 수명(受命)한 바 천자는 아니었다. 이제 그들이 준 여러 가지 우대와 공물을 감면해 주라는 명령은 대국으로서는 작은 것을 돌보아 주고 먼 곳을 회유하자는 정사에 지나지 않고 본즉, 비록 해마다 한 번씩 공물을 없애주고 해마다 한 번씩 폐백을 면제해 주더라도 이는 혜택일 뿐 우리가 이르는 은덕은 될 수 없는 것이다.[331]

즉 명나라는 상국이자 중화로서 수명을 받은 천자국이며 만세에 잊지 못할 은덕을 베풀어 주었으나, 청나라는 상국이 아닌 대국에 지나지 않는데 비중화이기 때문이고 처음 수명한 천자국이 아니며, 베

331) 『熱河日記』 行在雜錄 行在雜錄序: 皇明 吾上國也 上國之於屬邦 其錫賚之物 雖微如絲毫 若隕自天 榮動一域 慶流萬世 而其奉溫諭 雖數行之札 高若雲漢 驚若雷霆 感若時雨 何也 上國也 何爲上國 日中華也 吾先王列朝之所受命也 故其所都燕京日京師 其巡幸之所日行在 我效土物之儀日職貢 其語當宁日天子 其朝廷日天朝 陪臣之在庭日朝天 行人之出我疆埸日天使 屬邦之婦人孺子語上國 莫不稱天而尊之者 四百年猶一日 蓋吾明室之恩 不可忘也(...) 今淸按明之舊 臣一四海 所以加惠我國者 亦累葉矣 金非土產則蠲之 綵馬衰小則免之 米苧紙席之幣 世減其數 而比年以來 凡可以出勅者 必令順付以除迎送之弊(...) 此實曠世盛典 而固所未得於皇明之世也 所以加惠我國者 亦累葉矣 然而我以惠而不以恩 以憂而不以榮者 何也 非上國也 我今稱皇帝所在之處日行在而錄其事 然而不謂之上國者 何也 非中華也. 我力屈而服彼 則大國也 大國能以力而屈之 非吾所初受命之天子也. 今其賜賚之寵 蠲免之諭 在大國不過爲卹小柔遠之政 則雖代蠲一貢 歲免一幣 是惠也 非吾所謂恩也.

풀어주는 성전도 은덕이 아닌 혜택에 지나지 않으며 영예가 아니라 걱정으로 여기며, 무엇보다 힘으로 강요하여 굴복하게 하였다며 비판하고 있다.

병자호란은 당시 조선인의 사대관념을 잘 드러내게 하였던 일대 사건이었다. 예컨대 홍익한은 다음과 같이 후금을 배척하자고 적극 주장하였다.

> 신이 들으니, 지금 용호(龍胡)가 온 것은 바로 금한(金汗)을 황제라 칭하는 일 때문이라고 합니다. 신이 태어난 처음부터 다만 대명(大明)의 천자가 있다고만 들었을 뿐이었는데, 이런 말이 어찌하여 들린단 말입니까. (…)
>
> 우리나라는 본디 예의의 나라로 소문이 나서 천하가 소중화(小中華)라 일컫고 있으며, 열성(列聖)들이 서로 계승하면서 한마음으로 사대하기를 정성스럽고 부지런히 하였습니다. 그런데 지금 오랑캐를 섬기며 편안함을 취해 겨우 보존하고 있습니다. 비록 세월을 연장해 가고 있으나, 조종들에 대해서는 어찌하겠으며, 천하 사람들에 대해서는 어찌하겠으며, 후세에 대해서는 어찌하겠습니까. (…) 신의 어리석은 소견으로는 그가 보낸 사신을 죽이고 그 국서를 취하여 사신의 머리를 함에 담아 명나라 조정에 주문한 다음 형제의 약속을 배신한 것과 참람하게 천자의 호를 일컫는 것을 책하면서 예의의 중대함을 분명히 말하고 이웃 나라의 도리를 상세히 진술한다면, 우리의 설명이 더욱 펴지고 우리의 형세가 더욱 확장될 것으로 여겨집니다.[332)]

---

332) 『조선인조실록』 권32, 14년 2월 21일 병신: 臣聞今者龍胡之來 卽金汗稱帝事也 臣墮地之初 只聞有大明天子耳 此言奚爲而至哉?(...) 我國素以禮義聞天下 稱之以小中華 而列聖相承 事大一心 恪且勤矣. 今乃服事胡虜 偸安僅存 縱延晷刻 其於祖宗何 其於天下何 其於後世何?(...) 臣愚以爲 戮其使而取其書函其首 奏聞于皇朝 責其背兄弟之約 僭天子之號 明言禮義之大 悉陳鄰國之道 則我之說益申 我之勢益張矣.

즉 천하에는 오직 대명 천자만 계실 뿐 후금의 군주를 황제로는 절대 인정할 수 없으며, 예의의 나라로서 정성스럽고 부지런히 사대를 해온 조선이 오랑캐를 섬긴다면 조종이나 천하 사람들 나아가 후세 사람들에게 어떻게 하겠느냐며, 극력 반대하였다. 후금에 보낸 국서에서도 "우리나라가 신하의 입장에서 중국 조정을 섬기고 있는 이상, 중국인을 공경스럽게 대우하는 것은 예의로 볼 때 당연한 일"이라면서, 다음과 같이 언급하였다.

> 우리나라는 전대(前代)로부터 중국을 섬겨 스스로 동번(東藩)이라고 일컬으면서, 강약과 성패 때문에 신하의 절조를 한 번도 바꾼 적이 없었습니다. 우리나라가 예의를 지키는 나라라고 평소 알려진 것도 바로 이 때문입니다. 지금 우리 대명(大明)으로 말하면, 그야말로 2백여 년 동안 천하를 통일하여 주군(主君)의 역할을 수행하여 왔습니다. 그러니 우리나라가 어떻게 요동과 심양의 한 조각 땅을 중국이 잃었다고 하여 문득 다른 마음을 품고서 귀국이 원하는 대로 따를 수가 있겠습니까. (…) 중국은 우리나라에서 볼 때 지극히 존귀한 나라입니다. 그럼에도 불구하고 우리나라를 대할 때에는 각별히 예우하였고, 응대하는 글을 보낼 때에도 거만한 말로 준열하게 꾸짖는 일이 한 번도 없었으며, 우리나라에서 바치는 공물(貢物)이 지극히 보잘 것 없어도 중국 조정에서는 그지없이 후하게 은상(恩賞)을 내리곤 하였습니다. 이에 대해서는 요동과 심양 사람들도 환히 알고 있을 것입니다.

즉 조선이 명나라를 섬기고 한인을 경대하는 것은 예의 당연함이고, 강약과 성패로 신하의 절조를 바꾸지 않은 '예의지방'이며, 명나라가 지존이지만 조선을 각별히 대하고 후하게 상을 내리고 있다면서, "우리나라는 의지할 만한 군대도 없고 자본을 삼을 만한 재화도 없습니다. 우리나라가 늘 염두에 두는 것은 오직 대의(大義)요, 믿고 있는 것은 오직 상천(上天)일 따름"[333]이라고 하였다. 인조가 청에 보낸 항복국서에서도 "신이 바야흐로 성신으로 폐하를 섬기고 폐하께서도 또한 예의로 소방(조선)을 대하시어 군신 사이에 각기 그 도리를 다하며"[334] 운운하여, 서로 성신으로 섬기고 예의로 대함으로써 '각기 그 도리를 다해야하는[各盡其道] 관계'임을 밝히고 있다.

이와 같이 사대는 서로 "예로써 사대하고 예로써 대우하며"[335], "진심으로 복종하고 진심으로 돌보아주며"[336], '사대의 예라는 형식'은 물론 "사대의 정성"까지 갖춰야 하는 관계였던 것이다.[337] 본래 예는 『예기』의 첫대목에서 강조하듯이 '공경'이 그 핵심원리였다.[338] 따라서 예규범인 사대를 행하는 데에도 정성과 성의를 다해야 하였음은 물론이다.

한편 중국과 조선 사이에 요구되는 예적 관계는 더 나아가 조선과 야인・왜인 간에서도 지켜져야 하는 규범이기도 하였다. 예컨대 조

---

333) 『조선인조실록』 권32, 14년 6월 17일 경인: 我國臣事中朝 敬待漢人 乃禮之當然. (…) 我國自前代 事中國稱東藩 未嘗以強弱成敗變其臣節 我國之素稱禮義自守者 專在於此. 今我大明 二百餘年混一之主 我國安得以一失遼瀋一片地 輒萌異心而從貴國所爲耶. (…) 中朝於我國至尊也 而然且待我以殊禮 辭命之間 未嘗加以慢辭峻責. 我國貢獻至薄 而中朝賜賚極厚 此乃遼瀋人之所明知. (…) 我國無兵可挾 無財可資 而所講者大義 所恃者上天而已

334) 『조선인조실록』권34, 15년 정월 23일 계해: 臣方以誠信事陛下 陛下亦以禮義待小邦 君臣之間 各盡其道; 『청태종실록』숭덕 2년 정월 갑자.

335) 『조선명종실록』 권8, 3년 8월 6일 무신: 本國事大以禮 天朝亦以禮待之久矣.

336) 『조선숙종실록』권32, 24년 4월 29일 계유: 誠服誠恤.

337) 『조선영조실록』권119, 48년 10월 27일 무자: 事大之誠今無可論 而事大之禮不可廢.

338) 『禮記』 曲禮上 1절: 毋不敬

선이 대마도에 보낸 문서에서 다음과 같이 요구하고 있다.

무릇 아랫사람은 마땅히 삼가 그 직공(職貢)을 닦아야지 감히 법을 범하면서까지 은혜를 바라서는 안 되는 것이며, 윗사람도 마땅히 오는 사람을 감싸주기를 소홀히 해서는 안 되지만 법을 어기면서까지 넘치도록 은혜를 베풀어서는 안 되는 것이다. 이렇게 한 뒤에야 상하의 법도가 이루어져서 걱정이 없게 된다.[339)]

대체로 큰 나라를 섬기고 작은 나라를 돌보는 것은 (서로의) 신의를 소중히 여기는 것이지, 이해를 걱정하는 것이 아닙니다. (…)이제 만약 신의는 돌아보지 않고 이익만을 추구한다면 바로 맹자(孟子)의 '약탈하지 아니하고는 만족하지 않는다'는 말에 가까울 것이니, 양료(糧料)의 많고 적음과 손익이 얼마나 되는지를 가지고 천백 년이나 서로 믿어온 신의를 손상한단 말입니까.(…) 작은 이익에 구애되어 큰 신의를 해치지 말기를 깊이 바라는 바입니다. 이제 족하와는 땅은 비록 다르나, 의리는 한 나라와 같으므로(…)[340)]

이웃 나라와 사귀는 도리는 신의에 달려 있는 것이니, 이익에 따라 동요할 수도 없는 것이요 위엄으로 협박할 수도 없는 것입니다. 이익에 따라 동요되면 의(義)를 손상하여 원망을 불러일으키고, 위엄으로 협박하면 신의를 저버려 화(禍)를 부르기 마련입니다.[341)]

즉 큰 나라든 작은 나라이든 사대자소와 같은 예의법도를 지키면

---

339) 『退溪集』 권8, 書 禮曹答對馬島主宗盛長, 頁50-51: 大抵爲下者 當謹修其職貢 不敢干紀而希恩 爲上者 當勿替其懷來 不宜越典而濫惠 然後上下之道得而無患矣.

340) 『栗谷全書』 권13, 應制文 禮曹答對馬島主書, 頁8-9: 事大字小信義爲重 利害非所恤也....今與足下壤地雖殊 義同一國.

341) 『高峯集』 卷2, 倭書契修答: 交鄰之道 在於信義 不可以利動 不可以威迫 利動則傷義而興怨 威迫則虧信而邀禍.

서 이익추구보다는 신의를 지켜나가야 한다고 강조하였다. 또한 세종 때 일본에 사절을 보낼 것인지 여부에 대한 논의에서 형조판서 안숭선은 "이웃나라를 사귀는 도리는 예의와 신의가 중하다"[342]고 하였다. 사대교린에 대하여 국왕 중종은 "사대는 성의 있게 하고 교린은 신의 있게 해야 한다. 사대의 예를 모름지기 성의를 다 한 다음에야 우리에게 책임이 없게 되고, 교린의 도리에 잘못이 그들에게 있으면 하는 말을 비록 들어주지 않더라도 접대하는 예는 반드시 넉넉하고 후하게 해야 실망하는 일이 없게 되는 것"[343]이라며, "임금이 교린하는 도리는 신의를 보여야 할 따름인데, 물건 값을 다투고 좋고 나쁘고 많고 적음에 얽매"[344]여서는 안 된다고 지적하였다. 명종 연간에도 "교린의 도리는 비록 서로 성의를 믿는 것이 소중하지만, 요점은 예로써 참작하고 의로써 결단하여 반드시 중도에 맞게 하는 데 달렸"[345]다고 하였으며, 선조 때에 예조는 "교린의 도리는 은신(恩信)을 앞세우는 것"[346]이라 하였고, 선조도 "교린의 도리는 신의에 불과할 따름"[347]이라 하였다. 숙종 때에도 "교린의 도리는 오직 예의에 있"[348]다고 하였고, 영조 때 경상감사 조현명은 "교린의 도리

342) 『조선세종실록』 권102, 25년 10월 22일 계묘: 交隣之道 禮信爲重.

343) 『조선중종실록』 권48, 18년 5월 24일 계사: 大抵 事大以誠 交隣以信. 事大之禮須極盡誠然後 無責於我 而交隣之道 曲若在彼 則所言雖或不從 其待之之禮 必須優厚 斯無缺望.

344) 『조선중종실록』 권101, 38년 12월 20일 경인: 況人君交隣之道 當示以信而已 爭物之價 而拘於善惡多少 俾客使經年久滯 至於相詰 於事體何如?

345) 『조선명종실록』 권21, 11년 10월 18일 계묘: 交隣之道 雖貴於誠意之相孚 要在酌之以禮 斷之以義 期於得中而已.

346) 『조선선조실록』 권7, 6년 4월 18일 정묘: 況交隣之道 以恩信爲先.

347) 『조선선조실록』 권207, 40년 1월 4일 무진: 且交隣之道 不過曰信義而已.

348) 『조선숙종실록』 권38, 29년 5월 9일 계축: 交隣之道 惟在禮義.

는 단지 약조를 신중히 하고 성신을 지키며, 때에 따라 빙문하고 예(禮)에 의거해 경조하는 데 있는 것은 물론이고, 또한 반드시 사명(使命)을 서로 고한 뒤에야 시행하는 것"[349]이라 하였고, 영조도 "교린은 예와 신뿐이다. 예는 곧 경이고, 신은 곧 성이다. 만약 두 가지가 없으면 어떻게 교린하겠는가?"[350], "교린의 도리는 곧 하나의 '성'자일 뿐"[351], "교린의 도리는 성신이 마땅한 것"[352]이라 하교하였다. 후일 강화도조약 체결과정에서 조선 대표는 "교린의 도리는 성신예경(誠信禮敬) 네 글자를 중요하게 삼고 있"[353]다고 하였으며, 의정부에서도 "교린의 도리는 예를 서로 존중하고 신의를 서로 지키는 것이 중요할 따름"[354]이라 하였다. 이처럼 예규범은 중국과 조공국 간에는 물론 조공국과 하위 정치체들 간에서도 즉 유교문명권에서 두루 통용되는 국제규범이었던 것이다.[355]

---

349) 『조선영조실록』 권32, 8년 9월 2일 병술: 夫交隣之道 只在謹約條執誠信 聘問以時 慶弔以禮 而亦必使命相告 而後施之.

350) 『조선영조실록』 권66, 23년 11월 25일 신해: 交隣 禮信而已 禮卽敬也 信卽誠也 若無二者 何以交隣?

351) 『조선영조실록』 권67, 24년 3월 2일 병술: 交隣之道 卽一誠字而已. 통신정사 조엄도 "교린의 도리는 의당 성신을 주로 해야 하는 것[交隣之道, 當以誠信爲主]"이라 하였다. 『조선영조실록』 권102, 39년 7월 14일 기사.

352) 『영조영조실록』 권117, 47년 8월 11일 기묘: 交隣之道 其宜誠信.

353) 『조선고종실록』 권13, 13년 1월 19일 신해: 大抵交隣之道 誠信禮敬四字爲大.

354) 『조선고종실록』 권16, 16년 윤3월 5일 무인: 大凡交隣之道 貴在乎以禮相尙 以信相守而已. 청일전쟁 발발직전 일본군대의 도성난입 등에 대해 올린 상소에서 이남규는 "교린의 도리는 오직 의리와 신의뿐[交隣之道 惟義與信]"이라 하였다. 『조선고종실록』 권31, 고종 31년 6월 23일 무진.

355) 예컨대 『禮記』에 나오는 "人臣無外交"원칙(郊特牲篇)은 중국 왕조나 조선조에서 자주 인용하였으며, "大信不約"(學記篇)은 청일수호조규 체결에 반대하는 청 관료들이 내세운 명분 중의 하나였고, "入境而問禁"(曲禮 上篇)은 조일수호조규 교섭과정에서 일본 측의 운양호포격 문책에 대한 조선 측의 반박논거이기도 하였다.

이상에서 살펴본 바와 같이 사대의 예는 단순히 강대국의 압력이나 위협으로 인한 불가피한 수단이거나 현실적 실리를 추구하는 정책을 넘어, 유교문명권의 '예치질서'의 일부분이었으며, 따라서 하나의 '당위'로 여겼고[356] 이러한 명분 사대에 대해 하등의 굴욕을 느끼지 못했던 것이다.

2. 유교국제사회의 책봉·조공제도

본래 책봉관계는 전통시대의 한중관계에서뿐만 아니라 동아시아 전역은 물론, 더 나아가 중세시대의 여러 문명권들에서 공통적으로 행하여졌던 보편제도였다. 중세 여러 문명권의 책봉제도를 비교연구한 조동일의 지적대로, 책봉은 강대한 제국이 인접 국가를 지배하는 정치형태가 아니라 문명권의 동질성과 내부적인 결속을 이루는 중세의 특징적인 제도였다. 즉 무력의 강약에 의해 이루어지고 강자가 약자를 지배하는 관계가 아니라, 문화적인 관계였던 것이다. 다시 말해 중세에는 문명권마다 하나만 존재하는 천자가 문명권의 여러 국왕들을 책봉해야 하는 것으로 믿었으며, 책봉 절차를 거쳐야 국왕의 지위가 비로소 공인되었다. 천자의 책봉을 받은 나라들은 모두 같은 문명권에 함께 소속되어, 하늘이 부여한 도리를 공동으로 수행한다고 생각하였다. 나아가 책봉은 국서를 교환하면서 추진되고 천자가 국왕에게 고명과 인신을 수여하는 행위로 구체화되며, '공물'이라는 물품과 답례인 '하사품'을 주고받으며 물물교환이 수반되었다.

356) 이종서, "고려국왕과 관리의 服飾이 반영하는 국가위상과 자의식의 변동," 『한국문화』 60(2012), 60쪽 참조.

국서가 문명권의 동질감을 문장으로 표현하는 구실을 하였다면, 조공과 그에 수반되는 무역은 물질의 교환을 이루게 함으로써, 문명권의 동질성을 이중으로 다져나갔던 것이다.[357)]

이미 언급하였듯이, 유교문명권에서 하늘은 우주만물을 주재하는 최고의 신으로서 지고무상의 절대적 존재였으며, 인간사회를 다스리는 것도 하늘의 뜻을 받아야 된다고 여겼다. 인간세상의 최고 통치자는 바로 하늘의 아들 곧 '천자'라고 일컬었으며, 천자는 또한 '하늘의 대리인'이자 '하늘과 인간의 중개자'이기도 하였다. 공자나 동중서 등이 말한 '천자는 천명을 받아서 온 천하를 다스린다'는 천명사상 내지 대일통사상을 철저히 따르려 하였고, 천자는 '만백성의 부모'이자 지고무상의 존재인 만큼, 천하 또한 천자의 소유라고 하였으니 '왕토왕신(王土王臣)'사상이 그것이었다. 따라서 "천자가 아니면 예를 의논하여 정하지 않으며, 제도를 만들지 않으며, 문자를 상고하지 않는다"[358)]고 하였던 것이다.

중세의 다른 문명권들과 마찬가지로 유교문명권에서도 천명을 받은 천자로부터 명(命) 곧 책봉(冊封)을 받아야 정통성을 인정받고 국왕의 지위를 공인받았던 것이다. 뿐만 아니라 책봉을 받아야만 정례적 조공을 할 수 있게 되고, 나아가 동아시아국제사회의 정식 일원이 되었던 것이다. 즉 책봉을 받아야만 공식적으로 '국왕(國王)' 호칭을

---

357) 조동일의 지적대로 책봉은 보편종교에 따라 문명권이 나누어진 중세에만 존재하였으며, 근대 민족국가의 배타적 주권의식이 등장하면서 사라졌다. 즉 천자와 국왕 간의 위계질서가 부정되고 각국 통치자들의 대등관계가 등장하면서(예컨대 유교문명권의 국가들이 모두 황제를 칭하면서), 근대가 시작되었다. 조동일(1999a), 39, 50쪽 참조.

358) 『중용』 28장: 非天子 不議禮 不制度 不考文.

사용할 수 있었고, 그 이전에는 권서국사(權署國事)나 세자 등의 이름으로만 부를 뿐이었다.[359] 이처럼 책봉을 받지 못하면 조정(왕실) 차원에서 중국과의 공식적인 왕래나 교류는 불가능하며, 다만 변방에서의 교역·통상관계만이 시혜차원에서 허용되었을 뿐이었다.[360] 따라서 피책봉국가들은 천자로부터의 책봉을 매우 자랑스러워하였음은 물론이다.[361]

한편 조공은 책봉과 표리를 이루는 것으로,[362] 『예기』에서 "조근의 예는 군신관계의 대의를 밝히기 위한 것"이라며 "조근의 예를 폐기하면 군신의 지위를 잃게 된다"[363]고 하였다. 본래 『주례』의 '빈례(賓禮)'는 주왕(천자)과 제후들 간의 관계에 적용되는 것이었으나,

---

359) 서구에서도 왕위계승자는 대관예정자(coronandus) 혹은 군주(princeps)지명자라 하다가 서임즉위식에서 가장 중요한 도유례를 통해 정식 왕(rex)으로 호칭되었다. 차용구, "중세 초 왕권에 대한 기독교 사상가들의 견해," 지동식 (편), 『서양 고대와 중세의 사회』(서울: 신양사, 1993), 503-504쪽.

360) 좋은 예로서 청대 서양상인들에 대한 광동무역제도(Canton System)를 들 수 있다.

361) 조동일에 따르면 이슬람권에서도 술탄이나 지방 군주들은 통치의 정당성·합법성을 확보하기 위해 신의 대리인이며 종교와 세속정치의 수장인 칼리파(khalifa)의 권위에 의존하였는데, 자신들의 권력은 칼리파의 재가로 보장받는다고 믿었으며 따라서 책봉 받는 것을 커다란 명예로 여겼다. 즉 이슬람세계의 술탄이나 군주라면 마땅히 칼리파에 대한 '충성의 맹세'와 '충성의 맹세에 따르는 의무사항 선언'을 해야 하였으며 이는 바로 칼리파의 책봉을 받아야 한다는 의미로서, 책봉을 받음으로써 자신의 권한이 약화되거나 부정되는 것이 아니라 공인 받는 것이었다. 따라서 책봉을 받지 않은 통치자는 찬탈자이거나 불신자(이교도)로 여겨져 백성들이 불신하고 따르지 않게 되어 종종 전쟁을 일으켜 책봉을 강요하기도 하였으며, 전쟁에서 승리한 후에도 여전히 칼리파의 책봉을 받고 존경을 표시하며 지고의 존재로 받들었다. 조동일(1999a), 62-79쪽. 또한 Jurji Zayadan, *History of Islamic Civilization*, translated by D.S. Margoliouth (New Delhi: Kitab Bhavan, 1981), pp. 257-60 참조..

362) 김한규(2005), 31-32, 64쪽.

363) 『禮記』 경해: 朝覲之禮 所以明君臣之義也, 聘問之禮 所以使諸侯相尊敬也 · · · 聘覲之禮廢 則君臣之位失.

통일제국인 한대부터 황제와 외국 군주들의 관계에도 준용되기 시작하였으며, 당대에 확립되고 송대를 거쳐 명대에 와서 완비되었다.[364] 즉 명대에 이르러 해금정책을 강력히 시행해나가면서, 조공횟수나 조공사절의 입국지점과 그곳에서 수도까지의 왕복도로 나아가 조공사절인원 특히 입경(入京)인원, 조공물품과 회사물품, 각종 금령 등 구체적인 책봉조공 관련 규정을 만들어 시행해 나갔던 것이다. 구체적으로 명나라는 조공국들에게 '3년 1공' 즉 3년에 한 번씩 조공할 것을 요구하였으나, 결국 조선은 '1년 3～4공'이라는 유례없는 파격적 대우를 받았고, 유구는 2년 1공, 안남과 섬라 · 점성 등은 3년 1공, 일본은 10년 1공으로 규정하였고, 여타의 조공국들에 대해서는 기간을 정하지 않았다.[365] 물론 조공횟수의 규정이 다소 변경되기도 하였으며, 실제 그대로 이행되었던 것만은 아니었다. 또한 조공사절의 규모, 즉 조공사절의 인원수와 북경에 들어가는 인원수도 제한하였다.[366] 그러나 조선에 대해서는 예외적으로 인원수의 제한

---

364) 김성규, "중국왕조에서 빈례의 연혁,"『중국사연구』 제23집(2003), 71-100쪽.

365) 명 홍무3년(1370)에 만든『大明集禮』의 빈례는 '蕃王朝貢' · '蕃使朝貢' 및 '遣使'의 세 가지 예의로 이루어져 있으며(『大明集禮』 권30-32, 賓禮1-3;『明史』 권56, 志제32 禮10 賓禮),『大明會典』에도 조공과 관련하여 그 횟수와 사절규모 · 노정, 조공품과 하사품, 표문과 감합, 각종 금령 등 상세한 절차와 규정이 만들어졌다.『大明會典』 권105～106, 禮部63～64 朝貢1～2;『大明會典』 권105-112, 禮部63-70. 이와 관련하여 김경록(2012), 1-27쪽; 李无未(1998), 48-50, 131-32쪽; 李慶新(2007), 2-4장; 付百臣(2008), 4장; 萬明(2014), 2장; 李雲泉(2014), 2장, 4장 3절 참조.

366) 예컨대 청나라 초기(順治 9년[1652년])에 육로를 통해 조공하는 나라의 사절인원은 매회 100인을 초과할 수 없으며 입경(入京)인원은 단지 20인만 허락하였고, 바다를 건너오는 조공국들에 대해서는 배 3척을 초과할 수 없으며 매척 당 100인을 초과하지 못한다고 규정하였다. 그 후에 각 조공국 마다 구체적인 규정을 두었는데, 입경인원의 경우 적으면 15명, 많으면 20～22인으로 제한하였다.『大清會典

을 두지 않고, 사절단 전원이 북경까지 왕래하게 하였다. 서열에서도 조선은 모든 사절 중에서 늘 최상위 대우를 받았으며,[367] 북경에서의 교역활동에서도 기한의 구애를 받지 않는 우대를 받았다. 즉 조공과 반상(頒賞)의 공식 절차가 끝나면 조공사절의 숙소인 회동관에서 3일 혹은 5일 동안 교역[開市]이 허용되었으나, 조선은 유구와 함께 기한의 제한을 받지 않는, 매우 예외적인 특전이 주어졌다.[368] 또한 명나라는 초기부터 해금정책을 시행하여 공식적인 조공무역만을 허락하고 그 외의 사적인 무역활동은 원칙적으로 인정하지 않았음은 이미 언급하였다. 특히 대외무역을 통제하기 위하여 주요 조공국들에게 일종의 입국증명서인 감합(勘合)을 발급하였으며, 이로써 조공사절의 진위 여부를 판별하였다.[369] 그러나 조선과 유구에 대해서는 '본디 예를 알고 있어 사절왕래에 문자로써 서로 통할 수 있으므로, 굳이 감합으로써 신표(信標)를 삼을 필요가 없다'는 이유로 감합이 주어지지 않았다.[370] 즉 조선과 유구는 여타의 국가들과는 달리 예의를 아는 문명국으로 인정받아, 감합제도의 제한을 받지 않는 우대

事例』 권514, 禮部 朝貢 從人.

367) 김한규, 『한중관계사II』(서울: 아카넷, 1999), 577쪽 주21; 劉爲, 『清代中朝使者往來研究』(哈爾濱2: 흑룡강교육출판사, 002), 서론; 王小甫 외, 『中韓關係史(古代卷)』, 제2판(북경: 사회과학문헌출판사, 2014), 9장 2절; 萬明(2014), 2장 3절, 4장 3절; 李雲泉(2014), 2-3장.

368) 『大明會典』 권108, 禮部66 朝貢4 朝貢通例 交通禁令; 『大清會典事例』 권510, 禮部 朝貢 市易. 즉 중국은 조선과 유구 두 나라에 대해 "자못 예의를 알고 있으니 마음대로 물건을 매매하도록" 우대하였다. 『조선성종실록』 권285, 24년 12월 3일 계해; 『조선연산군일기』 권40, 7년 3월 28일 병자.

369) 『大明會典』 권108, 朝貢4 朝貢通例. 감합은 명 태조 洪武 16년(1383)부터 발급하기 시작하였는데, 처음으로 이를 받은 나라는 섬라였으며 후에 일본 · 占城 등 모두 15개국에 달하였다.

370) 鄭樑生, 『明代中日關係研究』(臺北: 文史哲, 1985), 64-68쪽.

를 받았던 것이다.

한편 청대의 책봉·조공관련 규정은 명대의 것을 기초로 하면서도 유목민의 전통과 실제 대외관계의 경험을 통하여 고쳐나간 것이다.[371] 중국과의 책봉조공관계는 현실적으로 외교사절에 의해 이루어졌고, 외교사절이 휴대하는 외교문서가 무엇보다 중시되었다. 특히 중국이 내려주는 조서나 칙서, 그리고 조공국이 올리는 표문이 특히 그러하였다.[372]

유교문명권에서 중국과의 사대관계를 예차원에서 당연시하였으며, 이미 언급하였듯이 책봉과 조공에 대해서도 매우 영광스러운 일로 여겼다. 예컨대 고려는, 1273년 원나라 세조(쿠빌라이)가 황후와 황태자를 책봉하고 그 사실을 알려오자 사절단을 보내어 표문을 올려 진하하였는데, 그 내용은 다음과 같았다.

> 천상의 풍운이 도움을 주는 경사스런 모임의 잔치(…)
> 바다 한구석 보잘 것 없는 신(臣)이 벌써 은덕에 배가 부르네.
> 영광이 그지없거니, 감격스러움 어찌 끝이 있으랴(…)

---

371) 『淸史稿』 권91, 志66 禮10 賓禮; 『淸會典』 禮部 主客淸吏司; 『淸會典事例』 禮部 朝貢. 청대의 경우 陳志剛(2000), 3장, 6장; 王開璽(2009), 1장; 曹雯(2010), 1장; 張雙智(2010); 何新華(2011), 1-4장; 尤淑君(2013), 1장; 李雲泉(2014), 204-10쪽 등의 연구가 있다.

372) 외교문서에 관하여 김경록, "조선후기 사대문서의 종류와 성격," 『한국문화』, 35(2005), 181-229쪽; 김경록, "조선시대 외교문서 咨文의 行移체계와 변화과정," 『고문서연구』, 46(2015), 21-53쪽; 이은영, "조선시대 表箋연구(1)," 『한국한문학연구』, 48집(2011), 81-109쪽; 이은영, "조선시대 표전연구(2)," 『한국고전연구』, 26집(2012), 469-500쪽; 丁春梅, 『淸代中琉關係檔案硏究』(북경: 중국당안출판사, 2007); 李善洪, 『朝鮮對明淸外交文書硏究』(장춘: 吉林인민출판사, 2009); 冒志祥, 『宋朝的對外交往格局: 論宋朝外交文書形態』(양주: 廣陵書社, 2012) 참조.

한사람이 중심에서 자리를 잡으매, 사해에 외지(外地)가 따로 없구나.
원근이 찾아와서 기뻐하매, 화하와 만맥(蠻貊)이 모두 순종하고,
베풂이 두텁고 사랑이 넘치니, 조수와 어별까지도 하나같이 환호하네.
만국에 태평을 이루고 나서, 양궁(兩宮)께 아름다운 호(號)를 더해주시네.(…)
기쁨에 찬 열국들 앞 다투어 옥백을 가지고 달려가고,
작은 삼한(三韓)도 별도로 만수무강을 간절히 빌었네.
엎드려 생각하니 배신(陪臣)은 문왕 때부터 우악한 제왕의 총애[聖睠]를 받아
어린아이가 어미 품에서 재롱을 부리는 것 같았네.(…)
어떻게 하면 남다른 은총에 보답하여 경사스런 연회에 참석을 허락받을까.
중도에서 지연되던 어제는 저절로 마음만 초조하더니
황제를 시종하는 오늘 아침에는 황홀하기 꿈과 같아라.
위엄 있는 얼굴을 지척에서 모시고 떨어지지 않으니
이 감명 참으로 보통의 갑절일세.[373)]

한편 일본은 명나라 초기에 책봉조공관계를 가졌는데, 1403년 막부 장군이 명나라 황제에게 올린 국서의 내용은 다음과 같다.

일본국왕 신(臣) 원(源)아무개는 표(表)를 올립니다.
신이 듣건대 태양이 하늘에 오르면 비추지 않아 어두운 곳이 없으며, 때맞추어 비가 오면 적시지 않은 것이 없다고 합니다. 하물며 큰 성인은 밝고 또 밝아 은혜가 하늘과 물에 고루 미치고, 사방 여러 나라를 교화하고 이끌어서 천하[四海]가 어진 데로 나아가게 하십니다.
공손히 생각하건대 대명(大明) 황제폐하께서는 요임금의 성스러운 신

373) 이승휴, 『賓王錄』, 진성규 옮김(서울: 지식을 만드는 지식, 2009), 84-89쪽.

령을 잇고 탕임금의 슬기로운 무용으로 나아가면서, 화란을 평정시키는 위력이 대단하시고 천지[乾坤]를 정돈하는 것을 손바닥 뒤집는 것보다 쉽게 하셨나이다. 중흥의 커다란 과업을 여시면서 천하가 번창한 시대를 맞이하셨나이다. 비록 깊은 궁궐에 머물러 계셔도 황제의 위광이 멀리 동쪽 바닷가 바깥에까지 뻗치옵니다. 그래서 삼가 승려(…)와 통사(…)을 시켜서 폐하의 맑은 자태[淸光]를 우러러보게 하고, 엎드려 방물을 바치나이다.[374]

조동일의 지적대로, 명나라 황제의 다스림이 마치 하늘에 태양이 빛나 모든 것을 밝게 하는 것과 같은 성인의 행적이어서 천하가 어진 데로 나아가도록 교화한다고 한 말은 사실과 어긋나는 지나친 칭송이나 주체성 없는 아부라고 할 것이 아니라, 그러한 질서가 수립되는 것이 바람직하다고 하는 유교문명권의 이상을 표현하는 공식화된 언사였던 것이다.[375]

유구 국왕이 조선에 보내온 자문에서는 "지금 대명(大明)황제의 먼데 사람을 회유하시는 은혜를 입어, 영광스럽게 왕작(王爵)을 봉해 받아 이 지방을 관장하게 되었다"고 하였다.[376] 훗날 유구국왕이 북경을 경유하여 보내온 외교문서에도 다음과 같은 내용이 들어있다.

---

374) 田中健夫 編, 『善隣國寶記・新訂續善隣國寶記』(동경: 集英社, 1995), 110-113쪽; 조동일(1999a), 29-30쪽.

375) 조동일(1999a), 30쪽.

376) 『조선태종실록』 권18, 9년 9월 21일 경인: 今深荷大明皇帝柔懷遠人 寵封王爵 掌管地方. 유구의 대중국 책봉・조공관계 인식에 대해서는 권선홍(2043), 319-24쪽 참조. 또한 유구 역시 유교문명권 내에 속해있다는 사실에 자부하며, 중국에 대한 사대와 조공에 충실하였다. Robert K. Sakai, "The Ryukyu Islands as a Fief of Satsuma," in Fairbank (ed.)(1968), p. 132.

> 폐방이 근년에 천조(명나라)로부터 관복을 내려 받고 王爵을 襲封하도록 하는 은혜를 받아, 비로소 귀국(조선)과 함께 형제 나라로서의 떳떳함을 맺을 수 있게 되었으며, 같이 (명나라의) 울타리 구실을 하는 나라로서 중임을 맡은 신하가 되었습니다. (…) 돌이켜 보면 천조의 위엄스런 명령과 신령한 밝음으로 저(중원을 엿보았던 적추)들을 굴복시켜 편안하도록 할 수 있을 것이며, 우방이 화목하면 복은 저절로 이를 것입니다. 지금부터 영원토록 맹약을 맺어 귀국은 형이 되고 폐방은 아우가 되어, 형제가 천조를 부모처럼 우러러 섬기며 즐겁고 화목하게 빙문하기를 청합니다.377)

이처럼 유구도 중국 황제로부터 책봉 받은 것을 매우 영광스럽게 여겼으며, 같은 조공국이며 피책봉국인 조선과는 형제로서 함께 명나라를 부모처럼 우러러 섬기자고 하였던 것이다.

한편 안남국왕이 청나라에 보낸 사은주문에도 "신의 나라 안남은 오복(五服)의 바깥 먼 곳에 위치"하고 있으나 "진실로 오늘날 위대하신 황제께서 커다란 은혜"를 내리신다면서 다음의 내용을 담고 있다.

> 대저 『춘추』의 의리는 대일통(大一統)이니, 천자께서 세상 사람을 똑같이 사랑하고 다 같이 감싸주고 골고루 보살피어, 은택과 성교(聲敎)가 미치는 곳에는 서오(胥敖)와 같은 미개지(未開地)도 함께 있게 마련이나 이들도 모두 보살핌을 받는 가운데 들게 한다는 것입니다. 돌아보건대,

---

377) 『조선광해군일기』 권23, 원년 12월 21일 무진: 敝邦邇年 荷天朝頒賜冠服 襲封王爵 始能與貴國 締兄弟之雅 同藩之朝 爲股肱臣子(...) 顧天朝威命靈爽 有屈服之 亦友邦和睦 福有自來矣. 自今以往 請結永盟 貴國爲兄 敝邦爲弟 以弟兄而仰事天朝父母 歡睦騁問. 이와 비슷한 내용의 유구국 문서는 『조선광해군일기』 권14, 원년 3월 22일 계묘조에서도 보인다.

신(臣)은 실로 여러모로 부족한 사람으로서 이런 영광을 입게 되었는데, 본국(本國)의 여씨(黎氏)·진씨(陳氏) 이전부터 학룡(貉龍)이 나라를 세우던 초기에 이르기까지 처음 있는 드문 일입니다. 그러니 어떻게 천지 같으신 은혜에 만분의 일이나마 보답하겠습니까. (…) 삼가 생각건대, 신은 외람되게 봉작(封爵)을 받고 즉시 남쪽 지방 울타리[南服藩屛] 역할을 맡은 셈인데, 만약 몸을 스스로 아끼지 아니하여 병세가 더친다면, 이것은 신의 집안이나 나라로 보아서는 작은 일이지만 위대하신 황제의 하늘같은 은혜를 저버리는 것이 되니, 지은 죄가 더욱더 중해질 것입니다. (…) 10월 15일에 삼가 황제의 시(詩)와 칙서(勅書)를 받았습니다. 이로부터 남교(南交) 지방을 맡아 다스리면서 신은 자손 대대로 황제의 가르침을 삼가 준수하여 대청국(大淸國)을 받들어 나갈 것입니다. 신은 서산(西山)의 보잘것없는 선비로서 영광스럽게도 봉호(封號)를 받게 되었으니 스스로 물어보아도 이를 보답할 길이 없습니다.[378]

즉 안남 역시 책봉을 큰 영광으로 여겼음을 알 수 있다. 안남은 명나라 때에도 "살아서는 봉해주고 죽으면 제사지내주는 것이야 말로 중국[聖朝]이 먼데 사람들을 회유하는 성전(盛典)"이라면서 시해당한 자국의 국왕에 대한 조제(吊祭)를 주청하기도 하였다.[379]

---

378)『조선정조실록』권29, 14년 3월 27일 정미(首譯 張濂이 올린 聞見別單): 臣安南五服之外屛也(...) 如今日大皇帝之隆恩(...) 夫≪春秋≫之義 大一統. 聖天子一視同仁 併包遍覆恩澤 聲教所暨 卽胥敖蓬艾咸在 蓋容亭育之中. 顧臣寔寡昧 膺此榮光由本國黎陳以上 迄于貉龍建國之初 創見而曠聞 何以答高厚始生之萬一?(...) 伏念臣謬膺封爵 卽爲南服藩屛 若不自愛其身 病勢增劇 是在臣家國爲小 而辜負大皇帝如天之恩 負罪益重(...) 于十月十五日 敬謹領受御詩勅書. 從此司牧南交 臣世世子孫 恪遵聖訓 承奉大淸. 臣以西山布衣 榮膺封號 自問無可報答. 섬라(태국)의 경우도 크게 다르지 않았으니, 예컨대『조선정조실록』권19, 9년 2월 14일 갑오조의 섬라국 표문 참조.

379)『明英宗實錄』권332, 天順 5년 9월 임술: 生有封 死有祭 此聖朝柔遠人之盛典也.

한편 중국왕조들이 책봉·조공에 관한 예의를 상세히 규정하고 적극적으로 이행해나간 것은 무엇보다 그 정치적 의의가 막중하였기 때문이었다. 즉 책봉조공제도라는 예치질서를 통하여 중국국내는 물론 조공국들까지 포함되는 천하질서를 유지하려 하였던 것이었다. 누누이 말한 바와 같이, 예는 하늘의 도리와 이치를 본받아서 만든 것인 만큼, 천명을 받은 천자는 모든 통치행위를 하는데 예를 준수함으로써 이른바 '정통성(legitimacy)'을 얻을 수 있었던 것이다.[380] 즉 하늘은 우주만물을 만들고 권력의 원천인 바, 하늘을 본받아 제정된 예를 따른다는 것은 곧 하늘의 뜻을 따른다는 의미였던 것이다. 존비·귀천과 친소·원근 등의 등급을 명확히 하고 상하·내외·대소 또는 군신·부자·형제 등의 질서와 명분을 세워주는 예는 또한 정교하고 복잡한 각종 예의제도를 통하여, 이러한 등급제도가 모든 정치사회생활에서 관철·체현되고 구체화·의식화 내지 일상생활화하도록 하였다. 이는 모두 천자를 정점으로 하는 피라미드식의 엄격한 등급신분제도를 옹호·유지하기 위한 것이었음은 물론이다.[381] 예컨대 등급이 다르면 특권 역시 차이가 있었는데, 등급이 높을수록 특권도 많아졌다. 『예기』에 보면 강역의 넓이[382], 거주하

380) 예가 정통성 제공의 기능을 하였다는 데 대하여 劉澤華 (主編), 『中國傳統政治哲學与社會整合』(북경: 중국사회과학출판사, 2000), 76-77쪽; 張分田, 『中國帝王觀念』(북경: 중국인민대학출판사, 2004); 徐燕斌2011); 李揚帆(2012), 3장 2절; 白文剛(2014); 張爍(2014), 2-3장 참조.

381) 張星久·祝馬鑫, 『新編中國政治制度史』(무한: 武漢大學출판사, 1993), 39-40쪽. 누차 언급하였듯이, 예는 존비귀천을 중시하여 등급제가 매우 엄격하였다. 예컨대 『春秋左傳』 昭公 7年 正月(天有十日 人有十等 下所以事上 上所以共神也. 故王臣公 公臣大夫 大夫臣士 士臣皁 皁臣輿 輿臣隷 隷臣僚 僚臣僕 僕臣臺) 참조.

382) 『禮記』 王制篇: 天子之田方千里 公侯田方百里 伯七十里 子男五十里.

는 궁궐·가옥[383] 등 의식주, 또는 제사[384]에서도 차이가 있으며, 정부인[385]이나 죽음의 명칭[386]도 달랐다. 특히 제사가 매우 중시되었는데,[387] 제사의 대상·제물·제기·장소나 절차 등을 위계에 맞게 규율함으로써 제사 주체의 지위를 분명하게 드러내 주었다. 서열이 높을수록 제사의 대상이나 규모가 넓어지고 커지며, 낮을수록 작아졌다. 구체적으로 천자는 '천지와 사방 및 산천과 다섯 신'에게 제사지내고, 제후는 '사직과 자국 내의 산천'에 제사지낸다고 하였다.[388] 『주례』에 따르면 군대의 편제에서도 차이가 있었다.[389] 이와 같은 예는 일일이 열거하기 어려울 정도로, 주도면밀하게 규범화·제도화되었던 것이다.[390]

이에 따라 천지에 대한 장중한 제사[祭天]나 정삭과 복색의 개정[改正朔 易服色] 등의 각종 예의제도를 통하여 천명 곧 정통성을 확보하였던 것이다. 즉 천명을 받은 천자는 특히 하늘과 관련된 일체의 권한을 독점하였으며, 이를 각종 예의제도를 통하여 대내외에 지속

---

383) 『禮記』 禮器篇: 天子之堂九尺 諸侯七尺 大夫五尺 士三尺.

384) 『禮記』 王制 및 禮器篇: 天子七廟… 諸侯五廟… 大夫三廟… 士一廟 庶人祭於寢.

385) 『禮記』 曲禮下篇: 天子之妃曰后 諸侯曰夫人 大夫曰孺人 士曰婦人 庶人曰妻.

386) 『禮記』 曲禮下篇: 天子死曰崩 諸侯曰薨 大夫曰卒 士曰不祿 庶人曰死.

387) 예컨대 『춘추좌전』 성공13년 3월조에 "나라의 큰 일은 제사와 전쟁에 있다[國之大事 在祀與戎]"고 하였다.

388) 『禮記』 曲禮下: 天子祭天地 祭四方 祭山川 祭五祀… 諸侯方祀 祭山川 祭五祀.
『禮記』 王制: 天子祭天地 諸侯祭社稷.
『禮記』 禮運: 天子祭天地 諸侯祭社稷.

389) 『周禮』 夏官 司馬: 凡制軍 萬有二千五百人爲軍 王六軍 大國三軍 次國二軍 小國一軍.
『춘추좌전』 양공 14년: 成國不過半天子之軍 周爲六軍 諸侯之大者 三軍可也.

390) 박종천, 『예, 3천년 동양을 지배하다』(파주: 글항아리, 2011), 86-87쪽; 柳肅(1994), 2장; 王琦珍(1999), 4장 참조.

적이고 반복적으로 보여줌으로써, 정당성과 합법성을 유지하여 나갔던 것이다.[391] 예컨대 정삭(正朔)의 반포는 중국의 역법을 내려주는 것으로, 중국왕조의 '정통 소재'를 승인하고 중국의 예의문물을 받아들인다는 행위였다.[392] 따라서 조공국이 독자적인 역법이나 연호를 사용하는 것은 예에 어긋나는 행위였다. 조선국왕 선조는 "중국조정에서 정삭을 팔방에 반포하는데, 제후 나라에서 어찌 두 가지 역서가 있을 수 있겠는가. 우리나라에서 개별적으로 역서를 만드는 것은 매우 떳떳하지 못한 일"이라면서 "중국 조정에서 알고 힐문하여 죄를 가한다면 답변할 말이 없을 것"[393]이라고 지적하였다. 또한 조공사절은 자국 국왕이 황제에게 올리는 공식 문서 즉 표문(表文)을 휴대해야 하였는데,[394] 표문에는 무엇보다 황제와의 군신관계를 나타내는 칭신(稱臣)이 요구되었던 것이다.[395] 그런 만큼 조공사절

391) 권력의 원천이 국민에게 있고 그 정통성이 국민으로부터 나온다는 즉 근대이후 당연시되는 '상향적 이론(ascending theory)'과는 달리, 권력의 원천이 신이나 하늘에 있다는 '하향식(descending) 이론'에서는 그만큼 신이나 하늘에 대한 각종 '의례(rituals)'가 매우 중시되었음은 물론이다. 상·하향식 통치이론에 대해서는 울만(2000), 서론 참조.

392) 何平立, 『巡狩与封禪: 封建政治的文化軌迹』(제남: 齊魯書社, 2003), 432-33쪽.

393) 『조선선조실록』 권107, 31년 12월 22일 계유: 中朝頒正朔於八荒 八荒之內豈有二曆書乎? 我國之私自作曆 極是非常之事. 中朝知之 詰問而加罪 則無辭可對.

394) 조공에서 가장 핵심적인 것은 표와 방물이었다.
『大淸會典事例』 권503, 禮部 朝貢 貢物 1: 順治元年議准. 外國朝貢 以表及方物爲憑 該督撫査驗的實 方准具題入貢.

395) 표문은 한나라 때부터 기원하며, 그 격식은 일반적으로 "臣某言"이라는 말로 시작되며, 끝맺음의 표현도 "某官臣上"이었다. 梁淸誨 외(編), 『古今公文文種滙釋』(成都 : 四川大學出版社, 1992), 96-97쪽.
『禮記』 曲禮 下: 諸侯見天子曰臣某侯某.
『淸史稿』 卷528, 屬國傳3 緬甸, 頁:14678: 汝入貢當具表文 文首行書'緬甸王臣某奉表大皇帝陛下'.
『通文館志』 권3, 事大 상 表箋狀奏咨條에도 "朝鮮國王臣姓某…"로 시작되는 각종

은 북경에 도착한 후 가장 먼저 예부(禮部)에 표문을 봉정하도록 규정하고 있다.[396] 또한 조공물도 정해진 의식에 따라 헌상하였으며, 가장 중요하고 장중한 의식은 물론 황제를 알현하는 일이었다. 황제 알현 때에는 당연히 최상의 경례를 행하도록 규정되었다.[397] 또한 문자사용에서도 유교규범상 군신의 직분에 따라야 하였다.[398] 나아가 오행사상에서 중앙을 나타내는 황색(黃色)은 황제의 전용 색깔이었던 것이다.[399]

사대문서의 형식을 보여주고 있다. 또한 李光濤, 『明淸史論集』(台北: 台灣商務印書館, 1971), 19-41, 527-45쪽 참조.

396) 『大淸會典事例』 권505, 禮部 朝貢 朝儀: 凡貢使至京 先於禮部進表.

397) 최상의 경례가 명대에는 오배삼고두례(五拜三叩頭禮), 청대에는 삼궤구고두례(三跪九叩禮)였다. 張啓雄, "'中華世界帝國'與中琉宗藩体制的秩序原理性展開," 제4회 琉中歷史關係學術會議 『琉中歷史關係論文集』(1993), 444쪽. 조공사절이 준수해야 할 각종 의식 절차는 『大淸會典事例』 권505, 예부 조공 朝儀 항목에 매우 상세하게 규정되어 있다. 고두(叩頭 kotow)의 예는 군신관계를 확연히 밝혀주는 행위였을 뿐 아니라, 황제의 지고무상한 권위의 상징이기도 하였다. 즉 황제에 대한 고두의 예는 단순한 의식의 문제가 아니라 중국이 대내외적으로 그들의 정치 · 문화 · 사회질서를 규율하는 의식수단이자 권력의 상징이었던 것이다. 따라서 고두의 거부는 바로 중국의 영향력 전체에 대한, 더 나아가 중화세계질서 자체에 대한 근본적 도전을 의미하는 것으로서, 중국인들에게는 결코 타협할 수 있는 성질의 것이 아니었다. 청나라 후기에 중국이 서양(특히 영국) 외교사절들에게도 고두례를 요구하여 중대한 외교의전문제가 발생하였음은 잘 알려진 사실이다. 王曾才(1972), 2, 10쪽; 王開璽, 『淸代外交禮儀的交涉与論爭』(북경: 人民출판사, 2009), 3장; 李揚帆(2012), 4장 3절; Fairbank & Teng(1941), p. 138; Gong(1984), pp. 8, 132-133. 한편 비잔틴황제의 알현 시에도 누구든 '부복(prostration)'을 해야만 하였다. Ostrogorsky(1956), p. 3.

398) 예컨대 '황(皇)'이나 '칙(勅)' 등의 글자는 황제만이 사용할 수 있었다. 한편 조공국의 군주는 '황제'라 부를 수 없고 다만 '국왕'이라 해야 하였으며, 국왕의 부인은 후(后)가 아니라 비(妃)로 칭해야 하였다. 도읍 역시 경사(京師)가 아닌 왕성(王城)으로, 왕의 명령은 지(旨)가 아닌 교(敎)라고 불러야 하였다. 뿐만 아니라 조공국의 국왕은 중국 예부와 대등한 지위였으며, 이들 상호간에 왕래되는 문서는 '자문(咨文)'이라 하였다. 陳潮(1996), 231쪽.

399) 이는 다른 문명권에서도 찾아볼 수 있는데, 예컨대 비잔틴황제의 전용 예복색깔은

이처럼 유교문명권의 피라미드형 질서체계에서 천자의 천하(天下)라는 국제질서와 국왕의 나라[國]라는 국가질서는 상하 위계질서를 형성하려 하였고, 예규범이 이를 전반적으로 규율하였던 것이다. 따라서 명분상 여러 조공국들과의 상하군신관계를 예치질서 속에 구현함으로써 '천하공주'로서의 황제의 권위와 위상을 새롭게 재확인해 나갔으며, 이는 대외적으로는 물론 대내적으로도 필요하였던 것이다.[400] 한편 조공국들은 책봉을 받음으로써 권력의 정통성을 인정받아 국내정치적 안정과 함께 유교문명권의 정식 회원국이 됨으로써 대외적 위상을 높이기도 하였다.[401] 한마디로 책봉과 조공은 유교문명권에의 가입을 나타내주는 표지였으며, 따라서 굴욕적인 부담이라기보다는 오히려 쉽게 획득할 수 없는 하나의 특전으로 여겼던 것이다.[402] 이와 같이 책봉과 조공에 대해 영광스럽게 생각한

심홍색(crimson)이었다. Ostrogorsky(1956), p. 4.

400) 중국 역대왕조가 현실적으로 항상 우월한 지위를 유지했던 것만은 아니다. 예컨대 한대 초기에 흉노와의 대등관계, 송대에는 요・금과 대등 내지 열등관계였던 시기도 있었다.

401) 이용희(1977), 160-63, 165쪽; 李揚帆, 『涌動的天下: 中國世界觀變遷史論(1500~1911)』(북경: 知識産權출판사, 2012), 234-35쪽; Kim(1980), pp. 9-15. 또한 정치 이외에 경제와 문화 차원의 이유도 있었다. 이와 관련하여 이용희는 "명분으로서의 가치관에는 사대의 예로써 무엇을 얻느냐 실리는 무엇이냐 하는 것이 강조되고 있지 않"았다고 지적하였다. 이용희(1977), 158-59쪽. 앞서 인용한 정이는 임종 직전에 제자가 찾아와서 "선생님의 평생의 학문이 바로 지금에야말로 도움이 될 것입니다"라고 하자, "도의 학문에서 도움이 된다는 따위로 말하는 것은 옳지 않다"고 타일렀다고 한다. 즉 도학의 근본이념은 다른 무엇을 위해서가 아니라, 도 그 자체를 위해서 도를 배우고 실천하는 것이었다. 島田(1986), 69쪽. 같은 시대의 학자 장식은 "대개 성학(聖學)은 '위하는 바가 없이 하는 것'이며(…) '위하는 바가 있어서 하는 것은 모두 인욕의 사[人欲之私]이니, 이것이 의와 이의 구분[義利之分]"이라 강조하였다. 오석원, 『한국 도학파의 의리사상』(서울: 유교문화연구소, 2005), 31, 143-44쪽.

402) Djang(1935), pp. 6, 35; Fairbank(1942), p. 133; Nelson(1945), p. 92; 黃枝連(1992),

것은 조선[403])은 물론 유구[404])나 월남[405])의 경우도 마찬가지였던 것이다.

실제 유교문명권 내에서 중국과의 책봉·조공은 어느 정도 문명

186, 197쪽.

403) 『조선세종실록』 권3, 원년 정월 22일 정묘: (황제께서) 한 나라를 지키는 임무를 맡기시고 우로 같은 은혜로 茅土의 봉을 가해 주시니, 기쁨은 천지에 넘치고 경사는 종묘사직에 미쳤나이다.… (신의 몸이) 대통을 계승할 수 있게 하시와… 큰 은총을 입게 하여 주시니…
『조선문종실록』 권5, 원년 정월 26일 병인: 일은 基業을 잇는 것보다 막중한 것이 없고, 경사는 고명을 받는 것보다 막대한 것이 없는데… 또 왕비에게 고명을 하사하고 인하여 勅書하여 왕세자를 책봉하니, 실로 드물게 있는 성대한 일이다.
『조선단종실록』 권14, 3년 4월 22일 정유: 경사는 錫命보다 더 큰 것이 없으니…
『조선예종실록』 권3, 원년 2월 18일 계묘: 고명은 일국의 경사…
『조선성종실록』 권70, 7년 8월 22일 임진: 고명과 관복을 내려 주셨던 것은 그 은혜와 영광을 비할 수 없었다.
『조선연산군일기』 권49, 9년 5월 16일 신사: 황제께서 사신을 보내어 왕세자를 책봉한 일은 실로 더할 수 없는 경사로서…
『조선명종실록』 권21, 11년 10월 8일 계사: 고명이란 천자의 寵章이요 列國의 大宝이다. 옛날의 제후와 君夫人은 살아서 천자에게 命을 받지 못하면 죽은 뒤에 追賜 받더라도 영예로 삼았으니, 고명이 어찌 열국의 큰 보배가 아니겠는가.
『조선선조실록』 권145, 35년 정월 27일 경신: (중국이) 고명과 면복을 하사한 것은 또한 우리나라 백성으로서 막대한 경사이니…
『조선인조실록』 권47, 24년 정월 3일 신해: 은택이 중국으로부터 내리어 (세자)책봉을 받았다. 단지 한 사람의 경사일 뿐만 아니라 실로 8도가 함께 기뻐할 일이다.
『조선정조실록』 권18, 8년 7월 4일 정사: 大朝(중국)의 은전 가운데 책봉의 은전보다 더 중한 것이 없다. … 영광은 下國(조선)에 차고 넘치고 은혜는 常典을 뛰어넘었으며…

404) 유구에서도 조선의 '영은문'과 마찬가지로, 중국 사신을 맞이하는 영은정(迎恩亭)과 머무는 천사관(天使館)을 세웠다. 嚴從簡, 『殊域周咨錄』 권4, 東夷 유구, 144쪽; 黃枝連(1992), 236-37쪽; 권선홍(2004), 324쪽.

405) 월남도 중국의 역대왕조와 대등성을 추구하고 대립하려는 측면도 있었으나, 유교문명권에의 소속감과 동질성을 추구하려는 흐름도 존재하였다. 이에 대하여는 인하대 한국학연구소 (편)(2013); Liam C. Kelley, *Beyond the Bronze Pillars: Envoy Poetry and the Sino-Vietnamese Relationship* (Honolulu: University of Hawai'i Press, 2005) 참조.

을 갖춘 나라만이 행할 수 있는 것으로 여겼으니, 이는 중국이 보내온 문서에서도 잘 드러나 있다.

> 중국의 바깥, 六合 안에 무릇 땅덩이를 가진 나라는 반드시 인민이 있고, 인민이 있으면 반드시 임금이 있어 통치하는 것이다. 땅이 있는 나라는 대개 수를 헤아릴 수 없으나, 오직 시서(詩書)를 익히고 예의를 알아서 능히 중국의 교화를 사모한 연후에야 중국에 조공하고 후세에 일컫는 것이다. 그렇지 않으면 비록 나라가 있어도 사람들이 알지 못하고, 또 혹은 대국을 섬기지 못하여 착하지 못한 것으로 사방에 알려지는 자가 또한 있다.[406]

이처럼 조공은 중국문명 특히 시서와 예의를 배워서 알고 중국의 교화를 받들어 따르는 나라들이 하는 것으로 여겼다. 실제로 조공국이 예에 크게 어긋나는 잘못을 행한 경우에는, 그 응징으로서 조공을 끊어버리는 이른바 조공 단절[絕朝貢] 등이 취해지기도 하였다.[407] 즉 중국은 조공국들이 관련 예규정을 제대로 준수하는지 여부를 검사하였으며, 위배하는 경우에는 받아들이지 않고 그대로 물리치기도 하였다. 예컨대『명사』일본전에는 표문(表文)을 지참하지 않았다는 등의 이유로 일본사절을 물리쳤다는 기록이 여러 차례 보인다.[408] 이상에서 살펴본 바와 같이, 책봉과 조공은 마땅히 해야 할 사

---

406)『조선태종실록』권1, 원년 2월 6일 을미: 中國之外 六合之內 凡有壤地之國 必有人民 有人民 必有君以統之. 有土之國 蓋不可以數計 然唯習詩書知禮義 能慕中國之化者 然後朝貢于中國 而後世稱焉. 否則雖有其國 人不之知 又或不能事大 而以不善聞于四方者 亦有矣.

407) 이용희(1962), 59쪽.

408)『明史』권322, 열전 외국3 일본 참조. 또한 조선도 "왜인이 포소(浦所: 지정 선착장)에 도착하면 변장(邊將)이 서계(書契)・도서(圖書)・노인(路引)을 조사"한다면

대의 예로서, 본래 시서와 예의 등 유교문명을 어느 정도 갖춘 나라들이 행할 수 있는 것으로 보았으며, 따라서 책봉・조공의 반열에 참여하는 것을 자랑스럽게 여겼던 것이다.

Ⅳ. 유교국제사회에 대한 평가

유교문명권의 국제관계에 대하여 자주성문제와 조선의 위상 그리고 긍정적으로 평가할 만한 내용을 찾아보고자 한다.

우선 유교문명권에서 역대 중국왕조가 조공국들에게 요구한 것은 무엇이었는지, 달리 말해 중국의 간여문제를 살펴보자. 본래 유교에서는 덕과 예에 의한 정치 또는 왕도정치를 주장하였음은 잘 알려진 사실이다. 『예기』에서는 "교화를 닦을 뿐이지 그 풍속을 바꾸지 않으며, 정령을 가지런히 할 뿐이지 그 지역의 고유습속을 바꾸지 않는다"[409]라고 하여, 기본적으로 매우 관후한 태도를 강조하고 있다. 특히 명・청대의 중국은 조공국의 자주를 강조하였다. 예컨대 명나라가 조선에 보낸 국서에서 "고려(조선)는 (…) 우리 중국이 다스릴 곳이 아니다"라며 조선의 "성교는 자유로이 하라"[410] 또는 "짐이 상고

서, "서계가 격식에 맞지 아니하는 자는 돌려보낸다[書契違格者還入送]"고 규정하였다. 『경국대전』에서 『대전회통』까지의 예전(禮典) 대사객(待使客) 참조. 권선홍, "조선왕조의 대청 조공사절," 부산외국어대학교 『국제문제논총』, 제10집(1998), 80쪽.

409) 『禮記』왕제: 脩其教不易其俗 齊其政不異其宜.

410) 『明太祖實錄』 권221, 洪武 25년 9월 경인; 『조선태조실록』 권2, 원년 11월 27일 갑진: 高麗限山隔海 天造東夷 非我中國所治... 聲教自由.

의 군주들을 살펴보니 전 · 후 · 수복의 바깥은 다스리지 아니하고 그 나라 사람들이 스스로 다스리게 하였다"[411]고 지적하였다. 뿐만 아니라 조공국은 "중국이 다스리는 곳이 아니다"라면서 "의례는 본국의 풍속을 따르고 법은 예전에 시행하던 전장을 지키라[儀從本俗 法守舊章]"며 '성교자유(聲教自由)'를 인정하는 국서를 여러 차례 보내기도 하였다.[412] 대표적으로 임진왜란 때 명나라 황제가 조선국왕 선조에게 다음과 같은 칙유를 내렸다.

> 짐이 왕을 대함에 비록 외번(外藩)이라 일컬어 왔으나, 조빙하는 예문 외에는 왕에게 병사 하나, 역인 하나도 번거롭게 하지 않았다. (…) 대병(大兵)도 철수하였고 왕이 이제 스스로 국도(國都)로 돌아가 다스릴 것이니, (조선의) 조그마한 땅도 짐은 관여하지 않겠거니와 어찌 다시 국경을 넘어 구원하는 것을 상사(常事)로 여길 수 있겠는가. (…) 이제부터 존망과 치란의 기틀은 왕에게 있지 짐에게 있지 않으니, 왕은 경계하고 삼가라.[413]

---

411) 『明太祖實錄』 권89, 洪武 7년 5월 임신; 『고려사』 권44, 공민왕 23년 6월 임자: 朕觀上古之君 自甸侯綏服之外 不治 其令土人主之

412) 『명태조실록』 권221, 홍무 25년 9월 경인: 高麗限山隔海 僻處東夷 非我中國所治. 『明史』 권320, 열전제208 외국1 조선, 홍무 25년 9월: 高麗僻處東隅 非中國所治. 『명태조실록』 권244, 홍무 29년 정월 을해: 其四夷外蕃風殊俗異 各有酋長 自治其民 初不以中國之治治之 此內外遠近之别也. 今朝鮮僻在東隅 遠隔山海 朕嘗勅其禮從本俗 使自爲聲教 來則受之 去亦勿追. 예컨대 『고려사』 권135, 우왕 11년 9월; 『조선왕조실록』 태조 5년 3월 29일 병술; 태조 7년 5월 14일 경신; 정종 원년 6월 27일 병인; 세종 18년 4월 25일 신유; 세종 28년 6월 7일 계묘 등 참조.

413) 『명신종실록』 권264, 만력 21년 9월 병자; 『조선선조실록』 권45, 26년 윤11월 12일 임진: 朕之視王, 雖稱外藩 然朝聘禮文之外 原無煩王一兵一役. (…) 大兵且撤 王今自還國而治之 尺寸之土 朕無與焉 其可更以越國救援爲常事?(…) 此則繼自今存亡治亂之機 在王不在朕. 王其戒之慎之.

즉 조빙과 관련한 예문 외에는 아무런 간여를 하지 않았다고 지적하였다. 또한 조선조 말에 조선과 청나라 간의 종번문제가 국제문제화 됐을 때, 청은 다음과 같이 답하였다.

> 조선은 중국에 소속한 나라[邦]로서, 중국에 소속한 강토[土]와는 다르다. (…) 대개 조공을 바치고 우리의 정삭을 받들어 사용하는 것은 조선이 중국에게 마땅히 해야 할 본분이고, 돈과 곡식을 거두고 정령을 다스리는 것은 조선이 스스로 하는 것인 바, 이것이 바로 속방의 실질이다. 그 나라의 어려움을 덜어 주고, 그 나라의 분쟁을 해결해주며, 그 나라의 안전을 기약해주는 것은 중국이 조선에 대해 自任한 일이며, 이것이 바로 속방을 대하는 실질이다. 어려운 것을 억지로 강요하지 않고, 그 나라의 위급함을 차마 그대로 보고만 있지 아니하는 것은 유독 오늘날의 중국만 그러한 것이 아니고 예로부터 속국을 대함에 있어 모두 그렇게 해왔던 것이다.414)

> 조선은 오래도록 중국에 예속되어 왔으나 정교·금령은 모두 자주적으로 처리하였다. 조선이 중국의 속방이라는 것은 진실로 천하가 다 아는 바이며, 조선이 자주의 나라라는 것도 또한 천하가 다 아는 바이다.415)

조공국인 조선은 조공을 바치고 정삭을 사용할 뿐 과세 등 모든 일

414) 『淸光緒朝中日交涉史料』 권1, 頁6：査朝鮮爲中國所屬之邦 與中國所屬之土有異. (…) 蓋修其貢獻 奉我正朔 朝鮮之於中國應盡之分也. 收其錢粮 齊其政令 朝鮮之所自爲也 此屬邦之實也. 紓其難 解其紛 期其安全 中國之於朝鮮自任之事也 此待屬邦之實也. 不肯强以所難 不忍漠視其急 不獨今日中國如是 伊古以來所以待屬國皆如是也.

415) 『淸季中日韓關係史料』, 제2권, 頁354; 『通文館志』 권11, 기년속편 금상 15년 무인: 朝鮮久隷中國 而政令均歸自理. 其爲中國所屬 固天下所共知 其爲自主之國亦天下所共知.

은 자주적으로 처리하는, 이른바 '속방자주론'을 주장하였음은 잘 알려진 사실이다.

중국이 조공국들에 보낸 국서에서도 주로 예와 분수를 지키라는 것이었다. 예컨대 명나라가 조선에 보낸 국서에서 "만일 천리를 어기고 인륜에 어긋나는 일[虧天理悖人倫]이 없으면 그들 나라 안에서 스스로 주장하도록 하게 하라"[416]하여 '천리와 인륜' 곧 예를 지키라고 요구하였던 것이다. 또한 안남과 점성(占城, Champa)에게 내린 조서에서도 "하늘을 두려워하고 분수를 지키라"[417]하였고, 섬라에게 내린 칙유에서도 "분수와 예를 지키며 이웃나라들과 화목하라"[418]고 하였다. 유구에게도 "상국 섬기는 정성을 더욱 굳게 하고 공경히 신하의 절의를 지키며 공순히 직공을 닦으라"[419]고 요구할 뿐이었다. 한마디로 천리와 인륜 즉 '(신하로서의) 분수와 예를 준수'하라는 것이 주요 내용이었던 것이다. 따라서 조공국은 책봉을 받고 정해진 기간에 조공을 행하며 중국연호의 사용이나 황제의 신하로 자처하는 '칭신(稱臣)'과 고두례(叩頭禮) 등 규정된 예절을 이행하면 그만이었던 것이다. 이미 언급하였듯이, 황제와 국왕 간의 관계는 외교사절을 통해 이루어졌는데, 무엇보다 외교문서가 핵심적이었다. 다시 말해 책봉과 조공 특히 외교문서의 격식이나 호칭과 관련하여 기본적인 예규범만 제대로 이행한다면 중국은 원칙적으로

---

416) 『조선태종실록』 권1, 원년 윤3월 15일 갑진: 若果無虧天理悖人倫的事 任他國中自主張.

417) 『明太祖實錄』 권47, 洪武 2년 12월 임술: 諭以畏天守分之道.

418) 『明太宗實錄』 권72, 永樂 5년 10월 신축: 自今安分守禮 睦鄰境. 안남에게 내린 같은 내용의 칙유는 『明英宗實錄』 권190, 景泰 원년 3월 병인: 安分守禮 保邦睦鄰.

419) 『明英宗實錄』 권90, 正統 7년 3월 임오: 益堅事上之誠 敬守臣節 恭修職貢.

내정간섭이라든가 정치 관여는 하지 않는 것이 원칙이었던 것이다.[420]

책봉과정에서는 무엇보다 조공국의 책봉요청[請封]이 선행하는 것으로 규정되었다. 이는 조공국 국왕이 중국 천자의 '천하공주' 위상을 인정하고 그 신하가 되겠다는 의사표현이기도 하였지만, 쌍방이 공동참여하고 상호 승인한다는 측면도 있었다고 여겨진다.[421] 유구의 경우, 왜구의 소요나 책봉요청 지연 등의 이유로 즉위 후 수년 혹 십여 년이 지나서야 책봉이 실제로 행해지기도 하였다.[422] 명·청왕조의 조선국왕 책봉과 관련하여, 전해종은 "적극적인 간섭을 한 일은 한 번도 없다"[423]고 평가하였다. 예컨대 명나라가 고려에 보내온 국서에서도 "(왕을) 세우는 것도 저들에게 있고 폐위시키는 것도 저들에게 있다. 우리 중국은 상관하지 않겠다"[424]고 하였다. 또한 중국은 "기실 (조공국) 국왕이 존립하느냐의 여부는 (중국)조정의 책봉 여부와는 관계가 없다. (…) 대체로 해외 번방들은 일이 없으면 조

---

420) 심재권은 조선이 명청에 보낸 국서는 당시 관념상 바로 '예'의 표현이라 하였다. 심재권, "조선의 대명청문서로 인한 갈등사례 분석," 『고문서연구』, 제34호 (2009), 101쪽. 또한 정동훈도 조선 태조 때의 표전문제에서 보듯이, 명은 외교현안에서 실재 사건보다는 대체로 예제 문제를 빌미로 삼았다고 지적하였다. 정동훈, "고려-명 외교문서 서식의 성립과 배경," 『한국사론』, 56 (2010), 194쪽. 한편 임민혁은 조선 내에서 사사로이 묘호를 사용하였는데 이는 참례이기 때문에 논란이 많았지만 정작 명은 별다른 간섭을 하지 않았다며, 양국 간의 사대관계가 조공·책봉이라는 제한적 기능에 머물렀다고 하였다. 임민혁, "조선시대의 묘효와 사대의식," 『조선의 예치와 왕권』(서울: 민속원, 2012], 283-309쪽.

421) 孫宏年, 『清代中越宗藩關係研究』(하얼빈: 흑룡강교육출판사, 2004), 2장.

422) 米慶餘, 『琉球歷史研究』(천진: 천진인민출판사, 1998), 37쪽.

423) 전해종(1970), 53쪽; 김구진, "조선전기 한·중관계사의 시론," 『홍익사학』 4(1990), 53-56쪽; Kim(1980), pp. 8-9.

424) 『고려사』 권137, 창왕 원년 3월 정해: 立亦在彼 廢亦在彼 中國不與相干.

공을 폐하고 자립하나, 어려운 일이 생기면 조공을 구실 삼아 책봉을 요청한다"[425]는 사실도 간파하고 있었다. 즉 책봉은 임명이 아니라, 국왕의 기존 권력과 지위를 공인하는 행위였던 것이다.[426] 아울러 조공에서도 그 횟수를 늘려달라는 조선이나 유구 등의 요구에서 보듯이, 조공국들이 오히려 적극적 역할을 하기도 하였음을 알 수 있다.

한편 조공국은 때로 예의 한계를 넘어서는 중국의 요구를 거절하기도 하였다. 예컨대 천성으로 사대하였다는 후대의 평가를 받은 조선국왕 세종은 명의 파병요청을 거절하였으며,[427] "사대의 의리는 예에 어긋나지 않게 하면 된다"[428]고 하였다. 양성지는 사대를 '예법의 상도'라고 하면서도, "예법은 본국의 풍속을 따라야 한다"[429]고 하면서 "대개 고금 천하와 국가의 일은 자치보다 큰 것이 없다"[430]고 하여, 사대와 자주가 배타적이라기보다는 자연스럽게 병존하는 것임을 드러내고 있다.[431] 이미 언급한 이율곡도 사대란 이해득실이

425) 『明史』 권324, 占城傳 弘治 18年; 『明武宗實錄』 권2, 弘治 18년 6월 경오: 其實國王之立不立 不係朝廷之封不封也(…) 大都海外諸蕃 無事則廢朝貢而自立 有事則假朝貢而請封.

426) 조동일(1999a), 96, 99쪽; 김한규(2005), 272, 327, 536쪽. 중세의 책봉은 근대이후(주권)국가에 대한 '승인'과 유사하다고 하겠다.

427) 계승범, 『조선시대 해외파병과 한중관계』(서울: 푸른역사, 2009b), 94-101쪽.

428) 『조선세종실록』 권50, 12년 윤12월 9일 을사: 事大之義 期無失禮而已.

429) 『조선세조실록』 권1, 1년 7월 5일 무인:...儀從本俗.

430) 『조선세종실록』 권127, 32년 1월 15일 신묘: 盖古今天下國家之事 莫大於自治.

431) 이용희는 사대와 자주를 대립시키는 것은 '사대는 타력의존의 나쁜 것으로 규정하고 그에 대하여 자주독립이다' 하는 식의 발상으로, 사대의 명분에서는 그러한 대치를 무의미하게 하는 것이었다고 지적하였다. 즉 고유의 전통과 사대는 자연스럽게 병존하였다면서, 사대와 자주를 대립적으로 생각하는 것은 의미가 없다고 하였다. 이용희(1977), 159, 181-82쪽. 조동일 역시 "보편종교를 이해하기 위해서

나 난이 · 성쇠에 따라 바뀌는 것이 아니라 '진심으로 복종'하고 '의리와 정성을 다해야 하는 관계'라고 역설하였으나, 사대의 예란 성심껏 부지런히 조공을 행하고 "각기 그 봉강을 잘 지킬 뿐"이라면서, 이를 벗어나는 일은 '사대의 예'와는 무관하며 중국이 이런 문제에 개입하는 것도 '비례'라고 보았던 것이다. 예컨대 이율곡은 중국 요양지방의 기민 구제여부에 대하여 "강역은 한계가 있고 정치는 서로 관여하지 않으니, 중국의 유민은 중국이 마땅히 진휼해야 한다. (조선의) 창고곡식은 유한하고 (중국의) 유민은 무수하니 능히 다 지급될 수 있겠는가? (…) 어찌 헛된 은혜를 좇아 스스로 나라를 병들게 할 것인가"라면서 "우리의 중국 섬기는 예절이나 힘쓰고 각기 그 경계나 잘 지킬 뿐"이라며, 반대하였던 것이다.432) 또한 율곡은 명나라가 의주 부근에 진(鎭)을 설치하고 널리 개간하려 하자, 그렇게 된다면 조 · 중 양국민 간의 왕래가 빈번해지고 또한 사단이 일어나는 등 반드시 후환이 많을 것이라며, 명나라에 사신을 보내어 그 중지를 주청하는 것이 마땅하다고 주장하기도 하였다.433) 이처럼 "비록 황제의 명령일지라도 만약 법식에 위배되면 봉행(奉行)할 수 없는 것"434) 이며, "무릇 하늘을 두려워하여 사대할 적에는 반드시 예의에 맞게

는 외래문화와 고유문화라는 양분법을 버려야 하고, 책봉체제가 무엇인지를 알기 위해서는 독립국과 종속국을 각기 절대적인 것으로 보는 근대주권론에서 벗어나야 한다"고 강조하였다. 조동일, "중세화의 의의에 대한 재인식," 『공동문어문학과 민족어문학』(서울: 지식산업사, 1999c), 27쪽.

432) 『율곡전서』 습유권5, 잡저 시폐칠조책, 頁28: 封疆有限 政不相關 中國之流民 中國當賑之矣 倉粟有限 流民無數 其能盡給乎(…) 敦吾事大之禮而各守其境而已 何必慕虛惠而自病其國哉. 또한 黃枝連(1992), 4편 4절 참조.

433) 『율곡전서』권29, 경연일기2 만력 4월, 頁50.

434) 『조선숙종실록』 권32, 24년 3월 5일 경진: 雖係帝命 如或違式 則不可奉行.

해야 하고, 혹시 조금이라도 넘치게 되면 군자들이 부족하게 여기는 법이다. 더구나 우리나라가 저들에게 비록 형세에 눌리어 해마다 금과 명주를 가져다주고 있기는 하지만, 상례 이외에는 조금도 더할 수 없음은 너무도 분명한 일"[435]이라 하였다. 이와 같이 유교문명권의 국제관계는 원칙적으로 예라는 틀 속에서 이루어지는 것이었음을 말해주고 있다.

그러나 조공국이 지켜야 할 예를 벗어나는 경우에는 상황이 달라지기도 하였다. 본래 황제는 유교문명권의 최고 수호자였던 만큼, "천리를 어기고 인륜에 어긋나는" 일이 있으면 즉 예에 어긋나는 행위가 있으면, 가벼운 경우에는 사실조사나 경고 · 문죄, 무거운 경우에는 출병 등 합당한 조치를 취하는 것이 당연시되었다.[436] 즉 중국의 간섭이나 정치적 압력이 가해지는 것은 대개 사대의 명분에 분규

---

435) 『조선숙종실록』 권47, 35년 7월 21일 경인: 夫畏天事大 必以禮義 少或踰越 君子病之 況我國之於彼中 雖壓於形勢 歲輸金繒 其不可一毫有加於常例之外則明甚.

436) 이용희(1977), 161쪽; 권선홍(2004), 98-99, 140-43쪽. 예컨대 송대 사마광은 "천자가 만국을 통치할 수 있는 것은 불복하는 자들은 정벌하고, 허약한 자들은 어루만져 주고, 호령을 발하고 법도를 통일하고, 신의를 밝힘으로써 백성들을 사랑하기 때문"이라 하였다. 『資治通鑑』 권294. 정귀화(1999), 431쪽. 명나라 태조는 "짐은 천하군주로서 혼란을 다스리고 위난을 해소하는 일은 도리상 당연히 해야할 바[朕天下主 治亂持危 理所當行]"(『明太祖實錄』 권47, 홍무 2년 12월 임술)라고 하였다. 이는 역대 황제들이 즐겨 되풀이한 것이었는데, 예컨대 청나라 건륭제는 "짐은 중외를 위무 · 통어하고 하이(원근)를 진정시켜 편안하게 함에, 의는 치란지위보다 큰 것이 없고 도는 흥멸계절보다 높은 것이 없다[朕維撫馭中外 綏靖遐邇 義莫大于治亂持危 道莫隆于興滅繼絕]"(『清高宗實錄』 권1315, 건륭 53년 10월 병진)고 하였다. 또한 명나라 예부가 조선에 보낸 서신에서 "중국이 그대의 삼한 나라와 매우 가까우니 이륜의 도리가 조금이라도 틀린 점이 있다면 어찌 책망하지 않는 예절이 있겠습니까?[中國與爾三韓密邇 彝倫之道 纔有訛謬 安有不責之於禮乎!]"(『조선태조실록』 권14, 7년 5월 14일 경신)라 하였고, 국왕 선조는 명 사신에게 "반역자를 토벌하고 포악한 자를 주벌하는 것은 제왕의 성전[伐叛誅暴 帝王盛典]"(『조선선조실록』 권45, 26년 윤11월 12일 임진)이라 하였다.

가 생긴 경우 곧 새로운 정치세력이 정통의 명분 없이 무력으로 상국의 지위를 인정시키려는 준전시적인 분위기에서 발생하는 경우가 보통이었다. 요・금・원과 고려, 청과 조선 간의 분규가 그러한 예라 하였다. 또 다른 간섭의 예로는 찬탈 등 유교권의 명분을 어겼다고 해서 견책 또는 조공 단절하는 경우인데, 예컨대 명나라 초기에 안남의 여일원(黎一元)이 '살군부도(殺君不道)'하다고 하여 조공단절하고 견책한 것을 들 수 있다.[437)]

본래 예라는 것은 일정한 '절도'와 '한계'가 있었던 만큼, 중국과 조공국들 간에 적용되는 예규범에서도 마땅히 지켜야 할 법도가 있었던 것이다. 즉 부자나 군신관계가 천지간의 존비관계처럼 비록 상하차등적이었으나 결코 일방적이라기보다 쌍무적인 관계였으며,[438)] 황제와 국왕도 각기 그 도리를 다해야 하는 관계였던 것이다. 따라서 만일 중국이 예를 벗어나 조공국에 관여를 한다면, 이는 '비례'에 해당하는 것이기도 하였다.[439)] 유교문명권에서 예냐 아니냐

---

437) 이용희(1962), 57, 59쪽; Kim(1980), pp. 8-9. 또한 유인선, 『베트남과 그 이웃 중국』(서울: 창비, 2012); 山本達郎 (編), 『ベトナム中國關係史』(동경: 山川출판사, 1975); 鄭永常, 『征戰與棄守: 明代中越關係研究』(대남: 국립성공대학출판조, 1998); John K. Whitmore, *Vietnam, Ho Quy Ly, and the Ming* (1371-1421) (New Haven: Yale Southeast Asia Studies, 1985) 참조. 예컨대 명 태조는 "안남이 찬시했으므로 조공을 불허한다[安南簒弑 不許朝貢]"며, 그 사절도 입국시키지 말라고 지시하였다. 『明太祖實錄』 권232, 홍무 27년 5월 갑인.

438) 예컨대 『논어』팔일 19장; 『예기』예운; 『대학』전3장 등 참조.

439) 일찍이 『춘추좌전』에서도 왕이나 제후들의 예에 어긋나는 사례들을 기록하고 있다. 예컨대 "주 천자가 가보를 (노나라로) 보내 수레를 요구하였는데, 이는 예가 아니다. 제후는 (천자에게) 수레와 예복을 바치지 않고, 천자는 (제후에게) 사사로이 재물을 요구해서는 안 된다[天王使家父來求車 非禮也. 諸侯不貢車服 天子不私求財]"(桓公 15년 봄), "(주왕실의) 모백 위가 오나라에 찾아와 (주 양왕(襄王)을 예장하기 위한) 금을 요구 하였는데, 이는 예가 아니다[毛伯衛來求金 非禮也]"(文

[非禮]의 여부는 모든 행위의 시시비비와 선악을 판별하는 가치기준이었으며,[440] 천자도 스스로 그 모범을 보여야하였음은 당연한 것이었다.[441]

책봉조공관계와 관련하여 그 당시 사람들의 인식을 살펴보자. 조선 전기의 양성지는 이미 언급하였듯이 '사대는 예법의 상도로서, 예로부터 그러하였다'고 말한 양성지는 "대개 고금 천하의 국가 일은 자치(自治)보다 큰 것이 없으니, 자치가 이미 엄하면 비록 외적의 침범이 있을지라도 근심될 것이 없다. 자치하는 도는 다름이 아니라 민심을 잃지 않는 데 있을 뿐이고, 민심이란 것은 나라의 근본"[442]이라고 주장하였다. 조선 말기 위정척사파였던 최익현은 "우리나라는 고려 때부터 비록 명의상으로는 중국의 번속이나, 토지·인민·정치 모두 우리가 자립·자주하고, 저들의 간섭은 전혀 없다"고 지적하였다.[443] 한편 온건 개화파인 김윤식은 "폐방은 중국에 대해서는 속국이나 각국에 대해서는 자주"[444]라 하였으며, 어윤중도 "조선의 사대지례는 곧 3백 년 이어온 천경지의(天經地義)"라면서 "일본인

公 9년 봄 을축. 또한 『춘추공양전』 문공 9년 봄 傳: 王者無求. 求金 非禮也.)라며, 비판하였다.

440) 박종천(2008), 57-58; 馬小紅, 『禮与法』 (북경: 북경대학출판사, 2004), 200쪽.

441) 주 왕실이 제후들에게 조공을 요구하는 데에도 자국 물산을 중심으로 해야 하고, 또한 예에 따라야 하는 제한이 있었다. 張振國 等, 『中國傳統契約意識研究』 (북경: 중국검찰출판사, 2007), 17-18쪽.

442) 『조선세종실록』 권127, 32년 1월 15일 辛卯; 『訥齋集』 卷1, 奏議 備邊十策: 蓋古今天下國家之事 莫大於自治 自治已嚴 則雖有外侮 不能爲之患矣. 自治之道 無他 在不失民心而已.

443) 『勉菴集』 권16, 雜著 布告八道士民: 我國自高麗以來 雖名爲中國之藩屬 然土地也 人民也 政事也 皆我自立 皆我自主 毫無彼人之所干涉.

444) 『음청사』 고종 18년 12월 26일: 敝邦在中國 爲屬國 在各國 爲自主.

들이 우리나라를 가리켜 독립(국가)이라 하기에, 도중에 잘라 말하기를 자주는 가하나 독립은 아니라고 하였다. 대청(大淸)에게 예전부터 정삭을 받들고 조공하는데 어찌 독립이라 말하겠는가"라고 주장하였다.[445] 개화파 유길준도 "중국이 먼데 사람을 대하는 도리는 예로부터 오늘에 이르기까지 대개 관유(寬柔)함을 따라 단지 공물을 받고 책봉을 하며 스스로 자치하게 할 뿐이고, 나머지는 더 이상 간여하지 않았다"[446]고 지적하였다. 한편 덕천시대 일본에서도 조선에 대해 "당(중국)의 책력을 받들고 있기 때문에 청의 황제에게 삼가해 조선국왕으로 칭한다. 하지만 조선은 형정(刑政)을 자국이 주관함으로써 청에 구애되지 않는다"[447]고 하여, 청에 구애되지 않고 자주적임을 지적하였다

이러한 '자주'의식은 유구의 경우에서도 찾아볼 수 있다. 예컨대 명치 일본이 유구의 대청관계 단절을 강요하자, 유구는 이를 거부하면서 다음과 같이 주장하며 일본 측에 반발하였다.

> (유구는) 건국 이래 예로부터 내려온 예악 형정과 자유롭고 매이지 않는 권리[自由不羈之權利]를 갖고 있으며 (…) 만일 청을 저버린다면 자유의 권리를 잃어버리고 견제를 받게 될 것이니, 나라가 어찌 오래 보존될 수 있겠는가. (청에 대한) 부자(父子)의 도리를 끊어버리고 누대에 걸친 은혜를 잊는다면 어찌 사람이라 하고 어찌 나라라고 하겠는가.[448]

---

445) 『淸季中日韓關係史料』, 제2권, 頁592-93:…爲自主則可 獨立則非也.

446) 유길준, "中立論," 『兪吉濬全書』, Ⅳ: 「정치경제편」(서울: 일조각, 1971), 323쪽.

447) 室鳩巢, 『兼山秘策』. 吉野 誠(2005), 225쪽에서 재인용.

448) 梁嘉彬, "琉球亡國中日爭持考實," 『중국근대현대사논집』, 제15편(대북: 臺灣商務印書館, 1986), 97, 100쪽; 楊仲揆, 『琉球古今談』(대북: 대만상무인서관, 1990), 78쪽: 自建爲國 有古來傳習之禮樂刑政及自由不羈之權利(...) 若離淸國 則必失自由權

즉 건국 이래 '예악형정과 자유불기'의 권리가 있다고 역설하면서, 중국과는 '부자의 도리와 군신의 의리'가 있는바 이를 저버린다면 사람이나 나라라고 할 수 없다고 강조하였다. 한편 동경주재 서양공사들에게 보내기 위한 탄원서에서는 "유구가 오랫동안 중국의 외번(外藩)으로 지내왔으나 국내의 정령(政令)은 자치를 허락받았다"거나, "폐국은 작지만 스스로 일국(一國)을 이루고 있고, 대청국의 연호를 준용하지만 대청국의 천은(天恩)이 고후(高厚)하여 자치를 허락받았다"[449]고 하여, 오랫동안 자치를 해왔다는 주장을 하였다.

유교국제사회와 관련하여 이용희는 그의 마지막 저서에서 "근대국가 개념이 들어온 후에 주권국가간의 평등이라는 개념이 생겼기 때문에 큰 나라를 섬긴다는 사대라는 말이 아주 나쁜 의미로 쓰이게 되었"다면서, 명분이라는 본래 의미의 사대관계에서는 "특별한 의무 내용을 담고 있는 것이 아니라 사대와 관련된 조공제도와 국내법으로 규정된 양해 이외에는 다른 의무는 없었"다면서 "다만 하나 있다면 동양적인 예(禮)를 갖춘다는 것뿐"[450]이라고 지적하였다. 송·명·청대 중국사절의 조선사행록을 연구한 김한규도 "책봉과 조공이 예 그 자체이기 때문"에 "책봉-조공관계는 예에서 출발해서 예에서 끝나는 관계"[451]였다고 주장한다. 한편 중국학자 진래(陳來)는 "주변국가에 대해 중국은 다만 '책봉의 통치'와 '조공의 규칙'을 실

利而召掣肘之累 國家豈可永保? 父子之道既絕 累世之恩既忘 何以爲人? 何以爲國?

449) 박훈, "유구처분기 유구지배층의 자국인식과 국제관," 『역사학보』, 186 (2005), 152쪽.

450) 이용희, 『미래의 세계정치』(서울: 민음사, 1994), 53-55쪽.

451) 김한규(2011), 146쪽.

행했을 뿐, 그 지역의 자주적 통치자의 세계(世系)에 간섭하지 않았고 또한 그 인민들을 직접 통치하려고 하지도 않았다. 그 인민들은 중국 황제에 대해 조세의 의무가 없었다. 이런 관계에서 주변세계에 대해 중국은 예제라는 형식의 요구를 가장 중요시했지만, 중국천자는 그 토지와 재산을 욕심내지 않았다"[452]고 강조한다. 한 일본학자는 조공국 국왕들이 "중화제국의 황제가 천하의 절대적인 권력자라는 것만 인정한다면 실제로는 거의 아무런 권익의 침해를 받지 않" 았던, 즉 "황제가 국가의 법을 통해서 물리적인 힘을 이용해 직접 통치하는 '법의 영역'"이 아니라 "실제로는 아무런 개입도 하지 않지만 넓은 덕의 감화에 의해 이념적으로 통치하는 '덕치의 영역'"에 속해 있어서, "거의 완전한 내정의 자유가 허용"되었으며 "조공국은 이(중국황제의) '예'에 따르기만 하면 됐다"[453]고 지적하였다. 한마디로 유교문명권의 국제관계에 대하여 김한규는 "차등적이나 독립적인 관계"[454], 김봉진은 '위계적'이고 '불평등'하나 '균등한' 관계[455], 이삼성은 "공식적인 위계를 전제하되 약소사회의 내적 자율성을 전제한 제3의 질서"[456]였다고 각각 평가하고 있다.

유교사상에서 예에는 일정한 한계가 있다는 원칙과 위에서 언급한 세종이나 양성지, 이율곡 등의 주장이나 유구의 예에서 알 수 있

452) 陳來, "중화문명의 가치관과 세계관," 김광억 · 양일모 (편저), 『중국문명의 다원성과 보편성』(서울: 아카넷, 2014), 110쪽.

453) 木村 幹, 『조선/한국의 내셔널리즘과 소국의식』, 김세덕 옮김(서울: 산처럼, 2002), 49-51쪽.

454) 김한규(2005), 486, 829-30쪽.

455) 김봉진, "화이질서의 재해석," 『전통과 현대』 97년 겨울호, 267-68, 278쪽.

456) 이삼성(2009), 11쪽.

듯이, 적어도 유교사상에서 본다면 유교권의 국제관계는 '예에 근거한 관계'가 그 핵심이었다고 하겠다.457) 이처럼 유교문명권의 국제관계는 예를 기반으로 하였고, 예를 지켜나가면 아무 간여도 받지 않는 것이 원칙이었다.458) 실제 그러한 예규범이 제대로 준수되지 못한 경우도 없지 않았음은 물론이나, 적어도 유교사상을 기준으로 본다면 이와 같은 결론을 내릴 수 있다고 본다. 즉 '예를 준수하는 한 간여를 받지 않는 관계'였다고 하겠다. 그러나 이러한 유교문명권이 1880년대 이르러 '서구충격'과 중국의 종주권에 대한 '일본의 도전'으로 붕괴되었던 것이다.459)

---

457) 『史記』 권113, 南越傳에서도 "선왕께서 예전에 천자를 섬기는데 예를 어긋나지 않아야 한다[先王昔言 事天子期無失禮]"고 하였다.

458) 최근의 한 연구에서 명나라가 조선의 태조와 중종 · 광해군 · 인조의 책봉을 거부하고 지연시켰는데, 이는 예 차원의 문제라기보다 태조 때에는 요동을 둘러싼 양국 갈등, 광해군이나 인조 때에는 후금과의 밀착 경계 등과 같은 국가이익 때문이라고 주장하고 있으나, 중종의 책봉 때에는 별다른 현실 문제를 지적하지 못하고 있다. Ji-Young Lee, "Diplomatic Ritual as a Power Resource: the Politics of Asymmetry in Early Modern Chinese-Korean Relations," *Journal of East Asian Studies,* Vol. 13 (2013), pp. 322-27. 물론 예규범이 구체적으로 실천되는 과정에서 여러 가지 현실요인들이 작용되었음은 물론이나, 이들의 경우 모두 황제가 책봉한 국왕을 퇴위시키고 왕이 되었기 때문에, 예 차원에서 당연히 문제시되었던 것이다. 유교문명권에서 예질서는 곧 정치질서이기도 하였던 것이다.

459) 이에 대해서는 Kim(1980)에서 자세히 설명하고 있다. 한편 1880년대 청나라의 대조선 간섭에 대하여 대만학자 장존무는 청초기의 간섭정책으로 되돌아간 것으로 해석하고 있다. 張存武, 『淸代中韓關係論文集』(대북: 臺灣商務印書館, 1987), 2, 4장. 그러나 청은 무력을 통하여 책봉 · 조공관계를 강요함으로써 유교적 기준으로 비정상적인 일이였다. 일찍이 이용희는 "양성지가, 몽고가 용병을 해서 병을 써가지고 고려를 굴복시켜 조공관계에 들어간 것은 사대관계가 아니라고 판단"하였다며, 명분상으로 보면 "그 점은 결정적"이라고 지적하였다. 이용희(1977), 181쪽. 뿐만 아니라 청은 이미 1860년대부터 서구국제질서를 본격 수용하였으며 대조선 간섭은 형식상으로는 전통외교를 내세웠으나 실제로는 서구적 방식을 따르는, 즉 변질되었다고 보아야 할 것이다. 무엇보다 청나라가 1881년 초 양무와 관련된 긴요 사안은 '신속처리와 기밀유지'를 위해 기존의 예부로부터 북양대신

다음으로 조선은 유교국제사회에서 어떠한 위치였는지 알아보자. 되풀이 지적하듯이, 중세시대의 또 다른 특징은 상하위계질서였다는 사실이다. 유교문명권에서 천자와 그 제후국인 조공국 국왕들은 상하군신관계였으며, 이는 무엇보다 '봉표칭신'이나 '삼궤구고'(명대에는 '오배삼고') 등을 포함한 일련의 예의규정에 잘 나타나 있다.

조선의 경우, 책봉에서도 특별한 대우를 받았다. 무엇보다 유구·월남과 마찬가지로 중국이 직접 사절을 보내 책봉해준[遣使往封] 나라였으며, 이들 세 나라 이외의 경우에는 원칙적으로 해당국의 조공사절이 오면 그 편에 주어 보냈을[順付] 뿐이었다.[460] 또한 조선은 국왕뿐만 아니라 왕비와 왕세자까지 책봉을 받았던 유일한 나라였으며,[461] 다른 조공국들과는 달리 '금인(金印)'을 받았고,[462] 책봉사

과 주일공사에게 이관하는 '제도개편'을 단행했던 데에서 전통질서의 붕괴라는 점이 잘 드러나 있다. 『淸德宗實錄』 권126, 光緖 7년 정월 무자(1881.2.23.): 査屬藩定制 公牘來往 職在禮部 不特有需時日 且機事亦易漏泄. 嗣後遇有洋務緊要之件 請由北洋大臣及出使日本大臣與該國通遞文函 相機開導. 이와 관련하여 구선희, 『한국근대 대청정책사연구』(서울: 혜안, 1999); 권혁수, 『19세기말 한중관계사연구』 (서울: 백산자료원, 2000); Kim(1980), Chaps. 7-8; Kirk W. Larsen, *Tradition, Treaties, and Trade: Qing Imperialism and Choson Korea, 1850-1910* (Cambridge: Harvard University Press, 2008), Chaps. 4-8 참조.

460) 『대청회전사례』 권502, 禮部 朝貢 勅封. 중국이 이적의 나라에 사절을 보내는 것은 드문 일로 여겼다. 『조선선조실록』 권76, 29년 4월 20일 병진조 유성룡의 지적 참조. 조선 역시 야인·왜인 같은 이적에게 사신을 보내는 것은 "국위를 손상[大國遣使於小醜 虧損國威]"한다거나, "대의에 해로움이 있다[送人虜中 有害大義]"고 인식하였다. 『조선연산군일기』 권22, 3년 4월 26일 정유; 『조선인조실록』 권33, 14년 9월 19일 경신.

461) 실제 중국이 지적하였듯이, "내자(왕비)를 추봉하는 의식은 오직 예의의 나라에게만 특별히 시행하는[然推封內子之典 則惟於禮義之國 有特施焉]" 특전이었다. 『조선중종실록』 권32, 13년 4월 21일 기축. 또한 조선 후기의 학자 이긍익도 "중국(천조)에서 우리나라를 대접하는 것이 다른 외국들과는 훨씬 다르다"면서 황제 등극·황장자 탄생·태자 책봉 시 모두 조사(詔使)를 보내어 우리나라에 반포하였

도 유구나 월남보다 고위 관리를 보내왔던 것이다.463) 조공에서도, 우선 조공횟수에서도 1년 3~4공으로 가장 빈번하였을 뿐 아니라, 유일하게 조공사절이 전원 입경하였으며, 서열에서도 항상 최상위였고, 교역활동 등 기타 여러 특전과 우대를 받았음은 이미 언급하였다.

조선의 위상에 대해 『명사』에서 "(명)조정에서도 또한 각별한 예로 대우하였으니 다른 나라에서는 감히 바랄 수 없는 일"464)이라 평하였다. 한마디로 조선은 중국으로부터 '내복 또는 역내와 다름없다[一視內服]'는 대우를 받았던 것이다.465) 조선 또한 이러한 사실을

으며 "우리나라의 왕을 책봉하고 세자를 책봉할 때는 곧 내관(內官)을 보내었으니, 내관이 조서를 받들고 오는 것은 큰 은전이다. 중국의 친왕(親王)을 책봉할 때에도 또한 내관을 보내지 않는데, 우리나라에만 보내니 그 영광스러움이 막대한 것"이라 지적하였다. 李肯翊, 『燃藜室記述』 별집 권5, 事大典故 皇朝喪 詔使; 『국역 연여실기술』, IX(민족문화추진회, 1982), 365쪽.

462) 명대에 조공국 국왕에게 수여하는 인장은 금인 · 도금은인 · 은인 3종류였는데 조선과 일본에게는 龜紐금인이, 유구나 안남 등의 나라에게는 駝紐鍍金銀印이 각각 주어졌다. 『明史』 권68, 輿服志4 및 권73, 職官志. 이와 관련하여 정조 22년 사은 겸 동지사행의 서장관으로 중국에 다녀온 徐有聞은 "자문(咨文)에 대국에서 내려보낸 인장(印)을 찍었으니, 글은 '조선국왕지인(朝鮮國王之印)'이라 하였으니, 금으로 만들고 거북뉴[龜紐]를 앉혔으며, 오른편에 전자(篆字)로 쓰고, 왼편에 만주(滿洲) 글자로 썼으니, 만주는 칸[汗]이 일어난 지방이라. 대국의 법에 금으로 만든 인의 거북뉴는 친왕(親王)에게 주는 인이요, 친왕은 황제의 형제와 아들을 일컫는 이름이라. 안남국(安南國) · 유구국(琉球國) 같은 나라는 다 은으로 만든 인에 탁타뉴(橐駝紐)를 앉혔으니, 이로 보아도 우리나라를 대접하는 것이 외국과 비교할 수 없는 줄 알러라"라며 특별한 대우를 받음을 자랑스러워 하였다. 서유문, "무오연행록," 『연행록선집』, VII(민족문화추진회, 1975), 무오년 10월 16일, 19쪽.

463) 錢實甫, 『淸代的外交機關』(북경: 삼련서점, 1959), 28-29쪽; 劉爲, 『淸代中朝使者往來硏究』(하얼빈: 흑룡강교육출판사, 2002), 51-55쪽.

464) 『明史』 권320, 朝鮮傳, 頁8285: 朝廷亦待以加禮 他國不敢望也. 또한 명대 嚴從簡, 『殊域周咨錄』(북경: 중화서국, 1993), 15, 22-23, 30, 46쪽 등 참조.

465) 유교문명권은 네 개의 층으로 나눌 수 있으니, 첫째 층은 천자의 나라인 중국으로 중앙[京師]과 지방을 포괄하였다. 둘째 층은 내복(內服) · 내번(內藩)으로 자치는

매우 자랑스러워하였으니, 예컨대 북학파 홍대용은 "우리나라가 대명을 섬긴 지 2백여 년이 되었으며 임진년 재조(再造)의 은혜를 입은 이후로는 군신의 의리에 부자의 은혜까지 겸하게 되었다. 대명이 돌보고 대해주는 바와 우리나라가 의지하고 우러러보는 바는 내번(內藩)과 다름이 없으며, 다른 외이(外夷)들이 가히 비할 바가 아니다"[466]고 하였다.[467]

나아가 중국의 조선 우대는 때로 다른 조공국들의 선망의 대상이 되기도 하였다. 예컨대 안남국왕은 조선에 대해서와 마찬가지로 곤면(곤룡포와 면류관)을 하사해달라고 요청하였으나, 명 조정이 이를 허락하지 않았다.[468] 유구도 조선·안남의 경우처럼 조서를 내려달라고 주청하였으나[乞頒詔], 명나라의 허락을 받지 못하였다.[469]

하되 자주권은 갖지 못한 채 중국 법령과 제도의 직접 적용을 받는 지역으로, 청나라 때의 몽고나 티벳, 신강지역을 들 수 있다. 셋째 층이 외복(外服)·외번(外藩)으로 중국판도 이외의 지역이며, 조공국들이 이에 속하였다. 마지막 층이 화외(化外)로서 천자의 교화가 미치지 못하는 지역이었다. 이들 층은 기본적으로 피라미드형 구조였으며, 그 최정상에 천자가 존재하였다. 권선홍(2004), 70-73쪽.

466) 『湛軒書』 內集 권3, 答韓仲由書; 『국역 담헌서』, I (민족문화추진회, 1974), 323쪽: 我國之服事大明二百有餘年 及壬辰再造之後 則以君臣之義 兼父子之恩 大明之所見待 我國之所依仰 無異內藩而非他外夷之可比也.

467) 조선이 '내복'·'내번'과 같이 우대를 받고 있다는 주장은 조선시대의 일반적 인식이었다. 뿐만 아니라 위에서 언급하였듯이 이율곡은 조선과 명나라 관계를 주왕실과 제·노나라에 비유하였으며, 국왕 정조 역시 "황조에 대한 우리 동국은 마치 주왕실에 대한 노나라와 같다[我東之於皇朝 若魯之於周]"며, 자랑스러워 하였다. 『弘齋全書』 卷4, 春邸錄四 雜著 題資治通鑑綱目新編20卷之首 甲午.

468) 『明英宗實錄』 권279, 天順 원년 6월 갑오. 또한 王小甫 等, 『中韓關係史(古代卷)』 제2판(북경: 사회과학문헌출판사, 2014), 274쪽; 宋慧娟, 『清代中朝宗藩關係嬗變研究』(장춘: 길림대학출판사, 2007), 20쪽; 曹雯, 『清朝對外體制研究』(북경: 사회과학문헌출판사, 2010), 38-39쪽; 何新華(2012), 115, 165, 196, 234, 269, 330, 333쪽 참조.

469) 『明憲宗實錄』 권151, 成化 12년 3월 기미. 유구는 일본·점성 등과 같이 해외의

1736년에는 섬라사절이 조선사신과 같은 대우를 받게 해달라고 하였으나, 건륭제는 섬라사절은 조선사신과는 달리 중국의 문물·예의에 익숙치 못하기 때문에 허락할 수 없다며 거절하였다.[470)]

이와 관련하여 유교문명권에서 일본의 위상은 어떠하였을까. 앞서 언급한 이용희 등의 주장에서 알 수 있듯이, 주변부에 위치하였다고 본다.[471)] 그러나 일본에서는 서구기준에 따라 대체로 중화질서 속에서 역대 중국왕조에 복속하였던 조선과 월남에 비해 자기 나라는 독립된 입장을 관철하였다고 주장하고 있다. 그렇지만 이미 언급한 내용에서 짐작할 수 있듯이, 피라미드형의 위계구조에서 일본은 주변부 즉 하단부 쪽에 위치하며 '치지도외'되는 위치였던 것이다. 그에 따라 일본은 중국에 조공할 수 있도록 주선하여 줄 것을 조선 측에 여러 차례 요청하여왔다. 예컨대 세종 때에도 일본을 다녀온 통신사가 일본국왕이 "청컨대 돌아가거든 귀국 왕에게 고하여 (부왕의 뜻을 이어받아 상국을 받들어 섬기려는) 내 뜻을 상국에 전달하게 하여 먼 곳에 있는 오랑캐도 성화(聖化)를 입도록 하여 주시요"라 하였다는 말을 전하였다. 이를 전해들은 세종은 그 뜻이 매우 아름다운 것이라 하면서 "대개 작은 나라가 능히 스스로 큰 나라에 상달하지 못하면 반드시 번국(藩國)의 신하에게 의뢰하여 그 성의를 주달하는 것은 옛날부터 그러했으니, 이제 주달하지 않으면 이는 개과천선하

나라로서 조서를 내려주는 전례가 없다는 이유에서였다.

470) Suebsaeng Promboon, "Sino-Siamese Tributary Relations, 1282~1853," Ph. D. diss., University of Wisconsin, 1971, p. 207.

471) 한 일본학자도 조선은 "주자학의 우등생"이었고, 월남은 유교와 동남아문명의 복합문명사회였고 일본은 "유교의 예 없는 나라"라 평하였다. 小島 毅, 『유교와 예』, 김용천 옮김(고양: 동과서, 2007), 4장.

려는 마음을 저지하는 것이 될 것이며, 또 우리나라가 아니면 (일본은) 실상 의지할 만한 곳이 없으니 마땅히 그 뜻을 상국에 전주(轉奏)해야 할 것"[472]이라고 말하였다.[473] 또한 임진왜란을 일으킨 명분으로, 오랫동안 조공을 바치지 못하여 그 반열에 참여하지 못하는 버림받은 나라[棄國], 중국이 더불지 않는 나라인 점을 분하고 수치스럽게 여기고 조선에 그 알선을 청하였으나 거절당한 것을 일본 측에서 내세우기도 하였다.[474] 이러한 사실은 다른 문명권에서도 찾아볼 수 있으니, 예컨대 비잔틴문명권에서도 지위가 높을수록 황제와 가까이 위치하였으니,[475] 이는 위계질서하의 중세시대에는 보편적인 현상이었다고 하겠다. 한마디로 조선은 유교문명권에서 "속국의 우두

472) 『조선세종실록』 권46, 11년 12월 9일 신사: 蓋小國不能自達於大國 必賴藩屛之臣導達誠意 自古而然 今不奏達 則是沮其遷善之心 且非我國 則實無憑藉之處 宜將其意轉奏上國.

473) 또한 세조 때에도 일본의 요청이 있자(『세조실록』 권14, 4년 10월 12일 병인), 중국에 이를 알려 주었을 뿐 아니라(같은 책 권15, 5년 1월 4일 정해) 중국 측의 윤허를 받았다며 이를 공손히 준수하여 시행하라는 내용의 문서를 일본사신에게 주어 보내기도 하였다(같은 책 권16, 5년 4월 16일 정묘). 한편 거절한 예로서는 『세조실록』 권33, 10년 6월 18일 경자; 『성종실록』 권59, 6년 9월 13일 기미 및 19일 을축; 『중종실록』 권100, 38년 4월 21일 을미 및 5월 16일 기미조 등 참조.

474) 예컨대 『조선선조실록』 26년 3월 24일 기묘, 27년 11월 1일 을해, 29년 8월 7일 임인, 38년 7월 5일 정축 및 『조선선조수정실록』 24년 윤3월 1일 병인조에 보이는 일본 측 주장이나, 『조선선조실록』 37년 2월 23일 갑진, 39년 4월 24일 임술, 『조선선조수정실록』 24년 5월 1일 을축조의 조선이 일본에 보내는 국서 참조. 한 예로서 강화문제 등을 논의하는 과정에서 일본 측은 "南蠻과 유구는 다 外夷인데도 大明에 공물을 바치고 신하로 일컫는데, 일본만이 버림받은 나라가 되어 그 대열에 참여하지 못한다. 전에 이 뜻으로 조선에 청하여 大明에게 전달하려고 하였는데, 조선이 기꺼이 허락하지 않으므로 부득이 군사를 이끌고 나왔다. (…) 귀국(조선)이 만일 이러한 의사를 天朝에 전달하여 특별히 天使를 보내어 封爵을 해주게 한다면 소원이 이루어진 것이니 즉시 철군해 돌아갈 것"이라 하였다. 『조선선조실록』 27년 11월 1일 을해.

475) Ostrogorsky(1956), p. 3. 또한 Hamilton & Langhorne(2011), pp. 19-25 참조.

머리"[476], "2인자의 위치"[477]였던 것이다. 따라서 사대를 단순히 비자주적인 굴욕이라 보는 주장은 서구인들의 영향을 받은 근대적 시각에 의한 것으로, 역사적 실상과는 거리가 있다고 하겠다.

끝으로, 장래 동아시아지역의 안정과 평화를 위해 계승·발전시킬 만한 요소들을 찾아보고자 한다. 첫째로 유교문명권은 매우 평화적이었다는 점을 들 수 있다. 우선 유교사상을 보더라도, 일찍이 공자는 "예를 실천하는 데에는 조화로움이 중요"[478]하다면서, "먼데 사람이 복종하여오지 않으면 문덕을 닦아서 (그들이) 오게 하고, 이미 온 뒤에는 편안하게 해주어야 한다"[479]고 강조하였다. 『중용』 9경(九經)장에서는 "먼데 사람들을 어루만져주는 것[柔遠人]"과 "제후들을 품어주는 것[懷諸侯]"을 강조하고 있으며, 『예기』에서도 "유학자는 충과 신으로 갑주를 삼고, 예와 의로 방패를 삼고, 인을 이고 행동하며 의를 품고 살아간다"[480]고 하였다. 동중서는 "가까운 데 사람을 친애하여 먼 데 사람을 오게 한다"[481]고 하였고, 후한 초기 하휴도 "오는 사람은 막지 않고 가는 사람은 쫓지 않는다"[482]고 하였는데, 이러한 유교의 원칙과 이상은 후대에도 큰 영향을 주었음은 물론이다. 또한 유교라는 가치관을 공유하면서 "민족의 차이를 넘은

---

476) 『조선선조실록』 권185, 38년 3월 13일 정해: 殿下爲屬國首.
477) 계승범, "15~17세기 동아시아 속의 조선," 이익주 외(2010a), 278쪽.
478) 『논어』 학이편 12장: 禮之用 和爲貴.
479) 『논어』 계씨편 1장: 遠人不服則修文德以來之 旣來之則安之.
480) 『禮記』 儒行: 儒有忠信以爲甲冑 禮義以爲干櫓 戴仁而行 抱義而處.
481) 『春秋繁露』 王道 및 十指篇: 親近以來遠.
482) 『春秋公羊傳』 隱公 2년 (何休) 注 : 王者不治夷狄. 錄戎者, 來者勿拒, 去者勿追.

연대감을 낳았다"[483]고 하겠다. 한마디로 유교문명권에서는 "병기는 흉기"라면서, 대체로 전쟁을 부정적으로 여겼다.[484]

또한 명·청 왕조는 대체로 방어적인 수비를 기본정책으로 내세웠다. 예컨대 명 태조 주원장은 원나라가 침략전쟁을 일삼고 일찍 멸망한 일에서 교훈을 얻어, 다른 나라가 중국을 침범하지 않는 한 기본적으로 우호관계를 유지하고자 하였다. 즉 그는『황명조훈』에서 자손들에게 다음과 같은 간절한 훈계를 남겼다.

> 사방 여러 이적들은 모두 산으로 막히고 바다로 떨어져 있는 한쪽 구석에 궁벽하게 살아가고 있다. 그 땅을 얻는다 하더라도 공급을 하기에 부족하고, 그 사람들을 얻는다 하더라도 명령하고 부리기에 부족하다. 만일 그들이 자신의 역량을 알지 못하고 우리 변경을 침범하고 소요를 일으키면 곧 그들에게 매우 큰 불행이 될 것이다. 그러나 그들이 중국에게 환란을 끼치지 않는데도, 우리가 군사를 일으켜 경솔하게 침범하는 것도 또한 매우 큰 불행이다. 나는 후세 자손들이 중국의 부강함을 믿고 일시적인 전공을 탐내어 이유 없이 군대를 일으켜 인명을 살상하지 않을까 염려하여, 간절히 그 불가함을 적는다.

---

483) 土田健次郎,『유교를 아십니까』, 성현창 옮김(서울: 그물, 2013), 6쪽.

484) 한 일본학자는 "유교의 역사를 꿰뚫어 변하지 않았던 것 중의 한 가지는 힘의 부정, 무력의 경시"라고 지적하였다. 島田虔次,『주자학과 양명학』, 김석근·이근우 옮김(서울: 까치, 2001), 80쪽. 한편 박상섭은 중세 서구사회에서도 "최상위에는 교황과 황제가 있고, 다음 수준에 각 지역의 군주들, 그리고 그 밑에 지방귀족들이 위계질서를 이루면서 병존하는 독특한 정치질서는 13세기 중엽이후 15세기에 이르기까지 서유럽을 지배했던 토마스 아퀴나스의 정치이론에 의해 지지되었다. 기독교적 우주관에 아리스토텔레스의 정치사상을 접목한 이 토미즘(Thomism)은 다양한 권위체들의 위계질서로 구성되는 조화로운 단일세계의 모습을 제시했는데, 이 사상은 유럽의 각 지역에서 출현한 영토 군주의 승리와 함께 붕괴되기 시작했다"고 지적하였다. 박상섭(2008), 197쪽.

라고 하면서, 구체적으로 '정벌해서는 안 되는 나라[不征之國]'로 조선·일본·유구·안남 등 15개국을 열거하였다.485) 즉 외국이 중국 변경을 침범해오면 당연히 물리쳐야 하지만, 침범하지 않는 한 경솔하게 침략전쟁을 해서는 안 된다고 훈계하였다. 조선도 유교명분에 충실하였으니, 예컨대 조선에 왔다가 돌아가는 명나라 사신을 전송하면서 쓴 글에서 권근은 다음과 같은 소망을 드러내었다.

> 생각하건대, 옛날 성인들이 중국을 다스릴 적에 많은 나라를 세우고 제후들과 친하며, 큰 나라는 작은 나라를 돌보고 작은 나라는 큰 나라를 섬기며[大以字小, 小以事大] 각기 그 정성을 다하게 한 것은 먼 나라나 가까운 나라나 모두 화목하게 하려 한 것이었다. 삼가 생각하건대, 명나라[皇明]가 만방을 어루만져주매 인(仁)이 깊고 덕이 두터워, 무릇 천지 사이에 있는 동물이나 식물 따위도 모두 그 은택에 젖었다. 그러므로 해외에 있는 우리나라도 누구든 똑같이 사랑해 주시는[同仁] (황제의) 덕화를 입게 되어, 신임하는 은전과 애도하는 책명으로 처음과 끝을 바르게 하는 것이 갖추어지게 되었으니, 천명을 즐기고 작은 나라를 돌보는 어짊이 지극하도다.486)

즉 큰 나라와 작은 나라가 각기 그 정성을 다하여 모두 화목하게 지내고, 황제의 덕화를 칭송하였던 것이다. 후일 인조는 "강국도 약

---

485) 『皇明祖訓』 箴戒章; 『明會典』 권105, 예부63 조공1 동남이 상: 四方諸夷皆限山隔海 僻在一隅 得其地不足以供給 得其民不足以使令. 若其自不揣量 來撓我邊 則彼爲不祥, 彼旣不爲中國患 而我興兵輕伐 亦不祥也. 또한 『明太祖實錄』 권68, 洪武 4년 9월 신미조 참조.

486) 『陽村集』 권16, 序類 送行人段公祐使還詩序; 『국역양촌집』 III(민족문화추진회, 1978), 40-41쪽: 予惟昔聖人之莅中國也 建萬國親諸侯 大以字小 小以事大 各盡其誠 所以致遠近之洽和也 欽惟皇明撫有萬邦 仁深德厚 凡在天地之間 動植之類咸濡其澤 故我海外之邦 獲被同仁之化 寵典懸册 所以正終始者旣備 樂天字小之仁至矣.

한 나라에 대해 거만하게 대해서는 안 되는 법"[487]이라 하였다.

나아가 전쟁빈도수에서 근대 서구사회와는 비교가 안 될 정도로 적었다는 사실에서 잘 드러난다. 일찍이 이용희는 17세기 100년 동안 유럽에서 완전 무전쟁상태는 불과 7년간이었으며 근대 전후기의 유럽 주요 국가들이 2년 중의 1년은 전시환경 중에 있었다고 추정되는데 반하여, 한국의 경우 유럽에 비하면 11분의 1에도 못 미친다고 지적하고 있다.[488] 홀스티도 서구사회에서는 전쟁을 영웅시하였다며, 1648년부터 1713년까지 22차 전쟁이 일어나 3년에 한번 전쟁이 일어났고, 1715~1814년에는 36차 전쟁으로 2.85년에 1번, 1815~1914년은 31차 전쟁으로 3.3년에 한번 전쟁이 일어났다고 하였다.[489] 최근의 한 연구에서도 아편전쟁 이전 약 500년간 동아시아국가들 간에 6차례의 전쟁이 있었다면서, 상대적으로 평화로웠다고 강조하였다.[490] 이와 관련하여 이용희는 유교문명권의 경우 "힘보다

---

487) 『조선인조실록』 권34, 15년 1월 2일 임인: 强國之於弱國 亦不當慢以待之. 한편 중종 연간에 조광조는 야인 속고내를 불의에 엄습하여 사로잡자는 조정 중론에 대하여, 도와 인의 등 유교명분을 내세워 반대하였다. 『조선중종실록』 권34, 13년 8월 17일 갑신.

488) 이용희(1962), 125-26쪽.

489) Kalevi J. Holsti, *Peace and War: armed conflicts and international order 1648-1989* (Cambridge: Cambridge University Press, 1991), pp. 47-49, 66, 84, 142. 전쟁사에 관한 권위자 하워드는 "8세기와 18세기에 이르는 천 년의 기간 동안 유럽사회는 다른 어떤 사회보다 호전적이었으며, 그러한 호전성이 결과적으로 유럽의 세계지배를 가져온 주요한 요인들 중 하나가 된다"고 지적하였다. 마이클 하워드, 『평화의 발명』, 안두환 옮김(서울: 전통과현대, 2002), 21쪽.

490) Kang(2010), Chap. 5. 그는 명의 안남침략(1407-28)과 일본의 조선침략(1592-98)은 유교문명권 국가 간 전쟁으로, 청의 중국침략(1618-44), 청의 조선침략(1627, 1637), 청의 신강침략(1690-1757), 아편전쟁(1839-41)을 포함하여 1368년부터 1841년까지 6차례 전쟁이 있었다고 하였다. 그러나 여기에 1609년 일본 薩摩藩의 유구침략과 1788년 청의 안남침략도 포함시켜야 한다. 한편 켈리는 청 왕조가

는 권위에 의존하는 면이 강하였고, 따라서 평화를 유지하는 경향도 그만큼 컸다"고 하면서 "'서계적 국제주의(國際主義)'라고 할 수 있지 않을까"[491]라고 적극 평가하였다.

둘째로 중국과 조공국 관계는 대체로 호혜적이었다는 점이다. 우선 위에서 언급한『중용』9경장에서도 "제후들을 품어주는 것"을 강조하고 있다.

> 무릇 천하 국가를 다스리는데 9가지 원칙이 있다. (…) 제후들을 품어주는 것[懷諸侯]이다. (…) 제후들을 품어주면 천하가 경외하게 된다. (…) 끊어진 대를 이어주고 무너진 나라를 일으켜주며, 어지러운 것을 다스려주고 위태로운 것을 붙잡아주며, 조근과 빙문을 때에 맞추어 하고, 보내는 예물은 후하게 하고 받는 공물은 적게 하는 것[厚往而薄來]이 제후들을 품어주는 방법이다.

이처럼 '후하게 주고 적게 받는다'는 '후왕박래'나 물건보다 인정을 중시하는 '물박정후(物薄情厚)'[492]의 유교 원칙과 이상은 후대에도 큰 영향을 주었음은 물론이다. 이처럼 유교에서는 "예를 귀하게 여기고 재물을 천하게 여기며, (…) 예를 먼저하고 재물을 뒤로 한다"[493]라며, 재물보다는 예가 중요하다고 강조하였던 것이다. 또한

유교권 국가들에게는 매우 평화적이었으나, 비유교권에 대해서는 힘의 비대칭을 전형적으로 이용하였다고 지적하였다. Robert E. Kelly, "A 'Confucian Long Peace' in pre-Western East Asia?" *European Journal of International Relations*, Vol. 18, No. 3 (2011), pp. 407-30.

491) 이용희(1977), 166-69쪽.

492)『小學』外篇권6, 實敬身: 會數而禮勤 物薄而情厚.

493)『禮記』향음주의: 貴禮而賤財... 先禮而後財.

명 · 청대 황제들도 그러한 정책을 취했다고 하겠다. 예컨대 명 영락제는 멀리서 온 이적에게 세금 부과하는 문제에 대해 그 이익을 뺏더라도 얼마나 얻겠냐며 오히려 천조 체면을 크게 손상시킬 거라면서 반대하였다.[494] 청 옹정제도 "천조가 어찌 작은 나라와 이익을 다투겠는가"라며 조공국을 후대하였다.[495]

나아가 이러한 원칙은 조선에서도 수용 · 적용되었다. 예컨대 세종은 "왜인과 야인이 바치는 토산물을, 예조 낭청이 객관에 나아가서 객인들과 더불어 같이 앉아서 장인(匠人)으로 하여금 간품(看品)하여 좋고 나쁜 것을 분간해 물리치는 것은, 값을 계산하고 이익을 다투는 것과 같"다면서 "먼 나라 사람을 대접하는 뜻에 어긋남이 있"[496]으니 고치라 하였다. 성종 연간에 대마도주에게 답한 서계에서도 "이제 대마도주가 능히 변통하여 의(義)를 지키고 정성껏 우리나라를 섬기어, 무릇 교유하는 것은 명을 들으면 의심하지 않고 곧 행하며 또 스스로 위축하지 아니하고 생각이 있으면 모두 아뢰니, 내가 매우 가상하게 여긴다"는 왕의 명을 전달하면서 "이제 후하게 가고 박하게 와서 해마다 여러 만금을 소비하여도 아끼지 않는 것은, 어찌 앉아서 창고에 쌓은 것을 소비하는 것이 아까운 줄 모르겠느냐?

---

494) 『明太宗實錄』 권24, 永樂 원년 10월 갑술: 商稅者, 國家以抑逐末之民, 豈以爲利! 今夷人慕義遠來, 乃欲侵其利. 所得幾何, 而虧辱大體萬萬矣. 또한 『明宣宗實錄』 권82, 宣德 6년 8월 을미: 朕體天心以御天下, 豈忍利人之災困人于危; 『明神宗實錄』 권307, 萬曆 25년 2월 을해: …天朝不利一民一土. 참조.

495) 『淸世宗實錄』 권31, 雍正 3년 정월 경자삭: …天朝豈宜與小邦爭利?… 貪利倖功之擧, 皆不可爲訓. 또한 『淸高宗實錄』 권315, 乾隆 13년 5월 임자: (豈有以天朝之大, 與荒徼小國爲難之理?) 참조.

496) 『조선세종실록』 권65, 16년 7월 11일 병술: 倭野人進上土宜 禮曹郎廳進客館 與客人同坐 令匠人看品知重 分善惡而退之 似乎計價爭利 有違待遠人之意.

우리 전하께서 특별히 피차의 백성을 생각하여 일시 동인(一視同仁)한 까닭"[497] 운운하였다. 더욱이 서구의 조공관계는 대체로 정복과 피정복관계였으며, 조공에 대해서도 그에 상응하는 회사품이 없는 일방적 행위가 일반적이었던 점과 대비된다고 하겠다.[498]

이미 언급한 대로 전해종은 청과의 관계에서 조선 측의 손실이 컸다고 하였다. 즉 청이 조선 측에 내려준 물품은 조선의 세폐와 방물에 비해 10분의 1에 미달하여, 조선에게는 "경제적 이득은커녕 막대한 손실을 초래하였"으며 경제적으로 "매우 불리한 것"이라 지적하였다.[499] 이에 대하여 이용희는 힘에 의한 사대의 경우에 조공은 착취이거나 가혹한 공부(貢賦)였다고 하겠으나, 명분관계인 경우에는 여러 이익이 조공국에 있었던 것이 대체의 실정이라고 하였다.[500] 당시 사람들의 평가를 보면, 예컨대 세종은 "또 들으니, 내가 사대의 예를 지나치게 한다고 말한다는데, 지금 명나라가 사신을 보내오고 상을 주고 하는 일이 없는 해가 없을 정도로 예우가 융숭함이 일찍이 없었다"[501]라고 하였다. 이처럼 명의 대우가 매우 후하다고 지적하

497) 『조선성종실록』 권20, 3년 7월 17일 임자: 今對馬島主能通變守義 事大以誠 凡於所諭 聞命卽行 無有疑貳 又不自阻 有懷悉陳 予甚嘉之. · · · 凡今厚往薄來 歲費鉅萬而無所惜者 寧不知坐費儲廩之爲可靳也哉? 惟我殿下特念彼此人民 一視同仁故耳.

498) 張雙智, 『淸代朝覲制度硏究』(북경: 학원출판사, 2010), 6장. 또한 Abraham I. Pershits, "Tribute Relations," in S. Lee Seaton & Henri J. M. Claessen (eds.), *Political Anthropology* (The Hague: Mouton Publishers, 1979), pp. 149-54 참조.

499) 전해종(1970), 59-112, 특히 85, 99, 112쪽.

500) 이용희(1977), 160-61쪽. 조선은 청과 전쟁을 통해 조공관계가 수립되었으며, 세폐는 전쟁배상금의 성격이 있다고 하겠다. 양국관계가 호전되면서 청은 이를 점차 삭감하여 주었다.

501) 『조선세종실록』 권40, 10년 윤4월 18일 기해: 又聞議者 以予爲過於事大之禮 方今上國遣使賞賚 無歲無之 其眷遇之隆者無他.

였다. 후일 정조 원년에 청나라에 사절로 갔던 이압은 (북경에 이르는) 연로로부터 사절 숙소에 머무르기까지 중국이 지급하는 여러 물품과 상사(賞賜)하는 물품들을 "모두 계산하면 우리나라 방물 수보다 훨씬 많다[遠過]"[502]고 지적하였다. 정조 역시 사대에서는 "신라와 고려 이래로 행해 오던 일인 데다가 대국(大國)에서 우리 사행(使行)을 접대하고 상으로 하사하는 것이 매우 넉넉하여 그 비용을 계산하면 곧 서로 비등"하지만, 일본과의 교린에서는 '무용지물이나 얻을 뿐 일방적으로 손해'를 보고 있다고 하였다.[503]

한편 조선과 대마도관계를 보면, 대마도가 진상하는 물품보다 조선의 하사품이 많았던 것이 통례였다. 예컨대 1764년 통신정사로 일본에 다녀온 조엄은 "그들이 바치는 것은 우리가 주는 것에 비교하면 10분의 1밖에 안 된다"[504]고 지적하였다. 따라서 중국과 조공국 간의 경제적 손익문제는, 다른 한편으로 소책봉관계 예컨대 조선과 야인・대마도와의 관계까지 함께 고려해야 전체적 실상을 알 수 있다고 본다.

본래 중국은 조공물의 종류와 수량도 지정하였는데, 대체로 공물은 그 나라의 토산물로 하도록 하였고 토산물이 아니면 진상하지 못하게 하였다.[505] 조공물품도 수량보다는 그 정성과 공경을 중시하였

502) 李押, 『燕行記事』 문견잡기 하, 『국역 연행록선집』, VI(민족문화추진회, 1976), 311-12쪽.

503) 정조, 『弘齋全書』 권167, 日得錄: 事大則自羅麗以來所行之事 且大國之接待與賞賜於使行者甚優 計其所費 直相當. 노대환, 『동도서기론 형성과정연구』(서울: 일지사, 2005), 68쪽.

504) 조엄, 『해사일기』 계미년 10월 28일, 『국역해행총재』, VII(민족문화추진회, 1975), 66쪽; 이원식, 『조선통신사』(서울: 민음사, 1991), 122, 329쪽.

505) 錢實甫(1959), 25쪽; Fairbank and Teng(1941), p. 171.

던 것이다.[506] 이러한 점들을 고려한다면 조공국은 경제적으로 이익을 보았거나 별다른 손해는 없었다고 하겠다.

셋째로 유교문명권의 동문(同文)의식 내지 공동체의식이 적지 않았다는 점이다. 이는 무엇보다 유교문명권의 상류층인 사대부계층에서 "문화적인 동류의식이 한문을 매개하여 동문의식으로 나타났던" 것이라 하겠으며, 중세의 보편적 특징이기도 하였다.[507] 유교문명권의 동문의식은『중용』에서 "지금 천하가 수레는 바퀴 폭이 같고 책은 글자가 같으며 행위는 윤리가 같다"[508]고 하여, 행위규범과 문물제도의 공유, 그로 인한 유대의식을 잘 표현하고 있다.[509] 또한 유

506) 예컨대『明太祖實錄』권88, 洪武 7년 3월 계사: 其所貢方物不過表誠敬而已;『명태조실록』권89, 홍무 7년 5월 임신: 自今 寧使物薄而情厚 毋使物厚而情薄;『明宣宗實錄』권63, 宣德 5년 2월 계사: 自今貢獻 惟以土物效誠而已.

507) 이용희(1958), 95쪽. 이러한 점은 "유럽의 귀족사회에서도 매한가지였"으니, "19세기만 하더라도 유럽의 귀인·문사들은 나라를 넘어서 국제적인 사회를 형성하는 면이 있었다"고 하였다. 이용희(1977), 186쪽. 국제정치학의 대가 모겐소의 지적대로, 서구사회에서도 특히 1789년 프랑스혁명을 계기로 귀족주의사회가 민주주의사회로, 보편적이며 초국가적인 도덕규범·행동기준이 국가적 행동기준으로 대체됨으로써 이전까지 대외정책의 운용에 규제를 가할 수 있었던 국제도덕이 퇴조되어 갔으며, 아울러 기독교권의 군주와 귀족들을 결합시켜 주던 국제도덕이 작용되었던 귀족중심의 사해동포주의적 국제사회도 붕괴되어 갔던 것이다. Hans Morgenthau, Politics among Nations, 6th ed. (New York: Alfred A. Knopf, 1985), pp. 260-70.

508)『중용』제28장: 今天下 車同軌 書同文 行同倫.

509) 이러한 동문의식은 훈민정음 창제 당시 최만리 등이 "예로부터 九州 안에 풍토는 비록 다르나, 지방의 말에 따라 따로 문자를 만든 것이 없고 오직 몽고·서하·여진·일본과 西蕃이 각기 그 글자가 있으나, 이는 모두 夷狄의 일이므로 족히 말할 것이 없다[自古九州之內 風土雖異 未有因方言而別爲文字者 唯蒙古西夏女眞日本西蕃之類 各有其字 是皆夷狄事耳 無足道者]"면서, 문물과 禮樂이 중국에 비견되는 조선이 "이제 따로 언문을 만드는 것은 중국을 버리고 스스로 이적과 같아지려는 것[今別作諺文 捨中國而自同於夷狄]"으로서 "어찌 문명의 큰 흠절이 아니겠는가[豈非文明之大累哉?]"라며 반대한 데에서도 잘 나타나 있다.『조선세종실록』권103, 26년 2월 20일 경자.

교문명의 중심지에서 건너온 인물이나 그 자손이 자국의 건국시조가 되어 왕조를 창건하였다는 기록이 한국이나 월남・유구・일본 모두 공통적이었다. 예컨대 일본은 중국고대의 현인 태백(泰伯)의 후예라는 주장이 있고,[510] 조선의 기자나 월남의 염제 신농씨 후예설도 이와 유사한 사례이다.[511]

뿐만 아니라 이미 지적한 대로, 중국 황제들은 '천하부모'이며 천하 만민이 "모두 자신의 적자(赤子)"라 하였으며, 조선이나 유구・월남도 자국 인민이나 땅이 천조(중국)의 소유라든가 또는 천조로부터 받았다고 하면서 황제를 부모에 비유하기도 하였다. 예컨대 임란 당시 선조는 "중국은 부모와 같고 우리나라와 일본은 똑같이 외국으로 자식과 같은 것"이라며, "우리나라는 효자이고 일본은 적자(賊子)"라 하였다.[512] 유구도 "폐국은 누대에 걸쳐 위로부터 책봉을 받아 오랫동안 외번 노릇을 해왔고, 국주(國主)로부터 신민에 이르기까지 천조의 적자(赤子)가 아닌 자가 없"[513]다며, 중국의 외번임을 강조하였다. 나아가 "폐국이 바다 바깥에 고립하고 있다고는 하나, 원래 조선・월남과 함께 천조의 속국이 되어 대대로 조공을 해왔"다며, 같은 조공국들에 대해서 강한 유대감[與國意識]을 보여주었

---

510) 조동일(1999b), 166-85쪽. 德川幕府 시대 유학자 林羅山과 그의 아들 鵝峯, 양명학의 대가 中江藤樹, 그의 제자 熊澤蕃山 등이 '태백도래설'・'태백후예설'을 주장하였다. 물론 그에 반대하는 주장도 있었다. 朱雲影(1981), 309-13쪽; 盛邦和, 『東亞: 走向近代的精神歷程』(항주: 浙江人民출판사, 1995), 273쪽.

511) 조동일(1999b), 115-57, 185-91쪽; 朱雲影(1981), 324-29, 338-43쪽.

512) 『조선선조실록』 권37, 26년 4월 4일 무자: 設使以外國言之 中國父母也 我國與日本同是外國也 如子也. 以言其父母之於子 則我國孝子也 日本賊子也.

513) 박훈, "유구처분기 유구지배층의 자국인식과 國際觀," 『역사학보』, 186 (2005), 158쪽.

다.[514] 안남 역시 "신의 인민과 토지는 (중국)조정에서 받았다"[515]라거나 "신의 본국 토지와 인민은 모두 천조의 소유"[516]라 하였다. 정유재란 때 왜군에 잡혀갔던 조완벽은 안남까지 다녀왔는데, 안남 유생들이 그에게 "귀국은 예의지방으로서, 우리나라와 동체(同體)"[517]라고 하였다.[518] 조동일의 지적대로, 중세인들은 개별 국가의 자국인이면서 동시에 '황제의 적자' 즉 동아시아인이기도 하였던 이른바 이중국적의 소유자들이었던 것이다.[519]

나아가 유교에서는 '사해동포주의' 주장도 적지 않다. 예컨대 『논어』에서 "(사람을 대함에 공손하고 예의가 있다면) 사해 안의 사람이 모두 형제"[520]라 하였으며, 순자도 "사해 안이 한집안 같다"[521]

514) 박훈(2005), 159쪽.

515) 『明憲宗實錄』 권91, 成化 7년 5월 경자: 惟臣之人民土地 受于朝廷.

516) 『明世宗實錄』 권221, 嘉靖 18년 2월 계축: 臣本國土地人民皆天朝所有.

517) 『芝峯集』 卷23, 雜著 趙完璧傳: 儒生等又請致于其家 盛酒饌以餉之 因言貴國乃禮義之邦 與鄙國同體. 한영우, 『실학의 선구자 이수광』(서울: 경세원, 2007), 226쪽.

518) 월남은 내정이나 주변의 다른 나라들에 대해서는 '대남국(大南國) 대황제'라고 칭하며 중국과 동등한 존재임을 과시하기도 하였으나, 다른 한편 중화의 '주변국'이라는 의식이 강하여 스스로를 중화제국의 '동생'이라 칭하며 중화문명을 동경하고 스스로를 중화와 동일화함으로써 자신의 아이덴티티를 확립하려 하였다. 木村 幹(2007), 74쪽. 월남은 이처럼 중화문명에의 소속감과 동질성을 추구하기도 하였는데, 이에 대해서는 인하대 한국학연구소 (편)(2013); Liam C. Kelley, *Beyond the Bronze Pillars: Envoy Poetry and the Sino-Vietnamese Relationship* (Honolulu: University of Hawai'i Press, 2005) 참조.

519) 중세인들은 책봉하는 쪽의 상징적 지배와 책봉 받는 쪽의 실질적 지배에 이중으로 소속되었는데, 문명권인 곧 동아시아인이 아닌 자국인으로만, 다시 말해 이중국적이 단일국적으로 바뀌면서 근대가 시작되었던 것이다. 조동일(1999a), 101쪽. 한편 이황이 일본에 보내는 답서에서 "귀국의 백성도 또한 우리 백성[貴國之赤子亦吾之赤子]"(『퇴계집』 권8, 書契修答 禮曹答日本國左武衛將軍源義淸)이라 하였고, 대마도주가 보내온 서계에서도 "대마도 한 주가 귀국(조선)의 신하가 아님이 없다[大凡對馬之一州 無非貴國之臣]"(『조선성종실록』 권48, 5년 10월 6일 무자)고 하였다.

또한 송대 장재(張載, 1020~1077)는 "천하 만민은 내 동포이고 천하 물건은 내 동류"522)라 하였고, 명대 왕양명(王陽明, 1472~1528)은 "성인의 마음은 천지만물과 한 몸이 되고자 한다"면서 "천하를 한집안처럼 보고 중국을 한사람처럼 본다"523)고 주장하였다.

뿐만 아니라 위에서 언급한 중세 문명의 한 특성처럼, 유학자들은 대체로 국가보다는 유교 규범을 더 중시하고 강조하였다. 명말청초의 대학자 고염무(1613~1682)는 "나라가 망하는 것[亡國]과 천하가 망하는 것[亡天下]이 있다"면서 "망국은 (정치적으로) 왕조의 교체를 말하는 것이고, 망천하는 (도덕적으로) 인의가 막히고 땅에 떨어져서 사람들이 금수의 지경에 빠지는 것을 말한다"라고 하면서, 왕조의 흥망은 있을 수 있는 것이지만 유교·중화문명의 가치상실 즉 망천하는 하찮은 필부라도 그 책임을 면치 못한다면서, 유교·중화 가치의 보존에 모두 책임을 져야 한다고 주장하였다.524) 이처럼 유학자들이 가장 두려워하고 경계한 것은 특정 왕조의 멸망보다는 인륜도덕 즉 예로 대표되는 유교·중화문명의 몰락이었던 것이다. 유교는 보편문명의 성격이 강하였는데, 중화의 실체 역시 '예'라고 보았으며 이미 언급한 바와 같이 중국을 문명의 중심으로 여겼기 때문이다.525) 이는 조선의 유학자들도 마찬가지였다. 예컨대 요순과

---

520) 『論語』 안연 5장: 四海之內, 皆兄弟也.

521) 『荀子』 왕제: 四海之內若一家.

522) 張載, "西銘," 소공권(1998), 844쪽.

523) 소공권(1998), 930쪽: 夫聖人之心以天地萬物爲一體 (...) 大人者以天地萬物爲一體者. 其視天下猶一家 中國猶一人焉.

524) 顧炎武, 『日知錄』, 윤대식 옮김(서울: 지식을 만드는 지식, 2009), 103-105쪽; 황원구, 『중국사상의 원류』(서울: 연세대출판부, 1976), 87-88, 198-200쪽.

525) 배우성은 중화란 "인류문명의 정수이자 버릴 수 없는 가치"라 하였으며, 우경섭도

우 · 탕 · 문왕 등 '이제삼왕(二帝三王)'에서 이상적인 정치사상을 찾았으며,[526] 황제는 "큰 중국을 통일하여 예의의 주인이 된 분"[527]이라 여겼던 것이다. 되풀이 하지만 유교문명권에서 '국가는 망할 수 있어도 도(의리)는 망할 수 없다', "차라리 나라가 무너질지언정 대의를 저버릴 수 없다"[528], "나라가 망할지라도 어찌 불의로써 살기를 도모하랴"[529], "군신의 분수는 나라보다 중대하고 천지의 경상은 나라의 보전보다 중대하다"[530], "나라는 없어질 수 있고 백성은 버릴 수 있으나 군신의 의리는 저버릴 수 없고 천지의 원칙은 어지럽힐 수 없"[531]다는 것이 유학자들의 신념이자 가치기준이었던 것이

유교는 "보편적 문명기준에 따라 무력충돌의 가능성을 최대한 배제하고 중국 더 나아가 동아시아세계의 문화적 통합을 이루고자 하는 이상"을 내포하였다고 지적하였다. 배우성, 『조선과 중화』(서울: 돌베개, 2014), 프롤로그; 우경섭, 『조선중화주의의 성립과 동아시아』(서울: 유니히스토리, 2013), 총설.

526) 『조선왕조실록』에서도 '이제삼왕'의 정치를 따르라거나 요순의 도를 본받고 실행하라는 주장이 많이 보인다. 예컨대 태조 7년 12월 17일 기미; 태종 3년 3월 3일 경진, 13년 7월 5일 임오; 중종 12년 11월 9일 신사, 14년 4월 29일 임진 등 참조. 고려 말에 이제현이 '이제삼왕'을 이상적인 군주상으로 처음 제기하였고 한다. 김인호, 『고려후기 사대부의 경세론 연구』(서울: 혜안, 1999), 187-93쪽. 또한 김충렬, 『고려유학사』(서울: 고려대출판부, 1984), 210-13쪽 참조.

527) 『毅菴集』 卷6, 書 答崔勉庵(戊戌11月17日): 盖以皇帝者 本是統中國之大而作禮義之主也.

528) 『조선광해군일기』 권161, 13년 2월 11일 계축: 寧以國斃 不忍負大義.

529) 『조선인조실록』 권15, 5년 2월 10일 정미: 國雖亡 豈以不義圖存乎?

530) 『조선선조실록』 권177, 선조 37년 8월 24일 임인: 君臣之分 重於有國 天地之經 大於保邦. 또한 국왕 선조도 "인간이 인간으로서의 가치를 지닌 까닭은 오륜이 있기 때문[人之所以爲人者 以其有五倫也]"이라며 "만일 여기에 죄를 얻으면 금수와 같을 뿐이니 비록 종묘사직이 중요하고 국가가 크다고 하더라도 외물(外物)에 지나지 않는다[若於此焉得罪 則禽獸而已 雖宗社之重 國家之大 不過外物]"라 하여, 인륜도덕이 종묘사직이나 국가보다 더 중요하다고 지적하였다. 『조선선조실록』 권104, 31년 9월 22일 갑진.

531) 선조실록 177권, 선조 37년 8월 23일 신축: 國家可無 人民可去 而君臣之義 不可以紊 天地之經 不可以亂.

다.[532] 따라서 앞서 인용한 '천하'에 대한 이용희의 설명이나 중국은 문명의 중심이란 인식 등에서 본다면, 사대의 예나 정성은 개별 중국 황제에 대해서라기보다는 '유교예치질서'를 대표하는 황제 즉 '의주(義主)'에 대한 존숭이었다고 보아야 할 것이다.[533]

한마디로 유교문명권의 국가들은 서로 기본적인 예의와 분수를 지키면서, 이른바 '천하'라는 큰 나라 속에 제후의 나라인 '국'이 포함되는 즉 단순한 상하라기보다는 대소국가들이 '상호 포함[大小相抱]'되는 독특한 관계였던 것이다.[534] 일찍이 『주례』에서는 "작은

532) 예컨대 위정척사파의 대표 이항로는 "서양이 도를 어지럽히는 것이 가장 우려스럽다[西洋亂道最可憂]"며 "우리들은 마땅히 천지를 위하여 마음을 세우고 이 도를 밝히기를 불 끄는 것처럼 서둘러야 한다[吾人正當爲天地立心 以明此道 汲汲如救焚]"면서, "국가의 존망은 오히려 그 다음 일[國之存亡猶是第二事]"이라고 강조하였다. 『華西集』 雅言제12, 洋禍, 頁17. 또한 유인석은 개화파의 자주독립론을 비판하면서 '명분을 모르고 참람하게 황제를 칭하는 각국들과 같은 대열에 서기보다는 중화의 신방(臣邦)이 되는 것이 명분도 바르고 영광스러운 일'이라고 주장하였다. 그러면서 중원에 진정한 '의주'가 들어서기를 기다려야 한다고 하였다. 『毅菴集』 권37, 雜著 病狀記語, 頁4-5; 이상익(1997), 136쪽; 배우성(2014), 553-57쪽. 한편 실학자 최한기(崔漢綺)도 "고금을 통해 국가의 흥폐존망은 무상하였으나 인도(人道)는 끊임없이 계승"된다면서 "어찌 국가의 흥망성쇠를 인도의 존폐와 비유할 수 있겠는가"라며, 인도의 존속이 국가의 존망보다 우선한다고 주장하였다. 『明南樓全集』 권1, 明南樓隨錄; 총성의(2000), 74-75쪽 재인용.

533) 黃枝連(1992), 149, 164쪽; 石元蒙, "明清朝貢體制的兩種實踐(1840年前)," 暨南大學 博士學位論文, 2004, 52쪽. 이용희도 명분이라는 본래 의미의 사대에서는 조선이 직접적으로 섬긴 것은 명나라 자체가 아니라 천자를 섬기는 독특한 관계였다며, 이러한 점에서 영연방에서 군왕을 섬기는 것과 비슷하다고 지적하였다. 이용희(1994), 53-54쪽.

534) 이용희(1977), 147, 156, 165, 173, 173-77쪽; 黃枝連(1992), 129쪽. 한편 이용희는 유교권의 국가형태가 근대 서구와는 전혀 다르기 때문에 주권이라는 근대적 개념으로는 도저히 이해할 수 없는 독특한 형태라고 하면서, 장차 도래할 세계평화를 지향하는 국제주의 사회를 상정하는 경우에 암시하는 바가 없지 않은 것 같다고 적극 평가하였다.

나라와 큰 나라가 서로 연결되어 있다"[535]고 하였으며, 『예기』에서도 "천하를 한집안으로 여기고 중국을 한사람으로 여긴다"[536]라고 말했다. 명나라 영락제가 일본국왕에게 보낸 새서에서도 "큰 나라와 작은 나라가 상하 서로 연결되어 있다"[537]고 하였다. 이처럼 유교에서는 "개인 · 가족 · 국가를 처음의 것이 다음의 단계로 통합되고 하나의 원리가 각 단계로 파동적으로, 동심원적으로 확대되어 가는 과정"[538]으로 보았던 것이다. 즉 '천하'는 제후국의 '국'보다 "한 계단 높은 통일성 가치를 대표"했으며, "각 제후국을 초월하는 더욱 큰 세계"였던 것이다.[539] 조선말의 이항로는 공리(公理)라는 것이 "하늘로 땅을 품고 양으로 음을 품어주며 큰 나라로 작은 나라를 돌보아주고 어진 사람으로 어리석은 사람을 길러주는 것으로서, 천리와 인사의 당연한 것"[540]이라 하였는데, 이는 유교문명권의 국가 간 관계를 적절히 표현한 것이라고 여겨진다.

Ⅴ. 맺음말

유교문명권의 국제관계를 제대로 이해하려면 무엇보다 서구중심

535) 『周禮』하관 직방씨: 凡邦國大小相維.

536) 『禮記』 禮運: 以天下爲一家 以中國爲一人.

537) 『명태종실록』권193, 영락 15년 10월 을유: 大邦小國 上下相維.

538) 이영찬, "유가의 국가론: 이기론을 중심으로," 최석만 · 이영찬 외, 『유교적 사회질서와 문화, 민주주의』 (광주: 전남대출판부, 2006), 161쪽.

539) 陳來(2014), 114-26쪽.

540) 『華西集』 雅言권9, 嚮背제27, 頁25: 何謂公理 以天包地 以陽包陰 以大字小 以賢養愚 天理人事之當然也; 『화서집』, 김주희 역(서울: 대양서적, 1973), 293쪽.

주의와 근대지상주의라는 기존 관념에서 벗어나 문명권차원에서 그리고 역사적 맥락에서 접근할 필요가 있으며, 무엇보다 유교사상 특히 예에 대한 파악이 선행적 핵심과제라 하겠다. 즉 비자주적인 굴욕이라 여기는 사대문제의 재조명을 위해서는, 나아가 지구적인 제반 문제들의 원만한 해결과 좀 더 바람직한 미래를 위해서도 서구적인 근대의 틀을 벗어나서 중세의 장점 즉 '우리 세계'를 상대적으로 중시하는 보편주의를 근대의 장점과 융합시키는데 적극 매진할 필요가 있다고 본다.

우선 유교문명권에서는 하늘을 위시한 우주자연의 법칙을 상정하고, 인간세상에서도 이를 본받고 따라야한다고 하였다. 예는 바로 도 · 리가 지상에서 구현된 것으로, 개인은 물론 가정 · 사회 · 국가 나아가 국가 간(천하)에도 적용되는 규범이었다. 무엇보다 예는 상하 · 존비 · 귀천이나 친소 · 원근 등을 구별하는 기능을 바탕으로, 중화와 이적을 구별함은 물론 인간과 금수를 구별해주는 핵심기준이었다. '속발관대'로 상징되는 예규범은 유교문명인들에게는 바로 '존재이유' 그 자체였던 것이다. 또한 예는 대내외적인 통치상의 정통성을 제공하는 수단이기도 하였다.

다음으로 사대자소는 유교권의 국제관계에서 당연히 해야 하는 예규범이었다. 물론 사대가 국가보존의 수단이라는 인식도 존재하였지만, 정통유교사상에서 본다면 지극히 '당연한 예'이자 '천리'였던 것이다. 중세 다른 문명권들과 마찬가지로 유교문명권에서도 명분은 매우 중시되었던 것이다.

또한 책봉은 하늘로부터 천명을 받아 온 천하를 다스리는 천자로부터 왕권의 정통성과 국왕지위를 공인하는 중요한 의례행위였다. 나아가 『중용』의 "후왕박래(厚往薄來)"원칙은 중국과 조공국 관계뿐 아니라 조선과 야인·왜인 사이에서도 적용되는 규범이기도 하였다.

나아가 유교문명권의 국제관계는 '위계적'이나 '호혜적'이며 '평화적'인 관계였으며, 공동체의식도 상당하였다고 보인다. 유교문명권에서 하나의 거대한 유기체적 문명공동체를 중시하고 '동문의식'으로 상징되는 공동체의식을 공유하였는데, 이를 밝혀내어 장차 지역협력체로 나아가는 소중한 토대로 적극 계승·발전시킬 필요가 있다고 판단된다.

끝으로 어느 문명권이든 그러하였듯이, 명분이나 이념은 실제 현실과는 괴리가 있게 마련이며, 따라서 유교사상, 예규범의 관념적 측면과 실제 역사적 상황이라는 물질적 측면과의 대비 작업이 보완될 필요가 있다. 또한 중국과 유구·월남 및 일본과의 관계를 포함하여 유교문명권의 국제관계를 종합적으로 비교고찰하고, 나아가 다른 문명권들의 경우와도 심도 있게 비교분석함으로써 역사적인 실상에 좀 더 다가설 수 있다고 본다.

참고문헌

『周禮』,『儀禮』,『禮記』,『春秋左傳』,『春秋公洋傳』,『管子』,『荀子』,『韓非子』.
『漢書』,『春秋繁露』,『鹽鐵論』,『春秋胡傳』,『四書集註』,『孝經』,『春秋胡傳』.

『明史』,『明集禮』,『明會典』,『淸史稿』,『淸會典』,『淸會典事例』

李國祥 (編).『明實錄類纂: 涉外史料卷』. 무한: 武漢출판사, 1991.

李澍田 (編).『淸實錄中朝關係史料摘編』. 길림: 吉林文史출판사, 1991.

朴興鎭 (編).『中國二十六史及明淸實錄東亞三國關係史料全輯』 전5권. 延吉: 延邊大學출판부, 2007.

『古代中越關係史資料選編』 北京: 中國社會科學出版社, 1982.

汪向榮·夏應元 (編). 『中日關係史資料滙編』 북경: 中華書局, 1984.

中國雲南省歷史研究所 (編).『淸實錄越南緬甸泰國老撾史料摘抄』 곤명: 雲南人民출판사, 1985.

(漢)桓寬.『鹽鐵論』.

(明)嚴從簡.『殊域周咨錄』.

『삼국사기』,『고려사』,『조선왕조실록』.

『익재난고』,『목은집』,『삼봉집』,『양촌집』,『퇴계집』,『율곡전서』,『송자대전』,

『여헌집』,『미수기언』,『열하일기』,『華西集』,『勉庵集』,『毅庵集』,『艮齋集』

『국역燕行錄選集』 전12권. 서울: 민족문화추진회, 1975-79.

유인석.『우주문답』. 서준섭 외 옮김. 춘천: 의암유인석선생기념사업회, 2002.

최창규 (편).『韓末憂國名上疏文集』 서울: 서문당, 1975.

田中健夫 (編).『善隣國寶記 ・新訂續善隣國寶記』. 동경: 집영사, 1995.

강상규, "1884년 '의제개혁'에 대한 정치적 독해." 『세계정치』 30집 2호(2009)

계승범, "조선시대 동아시아질서와 한중관계: 쟁점별 분석과 이해." 동북아역사재단 (편),『한중일학계의 한중관계사 연구와 쟁점』 서울: 동북아역사재단, 2009a.

계승범,『조선시대 해외파병과 한중관계』 서울: 푸른역사, 2009b.

溝口雄三,『개념과 시대로 읽는 중국사상 명강의』 최진석 옮김. 서울: 소나무, 2004.

권선홍,『전통시대 동아시아국제관계』 부산: 부산외국어대학교출판부, 2004.

권선홍, "유교문명권의 외교." 권선홍 외.『외교론』 부산: 부산외대출판부, 2009.

권선홍, "유교문명권의 국제관계: 책봉제도를 중심으로." 『한국정치외교사논총』 31집 2호(2010).

권선홍, “유교문명권의 국제규범: 예규범을 중심으로.” 권선홍 외. 『국제사회의 규범과 원리』 서울: 이담, 2014.
권선홍, “유교사상에서 본 동아시아 전통질서.” 『2015 한국국제정치학회 하계학술회의 발표집』(2015. 6.26).
김경록, “홍무제의 대외인식과 조공제도의 정비.” 『명청사연구』 37집(2012).
김경록, “전근대 동아시아 국제질서와 封典: 조선시대를 중심으로.” 2015 부산외대 국제관계연구소 제33차 학술세미나 발표논문(2015. 11. 5); 본서 재수록.
김당택, 『한국대외교류의 역사』 서울: 일조각, 2009.
김상준 외, 『유교의 예치이념과 조선』 고양: 청계, 2007.
김성규, “중국왕조에서 賓禮의 연혁.” 『중국사연구』 제23집 (2003).
김성규, “미국 및 일본에서 ‘전통중국의 세계질서’에 관한 연구사와 그 특징비교.” 『역사문화연구』 32집(2009).
김용구, 『세계관 충돌의 국제정치학: 동양 禮와 서양 公法』 서울: 나남, 1997.
김용구, 『만국공법』 서울: 소화, 2008.
김진웅, “조공제도에 관한 서구학계의 해석 검토.” 『역사교육논집』 50집(2013).
김충열, 『중국철학사』 서울: 예문서원, 1994.
김한규, “전통시대 중국 중심의 동아시아세계질서.” 『역사비평』 통권50호(2000).
김한규, 『천하국가』 서울 : 소나무, 2005.
김한규, 『사조선록 연구』 서울: 서강대학교출판부, 2011.
김헌선 역편, 『유구국 사상가 채온의 《사옹편언》』 서울: 보고사, 2014.
도민재, “조선전기 예학사상 연구.” 성균관대학교 대학원 철학박사 학위논문, 1998.
桃木至朗 (엮음), 『해역아시아사 연구입문』, 최연식 옮김. 서울: 민속원, 2012.
島田虔次, 『주자학과 양명학』, 김석근 · 이근우 옮김. 서울: 까치, 1986.
도현철, 『고려말 사대부의 정치사상연구』 서울: 일조각, 1999.
동북아역사재단 (편), 『한중일학계의 한중관계사 연구와 쟁점』 서울: 동북아역사재단, 2009.
박종천, 『다산 정약용의 의례이론』 서울: 신구문화사, 2008.
박종천, 『禮, 3천년 동양을 지배하다』 파주: 글항아리, 2011.
박지훈, “송대 화이론 연구.” 이화여자대학교 대학원 박사학위논문, 1990.

박충석,『한국정치사상사』 제2판. 서울: 삼영사, 2010.
박훈, "琉球처분기 유구지배층의 자국인식과 國際觀."『역사학보』 186집(2005).
배우성,『조선과 중화』 파주: 돌베개, 2014.
西嶋定生,『일본의 고대사인식: '동아시아세계론'과 일본』 이성시 엮음, 송완범 옮김. 서울: 역사비평사, 2008.
蕭公權,『중국정치사상사』 최명・손문호 역. 서울: 서울대학교출판부, 1998.
小島 毅,『사대부의 시대』 신현승 옮김. 서울: 동아시아, 2004.
小島 毅,『유교와 禮』 김용천 옮김. 고양: 동과서, 2007.
손주영,『칼리파制史』 서울: 민음사, 1997.
신복룡, "한국사상사에서 중화주의의 형성과 맥락." 2015 한국동양정치사상사학회 춘계공동학술회의 발표논문(2015. 5. 29).
안정희, "조선초기의 사대론."『역사교육』 64(1997).
王琦珍,『중국, 禮로 읽는 봉건의 역사』 김응엽 옮김. 서울: 예문서원, 1999.
王元周, "한국근대이행기 華夷觀의 변화와 民族意識." 연세대대학원 박사학위논문, 2003.
우경섭,『조선중화주의의 성립과 동아시아』 서울: 유니스토리, 2013.
柳肅,『禮의 정신』 홍희 옮김. 서울: 동문선, 1994.
유인선,『베트남과 그 이웃 중국』 서울 : 창비, 2012.
윤, 피터(윤영인), "서구학계 조공제도이론의 중국중심적 문화론 비판."『아세아연구』 45권 3호(2002).
이동주(용희),『국제정치원론』 서울: 장왕사, 1955.
이삼성,『동아시아의 전쟁과 평화 1』 서울: 한길사, 2009.
이상익,『서구의 충격과 근대한국사상』 서울: 한울, 1997.
이상익, "조선시대 중화주의의 두 흐름."『한국철학논집』 24집(2008).
이상익, "유교사상과 전통시대 동아시아 국제질서." 2015 부산외대 국제관계연구소 제33차 학술세미나 발표논문(2015. 11. 5); 본서 재수록.
이성규, "중화제국의 팽창과 축소: 그 이념과 실제."『역사학보』 186집(2005).
이용희, "사대주의."『한국민족주의』 노재봉 (편). 서울: 서문당, 1977.
이용희,『일반국제정치학(상)』 서울: 박영사, 1962.

이용희, 『정치와 정치사상』 서울: 일조각, 1958.
이용희, 『미래의 세계정치』 서울: 민음사, 1994.
이익주 외, 『동아시아 국제질서 속의 한중관계사: 제언과 모색』 서울: 동북아역사재단, 2010.
이춘식, 『사대주의』 서울: 고려대학교 출판부, 1997.
이춘식, 『중화사상』 서울: 교보문고, 1998.
이춘식, 『유학의 천도관과 정치이념』 서울: 고려대학교출판부, 2004.
이춘식, 『중국패권의 뿌리와 이념』 서울: 고려대학교출판부, 2014.
인하대 한국학연구소, 『한국과 베트남 사신, 북경에서 만나다』 서울: 소명출판, 2013.
張立文 (編), 『道』 권호 옮김. 서울: 동문선, 1995.
張立文 (編), 『理의 철학』 안유경 옮김. 서울: 예문서원, 2004.
장인성, "중화체제와 '사대'." 『한국동양정치사상사연구』 13권 2호(2014).
전세영 외, 『禮樂교화사상과 한국의 윤리적 과제』 성남: 한국정신문화연구원, 1995.
전재성, 『동아시아국제정치: 역사에서 이론으로』 서울: 동아시아연구원, 2011.
전재성, "'사대'의 개념사적 연구." 하영선 · 손열 엮음 『근대한국의 사회과학개념 형성사 2』 서울: 창비, 2012.
전해종, 『한중관계사연구』 서울 : 일조각, 1970.
전해종 외, 『중국의 天下思想』 서울: 민음사, 1988.
정창수, 『禮의 본질과 기능』 서울: 성균관대학교출판부, 2013.
조동일, "책봉체제." 『문명권의 동질성과 이질성』 서울: 지식산업사, 1999a.
조동일, 『하나이면서 여럿인 동아시아문학』 서울: 지식산업사, 1999b.
조동일, 『공동문어문학과 민족어문학』 서울: 지식산업사, 1999c.
조동일, 『세계 · 지방화시대의 한국학 6: 비교연구의 방법』 대구: 계명대학교출판부, 2007.
朱日耀, 『전통중국정치사상사』 정귀화 옮김. 부산: 신지서원, 1999.
蔡尙思, 『中國禮敎思想史』 이광호 옮김. 서울: 법인문화사, 2000.
총성의, 『근대한국 지식인의 대외인식』 서울: 성신여대출판부, 2000.
최귀묵, "월남의 중국 사행문헌 자료개관 및 연구동향 점검." 『대동한문학』 34집

(2011).
풍우,『동양의 자연과 인간 이해: 중국의 천인관계론』 김갑수 옮김. 서울: 논형, 2008.
한영우,『조선전기 사회사상연구』 서울: 지식산업사, 1983.
甘懷眞,『皇權,禮儀与經典詮釋』 상해: 華東師範大學출판사, 2008.
高明士,『天下秩序与文化圈的探索』 상해: 上海古籍출판사, 2008.
勾承益,『先秦禮學』 성도: 巴蜀書社, 2002.
賴正維,『淸代中琉關係硏究』 북경: 海洋출판사, 2011.
馬小紅,『禮与法』 북경: 北京大學출판사, 2004.
萬明,『中國融入世界的步履: 明与淸前期海外政策比較硏究』 수정판. 북경: 故宮출판사, 2014.
白文剛,『中國古代政治傳播硏究』 북경: 中國社會科學출판사, 2014.
付百臣 (編),『中朝歷代朝貢制度硏究』 장춘: 吉林人民출판사, 2008.
濱下武志, "東アジア國際體系." 山本吉宣 外(編).『講座國際政治』 1：『國際政治の理論』 東京：東京大學出版會, 1989;『국제정치이론』. 권호연 옮김. 서울: 한울, 1992.
濱下武志,『朝貢システムと近代東アジア』 東京: 岩波書店, 1997.
徐杰令,『春秋邦交硏究』 북경: 中國社會科學출판사, 2004.
徐燕斌,『禮与王權的合法性建構』 북경: 中國社會科學출판사, 2011.
孫宏年, 『淸代中越宗藩關係硏究』 哈爾濱: 黑龍江敎育출판사, 2004.
孫衛國,『大明旗號与小中華意識』 북경: 商務印書館, 2007.
宋成有,『東北亞史硏究導論』 북경: 世界知識출판사, 2011.
楊志剛,『中國禮儀制度硏究』 상해: 華東師範大學출판사, 2001.
王開璽,『淸代外交禮儀的交涉与論爭』 북경: 人民출판사, 2009.
王啓發,『禮學思想體系探源』 정주: 中州古籍출판사, 2005.
牛軍凱,『王室後裔与叛亂者: 越南莫氏家族与中国關系硏究』 廣州: 世界圖書出版公司, 2012.
尤淑君,『賓禮到禮賓: 外使覲見与晩淸涉外體制的變化』 북경: 社會科學文獻출판사, 2013.

柳岳武, 『傳統与變遷: 康雍乾之淸廷与藩部屬國關係研究』 성도: 巴蜀書社, 2009.
劉豊, 『先秦禮學思想与社會的整合』 북경: 中國人民大學출판사, 2003.
李慶新, 『明代海外貿易制度』 북경: 社會科學文獻출판사, 2007.
李金明, 『明代海外貿易史』 북경: 中國社會科學출판사, 1990.
李无未, 『中國歷代賓禮』 북경: 北京圖書館출판사, 1998.
李无未, 『周代朝聘制度研究』 장춘: 吉林人民출판사, 2005.
李小紅·何新華, 『天下體系』 북경: 光明日報출판사, 2014.
李揚帆, 『涌動的天下: 中國世界觀變遷史論(1500~1911)』 북경: 知識産權출판사, 2012.
李雲泉, 『萬邦來朝: 朝貢制度史論』 수정판. 북경: 新華출판사, 2014.
李治國, 『淸代藩部賓禮研究』 呼和浩特: 內蒙古大學출판부, 2014.
張雙智, 『淸代朝覲制度研究』 북경: 學苑출판사, 2010.
鄭紅英, 『朝鮮初期与明朝政治關係演變研究』 북경: 社會科學文獻출판사, 2015.
曹雯, 『淸朝對外體制研究』 북경: 社會科學文獻출판사, 2010.
趙汀陽, 『天下體系』 남경: 江蘇教育출판사, 2005.
周方銀·高程 (編), 『東亞秩序: 觀念,制度与戰略』 북경: 社會科學文獻출판사, 2012.
朱雲影, 『中國文化對日韓越的影響』. 臺北: 黎明文化事業公司, 1981.
陳顧遠, 『中國國際法溯源』 대북: 臺灣商務印書館, 1972[1931].
陳尙勝, 『閉關与開放: 中國封建晚期對外關係研究』 제남: 山東人民출판사, 1993.
陳尙勝, 『'懷夷'与'抑商': 明代海外力量興衰研究』 제남: 山東人民출판사, 1997.
陳尙勝 (主編), 『中國傳統對外關係的思想·制度与政策』 제남: 山東大學출판사, 2007.
陳戍國, 『中國禮制史(先秦卷)』 長沙: 湖南教育출판사, 2002.
陳潮, "傳統的華夷國際秩序与中韓宗藩關係." 復旦大學 『韓國研究論叢』 제2집 (1996).
鄒昌林, 『中國禮文化』 북경: 社會科學출판사, 2000.
彭林, 『中國古代禮儀文明』 북경: 中華書局, 2004.
何新華, 『威儀天下: 淸代外交禮儀及其變革』 상해: 上海社會科學院출판사, 2011.
何新華, 『最後的天朝: 淸代朝貢制度研究』 북경: 人民출판사, 2012.

黃純艷,『宋代朝貢體系研究』. 북경: 商務印書館, 2014.

黃枝連,『天朝禮治體系研究(上・中・下卷)』북경: 中國人民大學출판사, 1992, 94, 95.

Bull, Hedley & Adam Watson (eds), *The Expansion of International Society.* Oxford: Clarendon Press, 1984.

Buzan, Barry & Richard Little, *International Systems in World History.* Oxford: Oxford University Press, 2000.

Djang, Chu(章楚), "Chinese Suzerainty: A Study of Diplomatic Relations between China and Her Vassal States, 1870-1895." Ph. D. Dissertation. Johns Hopkins University, 1935.

Fairbank, John K. & Ssu-yu Teng(鄧嗣禹), "On the Ch'ing Tributary System." *Harvard Journal of Asiatic Studies*, Vol. 6 (1941).

Fairbank, John K. (ed.), *The Chinese World Order: Traditional China's Foreign Relations*. Cambridge, MA: Harvard University Press, 1968.

Gong, Gerrit W. *The Standard of 'Civilization' in International Society.* Oxford: Clarendon Press, 1984.

Hamashita, Takeshi(濱下武志), *China, East Asia and the Global Economy*. ed. by Linda Grove & Mark Selden. London: Routledge, 2008.

Hevia, James L. *Cherishing Men from Afar: Qing Guest Ritual and the Macartney Embassy of 1793.* Durham: Duke University Press, 1995.

Hevia, James L. "Tribute, Asymmetry, and Imperial Formations: Rethinking Relations of Power in East Asia." *Journal of American-East Asian Relations* Vol. 16, Nos. 1-2 (2009); reprinted in Wills(2010).

Holzgrefe, J. L. "The Origins of modern international relations theory." *Review of International Studies*, Vol. 15, No. 1 (1989).

Kang, David C.(康燦雄), *East Asia before the West: Five Centuries of Trade and Tribute.* New York: Columbia University Press, 2010.

Kim, Key-Hiuk(金基赫), *The Last Phase of the East Asian World Order: Korea, Japan, and the Chinese Empire, 1860-1882.* Berkeley: University of California Press, 1980.

Mancall, Mark. *China at the Center: 300 Years of Foreign Policy.* New York: Free Press, 1984.

Nelson, M. Frederick. *Korea and the Old Orders in Eastern Asia.* Baton Rouge: Louisiana State University Press, 1945.

Reid, Anthony & Zheng Yangwen (eds), *Negotiating Asymmetry: China's Place in Asia.* Honolulu: University of Hawai'i Press, 2009.

Rossabi, Morris (ed.), *China among Equals: The Middle Kingdom and Its Neighbors, 10th-14th Centuries.* Berkeley: University of California Press, 1983.

Tsiang, T'ing-Fu(蔣廷黻), "China and European Expansion." *Politica*, Vol.2, No. 5 (1936).

Walker, Hugh Dyson, "The Yi-Ming *Rapprochement:* Sino-Korean Foreign Relations, 1392-1592," Ph. D. Dissertation. University of California, 1971.

Wang, Yuan-kang(王元康), "Explaining the Tribute System: Power, Confucianism, and War in Medieval East Asia." *Journal of East Asian Studies* Vol. 13, Issue 2 (2013).

Watson, Adam. *The Evolution of International Society*. London: Routledge, 1992.

Wight, Martin. *Systems of States.* Leicester: Leicester University Press, 1977.

Wills, John E. Jr. *Pepper, Guns, and Parleys: The Dutch East Indian Company and China, 1662-1681.* Cambridge: Harvard University Press, 1974.

Wills, John E. Jr. *Embassies and Illusions: Dutch and Portuguese Envoys to K'ang-hsi, 1666-1687*. Cambridge: Harvard University Press, 1988.

Wills, John E. Jr. (ed.), *Past and Present in China's Foreign Policy.* Portland, Maine: MerWinAsia, 2010.

Yun, Peter I. "Rethinking the Tribute System: Korean States and Northeast Asian International Relations. 600-1600." Ph. D. Dissertation. University of California, Los Angeles, 1998.

Zhang, Feng(張鋒), "Rethinking the 'Tribute System': Broadening the Conceptual Horizon of Historical East Asian Politics." *Chinese Journal of International Politics*, Vol. 2, No. 4 (2009).

Zhang, Yongjin & Barry Buzan, "The Tributary System as International Society in Theory and Practice." *Chinese Journal of International Politics,* Vol. 5, No.1 (2012).

儒敎思想과 전통시대 동아시아 국제질서

이 상 익*

Ⅰ. 서론

주지하듯이 전통시대 동아시아 국제질서는 이른바 '事大字小'와 '冊封-朝貢' 체제라는 말로 설명된다. 事大字小論은 중국을 천하의 중심이 되는 대국으로 전제한 다음 주변의 소국은 중국을 대국으로 섬기고 대국 중국은 주변의 소국을 사랑해야 한다는 논리였는데, 이 事大字小論이 儀禮의 형태로 구체화된 것이 '冊封-朝貢' 체제였다. 그런데 事大字小論이나 冊封-朝貢 체제는 오늘날 종종 비판의 대상으로 지목되기도 한다. 事大字小論이나 冊封-朝貢 체제는 국제관계를 평등의 관점에서 설정하지 않고, 중심국과 주변국, 대국과 소국이라는 위계적 관점에서 설정하기 때문이다.

事大字小論과 朝貢 제도는 본래 周代의 封建制度와 표리를 이루는 것이었다. 周代의 封建制는 중앙의 天子와 주변의 수많은 諸侯들로 구성되었는데, 朝貢 제도는 천자가 제후들을 제어하는 지배수단의

* 부산교육대학교

하나로 출발한 것이다. 즉 제후들은 정기적으로 천자를 찾아뵈어야 했으며(朝覲), 천자를 찾아뵈올 때에는 그 지방의 특산물을 바쳐야 했는데(入貢), 이는 곧 제후들이 천자께 臣服한다는 표시이기도 했던 것이다.[1] 따라서 '평등한 주권국가'라는 오늘날 국제관계의 대전제에 입각해 볼 때, 전통시대의 사대자소론이나 조공제도는 납득하기 어려운 요소들을 많이 품고 있었음이 사실인 것이다. 더군다나 중국에 대해 소국의 입장에 처해있었던 우리 한국의 경우, 우리 조상들은 중국을 대국으로 섬기며(事大) 중국으로부터 册封을 받고 중국에 朝貢을 바쳐야 한다는 입장을 견지해 왔는데, 이는 무언가 '자존심 상하는 일'이라는 인상을 주기도 한다. 그리하여 韓末 이후 近代化를 지향하면서, 이른바 '開化의 先覺者들'은 조상들의 事大論에 대해 '주체성이 없는 비굴한 노예근성의 발로'라고 비판하기 시작했다.

예컨대 유길준은 "大國도 一國이요 小國도 一國이라 國上에 國이 更無하고 國下에 國이 亦無하야 一國의 國되는 權利는 彼此의 同然한 地位로 分毫의 差殊가 不生한지라"[2]라고 하여 종래의 '위계적 국제질서관'을 비판했고, 김옥균은 "이제까지 淸國은 스스로 朝鮮을 屬國으로 여겨 왔다. 이것은 참으로 있을 수 없었던 부끄러운 일이요, 또한 이로 인해 우리나라가 振作할 희망이 없었던 것이다. 이제까지의 속박을 撤退하고 獨全自主之國을 건립하는 것이 오늘날 첫째의 과제이다."[3]라고 하여 '자주독립의 기치'를 내세웠으며, 서재필

1) 이춘식, 「中國 古代 朝貢의 實體와 性格」, 82쪽.
2) 유길준, 『西遊見聞』, 제3편 <邦國의 權利>, 88쪽.
3) 김옥균, <朝鮮改革意見書>, 『金玉均全集』, 117쪽 : 自來 淸國之自以爲屬國 誠萬無之恥 亦不無因此而國無振作之望 此是第一款撤退羈絆 特立爲獨全自主之國

은 "조선 인민이 독립이라 하는 것을 모르는 까닭에 외국 사람들이 조선을 업신여겨도 분한 줄을 모르고 조선 대군주폐하께서 청국 임금에게 해마다 사신을 보내시어 책력을 타오시며 공문에 청국 연호를 쓰고 조선 인민은 청국에 속한 사람들로 알면서도 몇 백년을 원수 갚을 생각은 아니하고 속국인체 하고 있었으니 그 약한 마음을 생각하면 어찌 불쌍한 인생들이 아니겠는가?"[4]라고 하여 기존의 對淸事大를 '나약한 굴종'으로 규정했던 것이다. 이러한 인식은 倭政時代의 '植民史觀'이나 '민족주의 역사학'[5]에 의해 더욱 심화되었고, 해방 이후에도 한동안 대세를 이루고 있었다.[6]

이러한 가운데 이용희[7], 김용구[8], 조동일[9], 전원섭[10], 권선홍[11]

---

4) 서재필, <독립문건립의 의의>, ≪독립신문≫ 1896년 6월 20일자 논설.

5) 신채호, <朝鮮史 整理에 대한 私疑>, 『丹齋申采浩全集』 中, 135~136쪽 참조. 倭政時代의 植民史觀은 '韓民族史의 停滯性論 · 他律性論(事大主義)' 등을 내세우면서, 따라서 韓民族은 독립할 자격이 없으므로 '日帝의 保護와 指導'를 받아야 한다고 주장했다. 그런데 이에 대항하고자 한 당시의 '민족주의 역사학' 역시 '朝鮮時代 歷史의 停滯性 · 他律性'을 강조했던 것이다. 그들은 韓民族의 近代史를 停滯와 他律에 빠진 것으로 비판하고, 古代史를 榮光의 시대로 규정하여, '古代的인 것의 부활'을 꾀했던 것이다(이에 대한 자세한 논의는 이상익, 「신채호의 民族主義的 歷史觀과 그 비판」 참조).

6) 예컨대 이종항은 '事大'를 '완전히 自我를 말소하고 自主性을 상실한 것'이라고 혹독하게 비판한 바 있다(이종항, 『韓國政治史』, 239~244쪽 참조). 한편 오늘날의 日人學者 기무라 간(木村 幹)은 조선/한국의 이러한 '小國意識'이 조선/한국의 近代化를 방해했다고 설명한 바 있는데(기무라 간, 『조선/한국의 내셔널리즘과 소국의식』, 406쪽 참조), 그렇다면 오늘날의 한국인에게 조선시대의 事大主義는 더욱 '怨望의 대상'이 되는 것이다.

7) 이용희, <事大主義 ― 그 현대적 해석을 중심으로>, 노재봉 편, 『한국민족주의』, 서문당, 1977.
이용희. 『一般國際政治學(上)』, 박영사, 1962.

8) 김용구, 『세계관 충돌의 국제정치학』, 나남, 1997.
김용구, 『세계관 충돌과 한말 외교사, 1866~1882』, 문학과지성사, 2001.

9) 조동일, <책봉체제>, 『문명권의 동질성과 이질성』, 지식산업사, 1999.

등은 새로운 관점에서 事大字小論의 본질을 제대로 규명하고자 노력했고, 이들의 노력 덕분에 오늘날에는 '事大字小'란 '지배와 종속의 체제'였다는 선입견이 많이 타파되었다. 이들에 의하면 事大字小란 '평등한 주권국가관'에 입각한 것이 아니지만, 그렇다고 '지배와 종속의 체제'도 아니었던 것으로서, 오늘날 우리들의 통념으로는 다소 이해하기 힘든 '제3의 국제질서론'이었던 것이다. 또한 이들은 서구 근대 公法秩序(베스트팔렌 체제)의 한계를 적나라하게 해명함으로써, 근대 공법질서에 대한 盲信을 경계하기도 했다. 요컨대 서구 근대의 '公法秩序(베스트팔렌 체제)'는 서구의 기독교국가만 '文明국가'로 인정하여 '평등한 주권국가관'을 적용하였고(유럽중심주의), 그 밖의 세계에 대해서는 '半文明 국가'라 하여 '불평등 조약'을 강요하거나 '야만 국가'라 하여 '침탈과 점령'의 대상으로 간주했다는 것이다.12)

사실 전통시대의 事大字小論은 대국과 소국 사이에 '宗屬的 位階'를 설정하고, 개인 간의 관계와 마찬가지로 국가들 사이에도 서로 禮를 갖춤으로써 평화를 이루자는 것이었을 뿐이다. 이러한 맥락에서, 권선홍은 '事大-字小'와 '冊封-朝貢' 문제를 '禮'라는 차원에서 접근하여 설명하면서 "전통시대 동아시아국제관계의 실상을 제대로 보려면 실제상황과 함께, 그에 못지않게 정신문화적 측면의 이해가 중

조동일. 『하나이면서 여럿인 동아시아문학』, 지식산업사, 1999.

10) 전원섭, 『平和를 위한 歷史』, 道道, 1991.

11) 권선홍. 『전통시대 동아시아 국제관계』, 부산외대출판부, 2004.
권선홍, 「유교사상에서 본 동아시아 전통질서」, 미발표 원고, 2015.

12) 김용구, 『세계관 충돌과 한말 외교사, 1866~1882』, 62~64쪽 참조.

요함은 물론이다. 즉 유교사상 차원에서 접근하는 것이 무엇보다 핵심적인 선행과제라 할 수 있다. 예컨대 기독교나 이슬람 문명권을 이해하기 위해서는 해당 종교사상에 대한 이해가 필수적이듯이, 유교 문명권의 경우도 마찬가지라 본다. 특히 물질적 이익을 무엇보다 중시하는 근대와는 달리, 중세에는 어느 문명권이든지 명분 등 관념을 중시하였기 때문이다."[13]라고 설파한 바 있다.

本考는 권선홍의 주장에 호응하여 '儒教 經典'에서 '전통시대 동아시아 국제질서'의 '이념적 근거'를 찾아 해명하고자 하는 것이다. 다시 말해, 본고는 전통시대 동아시아 국제질서에 대해 역사적 관점에서 사실적으로 고찰하려는 것이 아니라, 사상적 관점에서 이념적으로 고찰하려는 것이다. 이제 이러한 점을 염두에 두고 본론에 들어가기로 하자.

Ⅱ. 大一統思想과 文德論

1. 大一統思想과 文德論

'大一統'이란 '온 천하(大)'가 '하나(一)'로 '통합된다(統)'는 것으로, 이는 『春秋 公羊傳』에서 유래한 말이다. 『春秋』의 첫머리 '隱公元年'條에서는 "元年, 春, 王正月"이라 하였는바, 이에 대해서 『春秋公羊傳』에서는 다음과 같이 설명하였다.

13) 권선홍, 「유교사상에서 본 동아시아 전통질서」, 4쪽; 본서, 18~19쪽.

'元年'이란 무엇인가? '君의 첫 해'이다. '春'이란 무엇인가? 한 해의 시작이다. '王'이란 누구를 말하는가? '文王'을 말한다. 어찌하여 먼저 '王'을 말하고 그 다음에 '正月'을 말했는가? 王의 正月이기 때문이다. 어찌하여 '王의 正月'이라 하는가? '大一統'이기 때문이다.[14)]

위의 인용문에서, '君'은 '諸侯'를 말하고, '王'은 '天子'를 말한다. 天子는 諸侯들에게 달력을 하사했던바, 이 王曆을 따르는 것은 大一統의 중요한 상징이었다. 흔히 '春秋大一統'이라 하듯이, 『春秋』의 '義理論'은 大一統의 관념을 저변에 깔고 있다. 이는 '天子'를 중심으로 '諸侯'들이 宗法秩序를 이루는 것으로, 대일통의 위계적 질서는 天子의 分封과 諸侯들의 朝貢으로 표현되었다.

大一統은 무엇보다도 '천하에 統一된 정치적 질서를 구현한다'는 뜻이었지만, 보다 포괄적으로는 '온 천하가 문명의 이상을 함께 한다'는 뜻이기도 하였다. 즉 유교적 이상은 '온 천하가 王道에 입각해 통일되는 것'이다. 王道와 大一統의 이념에 따라 규정되는 大國과 小國의 바람직한 관계는 '대국은 소국을 사랑하고(字小, 恩), 소국은 대국을 섬긴다(事大, 義)'는 것이었다. 霸道는 恩과 義를 추구하지 않고 '힘의 논리'에 따르는 것인바, 이러한 맥락에서 '尊王賤霸' 역시 대일통사상의 한 축이었던 것이다.

대일통사상은 유교 경전 곳곳에서 발견된다. 가장 대표적인 것으로는 『大學』의 '平天下'를 들 수 있다. 『大學』에서는 '修身, 齊家, 治國'을 거론한 다음 그것으로 그치지 않고 '平天下'를 거론했다. 요컨

14) 『春秋 公羊傳』 <隱公> 元年條 : 元年者何 君之始年也 春者何 歲之始也 王者孰謂 謂文王也 曷為先言王而後言正月 王正月也 何言乎王正月 大一統也

대 『大學』의 궁극적 이상은 '平天下'에 있는 것이다. '天下를 平定함'은 '천하를 하나의 질서 아래 통합시키는 것'인바, 이것이 바로 大一統이다. 『詩經』과 『禮記』에 보이는 다음의 세 예문 역시 모두 대일통 사상을 담고 있는 것이다.

> 넓은 하늘 아래는 모두 王의 땅이며, 모든 땅의 끝까지 모두 王의 臣下이다.15)

> 하늘에는 두 해가 없고, 땅에는 두 王이 없으며, 나라에는 두 임금이 없고, 집안에는 두 높은 사람이 없으니, 하나로써 다스리는 것이다.16)

> 天下에 君王 노릇을 하는 사람을 '天子'라 한다. 諸侯의 朝覲을 받고, 직책에 따라 政事를 나누어주고 일을 맡길 때에는 (天子 자신을) '나 한 사람(予一人)'이라고 말한다.17)

위의 첫째 인용문에서는 하늘 아래 모든 지역, 모든 사람들이 왕의 통치에 포섭되는 것이라고 설명했다. 둘째 인용문에서는 '하늘에는 두 해가 없고, 땅에는 두 王이 없다'고 설명한 다음 '하나로써 다스리는 것'이라 하여, 온 천하가 하나의 질서 아래 포섭되어야 함을 특별히 강조하였다. 셋째 인용문에서는 '천하에 君王 노릇을 하는 사람' 즉 그 '하나의 질서를 주관하는 사람'을 '天子'라 하였다. '天子'는 글자 그대로 풀이하면 '하늘의 아들'로서, 유교에서는 '天命을 받은 사

15) 『詩經』 小雅 北山 : 溥天之下 莫非王土 率土之濱 莫非王臣
16) 『禮記』 喪服四制 : 天無二日 土無二王 國無二君 家無二尊 以一治之也
17) 『禮記』 曲禮下 : 君天下曰天子 朝諸侯 分職授政任功 曰予一人

람'을 지칭하여 '天子'라 불렀던 것이다.[18] 그런데 天子는 오직 한 명이기 때문에, 天子는 아랫사람들에게는 자신을 '나 한 사람'으로 호칭한다는 것이다.

이처럼 대일통사상은 '天下思想'과 궤를 같이 하는 것으로서, 분명 유교의 핵심 관념이었지만, 앞에서 소개한 『春秋 公羊傳』의 例文 외에 유교경전에서 '大一統'이라는 용어를 찾아보기는 어렵다. 유교경전의 天下思想을 大一統이라는 맥락에서 정리하여 체계화한 사람은 漢代의 儒學者 董仲舒이다.[19] 동중서는 대일통사상을 전개하면서, 정치적 통일의 토대로서 思想과 文化 등 學術의 통일을 중시했다. 동중서는 漢武帝에게 올린 對策에서 다음과 같이 말한 바 있다.

> 『春秋』의 大一統은 天地의 常經이며 古今의 通誼입니다. 지금은 스승들이 道를 달리하고 사람들이 議論을 달리하며 百家가 方道를 달리하여 각자 指意가 다르니, 그러므로 윗사람은 一統을 견지할 수가 없어 法制가 자주 바뀌고, 아랫사람은 지킬 바를 알지 못하는 것입니다. 어리석은 臣의 생각에, 六藝(禮樂射御書數)에 속하지 않는 과목과 孔子의 학술에 속하지 않는 것들은 모두 그 길을 끊어 (儒學과 함께) 並進할 수 없도록 하십시오. 간사하고 편벽된 학설이 사라진 다음에야 統紀가 하나로 되고 法度가 밝혀져서, 백성들이 따를 바를 알 수 있는 것입니다.[20]

위의 인용문은 대일통의 가능근거로서 이른바 '獨尊儒術'을 주청

---

18) 『禮記』 表記 : 唯天子 受命于天

19) 韋政通, 『中國哲學辭典』, 大林出版社, 民國 67년, 71쪽.

20) 『漢書』 <董仲舒傳> : 春秋大一統者 天地之常經 古今之通誼也 今師異道 人異論 百家殊方 指意不同 是以上亡以持一統 法制數變 下不知所守 臣愚以為諸不在六藝之科孔子之術者 皆絕其道 勿使並進 邪辟之說滅息 然後統紀可一而法度可明 民知所從矣

한 것이다. 이는 나쁘게 해석하자면 학문과 사상의 자유를 억압하는 것이라 할 수 있다. 그러나 좋게 해석하자면 학문과 사상 등 문화적인 영역에서 공통의 토대를 구축함으로써 정치적 통일의 발판으로 삼자는 것이다.[21)]

동중서는 '大一統'을 '天地의 常經'이며 '古今의 通誼'라고 했다. 이는 '대일통'을 '時空을 초월한 진리'로 규정함으로써, 대일통의 정당성을 강조한 것이다. 이와 동시에 동중서는 대일통의 토대를 '思想과 文化 등 學術의 통일'에서 찾았거니와, 이는 '武力에 의한 대일통'이 아니라 '文德에 의한 대일통'을 추구한다는 의미가 있는 것이다. 동중서의 이러한 입장은 유교의 본래 정신과 정확히 일치하는 것이다. 다음의 두 예를 살펴보자.

우선 이념적 측면에서, 『大學』에서는 '平天下'를 다른 말로는 '明明德於天下'라고 표현했다. '明明德'은 『大學』의 三綱領(明明德, 新民, 止於至善) 가운데 하나이거니와, '明明德於天下'란 임금이 먼저 자신의 명덕을 밝히고(明明德), 이를 바탕으로 백성들을 새롭게 진작시켜(新民), 천하의 모든 사람들이 모두 스스로 명덕을 밝힐 수 있도록 교화하는 것이다.[22)] 이러한 맥락에서, '지극한 善에 머묾(止於至善)'의 궁극적 경지는 바로 '천하에 명덕을 밝힘(明明德於天下)'인 것이다.

---

21) 예컨대 오늘날의 '民主平和論(Democratic peace theory)'을 생각해 보자. 민주평화론자들은 민주주의 국가들 사이에서는 무력 충돌 가능성이 낮다고 보고, 세계 각국에 민주주의를 정착시켜 세계 평화를 모색하자고 주장한다. 같은 맥락에서, 동중서의 생각도 天下가 儒教化되면 大一統이 쉽게 달성될 수 있다는 것이었다.

22) 『大學章句』 經1章, 朱子註 : 明明德於天下者 使天下之人 皆有以明其明德也

다음, 역사적 사례로서, 『논어』에는 다음과 같은 사례가 보인다. 공자 당시에 魯나라의 실권자 季氏는 魯나라의 附庸國 顓臾를 정벌하려고 했다. 이 사실을 알게 된 공자는 顓臾를 정벌하는 일에 반대하면서 "먼 곳 사람들이 복종하지 않으면 文德을 닦아 그들이 다가오게 만들고, 이미 다가오면 그들을 편안하게 해주어라."[23]라고 훈계하였다.

이상의 논의를 통해 알 수 있듯이, 유교에서 추구한 대일통은 다음과 같은 두 가지 점에서 결코 '秦始皇이 추구했던 대일통'이 아니었다.

첫째, 유교의 대일통 사상은 진시황이 시행한 郡縣制처럼 '온 천하를 하나의 정치권력 아래 통합시키는 것'을 목표로 삼는 것이 아니다. 진시황은 천하의 모든 지역 곳곳에 지방관을 파견하여 자신의 지시대로 통치하도록 하는 체제를 구축했다. 요컨대 이는 천하를 1인 지배체제로 만든 것이다. 이와 반대로, 유교의 대일통사상은 周代의 封建制度를 배경으로 삼는 것인바, 그것은 크고 작은 여러 나라들이 일정한 규율 아래 하나의 질서를 공유하는 체제였다. 周代의 封建制는 중앙의 王國(天子國)이 사방의 여러 나라들을 통솔하고, 사방의 여러 나라들은 중앙의 王國에 복속하는 것이었던바, 이것이 유교에서 말한 대일통의 원형이었다. 이를 오늘날의 말로 표현하자면, 세계 각국이 각자의 주권을 누리면서 국제규범을 존중하고, 국제연합(UN)의 통솔에 기꺼이 따르는 것이다.

23) 『論語』 季氏 1 : 季氏將伐顓臾 (…) 遠人不服 則修文德以來之 旣來之 則安之

둘째, 유교의 대일통 사상은 진시황처럼 武力으로 천하를 정복하고 제패하자는 것이 아니다. 진시황의 무력통일은 法家思想에 입각한 것인바, 유가에서는 이를 覇道로 규정하여 가차 없이 비판하였다. 패도로 천하를 정복하는 것은 그 방법도 옳지 못하며, 또한 오랫동안 정복상태를 유지할 수도 없다는 것이 유가의 지론이었다. 유가에서는 대일통의 방법으로 武力 대신 文德을 내세운다. 이를 맹자의 말로 표현하면 '王道'이거니와, 이는 오늘날의 民主平和論과 궤를 같이 한다.

위의 첫째 사항은 대일통 체제에서 '각국의 주권을 인정하느냐, 부정하느냐'의 문제이고, 둘째 사항은 대일통을 실현하는 방법으로 '文德이냐, 武力이냐'의 문제이다. 첫째 사항은 잠시 뒤에 事大字小論을 논의할 때 살펴보기로 하고, 여기에서는 먼저 '文德과 武力'의 문제를 살펴보기로 하자.

2. 王道와 覇道의 문제

'文德과 武力'은 맹자의 용어로는 '王道와 覇道'에 해당한다. 맹자는 戰國時代에 패권경쟁을 일삼던 여러 제후들의 통치를 覇道로 규정하고, 패도는 '나무에 올라 물고기를 찾는 것'처럼 부질없는 시도라고 비판했다. 맹자가 대안으로 제시한 노선이 王道였던바, 왕도는 堯·舜·禹·湯·文·武 등의 성왕들이 실천했던 仁政으로서, 맹자는 '어진 정치를 베푸는 왕에게 대적할 수 있는 사람은 없다'는 논리로 제후들에게 왕도를 권하였다. 먼저 왕도와 패도의 개념을 살펴보자. 맹자는 다음과 같이 말한다.

힘으로 다스리되 仁政을 가장하는 것은 覇道이니, 패도는 반드시 큰 나라를 차지하고자 한다. 德으로 仁政을 행하는 것은 王道이니, 王道는 큰 나라를 기다리지 않는다. 湯은 사방 70리로 왕도를 행하셨고, 文王은 사방 100리로 왕도를 행하셨다. '힘으로 남을 복종시키는 것'은 진심으로 복종하는 것이 아니라 힘이 부족하기 때문에 복종하는 것이다. '덕으로 남을 복종시키는 것'은 마음속부터 기뻐하여 참으로 복종하는 것이니, 예컨대 70 제자가 孔子께 복종하는 것과 같다. 『詩經』의 "동쪽에서, 서쪽에서, 남쪽에서, 북쪽에서 복종하지 않는 이가 없다."는 말이 바로 이것이다.[24)]

패도의 성격은 "힘으로 다스리되 仁政을 가장하는 것은 覇道이니, 패도는 반드시 큰 나라를 차지하고자 한다."는 말에 잘 나타나 있다. 패도는 힘으로 백성을 억압하고 착취하여 부국강병을 이룩한 다음, 이를 바탕으로 영토를 넓히고 패권을 차지하려는 것인바, 그러면서도 겉으로는 '仁政'이라는 그럴듯한 명분을 내세우는 것이다. 이에 반해, 왕도는 명실상부하게 인정을 행하는 것이다. 왕도는 인정을 통해 백성의 행복을 증진하려는 것일 뿐, 영토의 확장이나 패권 경쟁에는 관심이 없는 것이다. 또한 왕도는 덕으로 다스리는 것인바, 덕으로 다스리면 백성들은 통치자에게 저절로 감복하게 된다는 것이다.

당시 제후들이 부국강병을 통한 패권경쟁에 혈안이 되었을 때, 맹자는 왕도정치가 '天下의 王'이 되는 지름길이라고 설파했다. '仁政을 베푸는 사람에게는 대적할 사람이 없다'는 仁者無敵論이 그것이

24) 『孟子』 公孫丑上 3 : 孟子曰 以力假仁者覇 覇必有大國 以德行仁者王 王不待大 湯以七十里 文王以百里 以力服人者 非心服也 力不贍也 以德服人者 中心悅而誠服也 如七十子之服孔子也 詩云 自西自東 自南自北 無思不服 此之謂也

다. 맹자와 양혜왕의 다음과 같은 대화를 보자.

양혜왕 : 우리 晉나라가 천하에 막강한 나라임은 노인께서도 아시는 바일 것입니다. 그런데 寡人의 때에 이르러, 동쪽으로는 齊나라에 패하여 맏아들이 전사하였고, 서쪽으로는 秦나라에 패하여 7백리나 되는 땅을 잃었고, 남쪽으로는 楚나라에 모욕을 당했습니다. 과인은 이것을 부끄러워하여, 전사한 맏아들을 위하여 한 번 설욕하고자 하는데, 어떻게 하면 되겠습니까?

맹 자 : 영토가 사방 1백리만 되어도 왕 노릇을 할 수 있습니다. 왕께서 만약 백성들에게 仁政을 베푸시어 형벌을 줄이고 세금을 가볍게 하시면, 백성들은 농사일에 열중할 것입니다. 젊은이들은 한가한 틈을 타서 孝悌忠信을 닦아서, 들어가서는 父兄을 섬기고 나와서는 윗사람을 섬길 것이니, 그들로 하여금 몽둥이를 만들어서 진나라 · 초나라의 견고한 갑옷을 입고 예리한 무기를 지닌 병사들을 종아리 치게 할 수 있을 것입니다. 저들이 (군사훈련을 위해) 백성들의 농사철을 빼앗아, 백성들로 하여금 제대로 농사를 지어 부모를 봉양할 수 없게 한다면, 그들의 부모는 추위와 배고픔에 시달리고 형제와 처자는 뿔뿔이 흩어지게 될 것입니다. 저들이 자기의 백성을 도탄에 빠뜨리거든, 왕께서 가서 바로잡으신다면, 무릇 누가 왕과 대적하겠습니까? 그러므로 '仁政을 베푸는 사람에게는 대적할 사람이 없다'고 하는 것이니, 왕께서는 이 말을 의심하지 마십시오.[25)]

---

25) 『孟子』 梁惠王上 5 : 梁惠王曰 晉國天下莫强焉 叟之所知也 及寡人之身 東敗於齊 長子死焉 西喪地於秦七百里 南辱於楚 寡人恥之 願比死者 壹洒之 如之何則可 孟子對曰 地方百里而可以王 王如施仁政於民 省刑罰 薄稅斂 深耕易耨 壯者以暇日 修其孝悌忠信 入以事其父兄 出以事其長上 可使制梃 以撻秦楚之堅甲利兵矣 彼奪其民時 使不得耕耨以養其父母 父母凍餓 兄弟妻子離散 彼陷溺其民 王往而征之 夫誰與王敵 故曰 仁者無敵 王請勿疑

맹자는 "임금이 仁政을 베풀면, 백성들은 그 윗사람을 친애하고 윗사람을 위해 죽을 것"[26]이라고도 했고, "임금이 仁政을 베풀면 이웃나라의 백성들이 부모처럼 우러를 것이니, 그 자제를 이끌고 그 부모를 공격하는 것은 이제까지 성공한 예가 없었다."[27]고도 했다. 요컨대 통치자가 仁政을 베풀면, 자기 나라 백성은 물론 이웃나라의 백성들까지 그를 위해 목숨을 바치게 된다는 말이다. 목숨을 바쳐 충성하는 백성을 나라 안팎으로 두루 거느린 통치자에게는 과연 대적할 수 있는 사람이 없을 것이다.

맹자는 이처럼 왕도에 대해서는 '仁者無敵'이라고 옹호한 반면, 패도에 대해서는 '緣木求魚(나무에 올라 물고기를 찾는 것)'처럼 부질없는 시도라고 비판했다.[28] 맹자가 패도를 '緣木求魚만도 못한 것'으로 비판한 논거 역시 둘로 정리된다. 첫째, 무력으로 패권을 추구하는 것은 이웃나라들과 원수를 맺는 것으로서, 한 나라가 주위의 여러 나라를 모두 무력으로 굴복시키는 것은 불가능하다는 것이다. 둘째, 패권을 위해 부국강병을 추구하다보면 결국엔 내부적 반발에 봉착하게 된다는 것이다. 즉 패도정치는 부국강병을 위해 民力을 과도하게 착취하게 되는데 그러면 국민들이 반발하게 된다는 것이며, 또한 패도정치는 부국강병을 위해 功利를 숭상하게 되는데 그러면 백성들 간의 이익다툼으로 국가가 내부적으로 붕괴하게 된다는 것이다.

---

26) 『孟子』 梁惠王下 12 : 君行仁政 斯民 親其上 死其長矣

27) 『孟子』 公孫丑上 5 : 信能行此五者 鄰國之民 仰之若父母矣 率其子弟 攻其父母 自生民以來 未有能濟者也 如此則無敵於天下 無敵於天下者 天吏也 然而不王者 未之有也

28) 『孟子』 梁惠王上 7 참조.

이상에서 살핀 것처럼, 맹자는 패도를 '緣木求魚만도 못한 것'으로 비판하고 '仁者無敵'이라 하여 왕도를 옹호했다. 이에 대해 法家의 韓非子는 왕도를 '守株待兎'처럼 어리석은 것이라고 비판하고, 엄한 형벌로 백성을 통제하고 부국강병으로 천하를 제패해야 한다는 주장을 폈다.[29] 중국을 통일하여 전국시대를 마감한 秦始皇은 한비자의 가르침대로 패도를 숭상한 인물이었다. 그러나 진나라는 통일을 완성한 후(서기전 221년) 불과 15년 만에 반란으로 멸망하고 말았다. 진시황의 사례는 패도의 의의와 한계를 여실히 보여주는 교훈이 되었다. 이후 '무력으로 천하를 얻을 수는 있으나, 무력으로 천하를 지킬 수는 없다'는 것을 깨달은 사람들은 패도를 배격하고 다시 왕도를 숭상하게 되었던 것이다.

Ⅲ. 事大字小論과 册封-朝貢 체제

1. 事大와 字小

유교의 事大字小論은 크고 작은 나라들 사이의 바람직한 관계를 제시한 것으로, 작은 나라는 큰 나라를 섬기고(事大), 큰 나라는 작은 나라를 돌보아야 한다는(字小, 事小) 것이다. 대국이 소국을 돌보는 것은 '恩(仁)'에 속하고, 소국이 대국을 섬기는 것은 '義(信)'에 속하는바, 이처럼 국제관계도 恩과 義에 따라 맺어지는 것이 바람직하다는 것이었다. 먼저 『春秋 左傳』에 보이는 다음의 예문을 살펴보자.

---

29) 『韓非子』 <五蠹> 참조.

> 禮라는 것은 소국이 대국을 섬기고(小事大), 대국이 소국을 돌보는 것을 말한다(大字小). 事大는 대국이 때때로 요구하는 것을 공급하는 데 있고, 字小는 소국에 없는 것을 구휼하는 데 있다.[30)]

위의 인용문에서는 事大와 字小를 대국이 요구하는 것을 공급하고 소국에 없는 것을 구휼함으로 설명했다. 이는 오늘날의 말로는 '호혜적 교류'를 뜻하거니와, 『左傳』에서는 이를 크고 작은 나라들 사이의 禮로 규정한 것이다. 『春秋 左傳』에는 또 다음과 같은 기록도 보인다. 魯나라의 季康子가 邾를 정벌하고자 여러 大夫들을 모아놓고 연회를 벌이며 일을 꾀했다. 이때 子服景伯과 여러 大夫들은 정벌을 반대하면서 다음과 같이 말했다.

> 子服景伯이 말하기를, "소국이 대국을 섬기는 것은 '信'이고, 대국이 소국을 보호하는 것은 '仁'이며, 대국을 배반하는 것은 '不信'이고, 소국을 정벌하는 것은 '不仁'입니다. 백성은 城으로 보존되고, 城은 德으로 보존됩니다. 二德(信과 仁)을 잃으면 위태롭게 되니, 장차 어떻게 보존될 수 있겠습니까?" (…) 여러 大夫들이 대답하기를, "禹가 塗山에서 제후들을 규합했을 때 玉帛을 잡은 자가 萬國이나 되었는데, 지금까지 보존되는 나라는 數十國 밖에 되지 않습니다. 이는 대국은 소국을 돌보지 않고 소국은 대국을 섬기지 않았기 때문입니다."[31)]

子服景伯은 事大를 信이라 하고 字小를 仁이라 한 다음, 信과 仁을

30) 『春秋 左傳』 昭公 30년 8월조 : 禮也者 小事大 大字小之謂 事大在共其時命 字小在恤其所無

31) 『春秋 左傳』 哀公 7년 8월조 : 子服景伯日 小所以事大 信也 大所以保小 仁也 背大國不信 伐小國不仁 民保於城 城保於德 失二德者 危將焉保 (…) 對日 禹合諸侯於塗山 執玉帛者萬國 今其存者無數十焉 唯大不字小 小不事大也

잃으면 나라가 위태롭게 된다고 말했다. 크고 작은 나라들은 事大와 字小를 통해 호혜적으로 교류해야만 서로 국가를 보존할 수 있다는 말이다. 같은 맥락에서, 여러 大夫들도 그동안 수많은 제후국들이 멸망한 까닭은 각각의 나라들이 事大와 字小를 외면하고 서로 攻伐을 일삼았기 때문이라고 설명했다. 요컨대 위의 인용문은 事大와 字小를 크고 작은 나라들 사이의 바람직한 외교 관계로 설명하고 있는 것이다. 한편, 맹자는 다음과 같이 말한다.

> 오직 仁者만이 큰 나라로서 작은 나라를 섬길 수 있으니, 그러므로 湯은 葛을 섬기고, 文王은 昆夷를 섬겼다. 오직 智者만이 작은 나라로서 큰 나라를 섬길 수 있으니, 그러므로 太王은 獯鬻을 섬기고, 勾踐은 吳를 섬겼다. 큰 나라로서 작은 나라를 섬기는 것은 天을 즐거워하는 것이며, 작은 나라로서 큰 나라를 섬기는 것은 天을 두려워하는 것이다. 天을 즐거워하는 자는 天下를 보전할 수 있고, 天을 두려워하는 자는 자기 나라를 보전할 수 있다.[32)]

맹자는 字小와 事大를 각각 仁者와 智者의 덕목으로 구분하였다.[33)] '事大'를 '智者의 덕목'으로 규정할 때, 여기서의 '智'란 신중

---

32) 『孟子』 梁惠王下 3 : 惟仁者 爲能以大事小 是故 湯事葛 文王事昆夷 惟智者 爲能以小事大 故大王事獯鬻 句踐事吳 以大事小者 樂天者也 以小事大者 畏天者也 樂天者 保天下 畏天者 保其國

33) 한편, 孔子는 "仁者는 仁을 편안하게 여기고, 知者는 仁을 이롭게 여긴다."(『論語』 里仁 2 : 仁者 安仁 知者 利仁)고 말한 바 있다. 이러한 예문들에서 알 수 있듯이, 知者(智者)는 '현실의 형세' 또는 '도덕적 실천'에 있어서까지 그 '利害得失을 신중하게 따지는 것'이다. 요컨대 仁者는 사랑의 실천 자체에 만족하여 자신의 이해득실을 초월한 인격이라면, 知者(智者)는 '자신에게 最善의 利益이 되는 것'을 판별하고, 그에 따르는 것이다(智者는 '도덕적 삶이 자신에게 最善의 삶'이라는 판단에 따라 도덕적 삶을 추구하는 것이다.)

하고 냉철하게 현실의 形勢와 利害를 판단하는 '打算的 理性'을 뜻할 것이다. 요컨대 事大는 현실의 形勢와 利害에 대한 신중하고 냉철한 판단에 기초한다는 것이다. 반면에 '字小'는 '仁者의 덕목'으로 규정했는데, 仁者는 이해관계를 초월하여 사랑을 베푸는 것이다. 요컨대 字小는 '우월한 입장에 있는 대국이 소국에 베풀 수 있는 아량'에 속하는 것이다. 위의 인용문에 대해, 주자는 다음과 같이 주석하였다.

> 仁人은 관대하고 측은히 여기는 마음이 있고, 大小와 强弱을 따지는 私心이 없어서, 小國이 비록 간혹 공손하지 않아도 그를 사랑하는 마음을 그칠 수 없는 것이다. 智者는 '義理'에 밝고 '時勢'를 알기 때문에, 大國이 비록 침략하고 능멸해도 그를 섬기는 禮를 더욱 폐지하지 못하는 것이다. ○ 大國이 小國을 사랑하고 小國이 大國을 섬기는 것은 모두 '理의 當然'이다. 저절로 理에 부합하므로 '樂天'이라 하며, 감히 理를 어기지 못하므로 '畏天'이라 한다. 모든 나라를 널리 감싸주는 것은 天下를 보전하는 氣象이며, 節度를 삼가 감히 함부로 굴지 않는 것은 한 나라를 보전하는 規模이다.[34)]

事大는 본래 '大小와 强弱이라는 形勢'에 따르는 것인데, 주자는 이것을 '義理'라 했다. 요컨대 소국은 대국을 섬기는 것이 '義理'라는 것이다. 반면에 字小는 '大小와 强弱이라는 形勢'를 초월한 것으로서, 이는 대국이 소국에 베풀 수 있는 아량이라는 것이다. 대국은 여러 소국들을 널리 감싸줌으로써 천하를 보전할 수 있게 되며, 소국은

---

34) 『孟子集註』 梁惠王下 3, 朱子註 : 仁人之心 寬洪惻怛 而無較計大小强弱之私 故小國雖或不恭 而吾所以字之之心 自不能已 智者 明義理識時勢 故大國雖見侵陵 而吾所以事之之禮 尤不敢廢 ○ 大之字小 小之事大 皆理之當然 自然合理 故曰樂天 不敢違理 故曰畏天 包含徧覆 無不周徧 保天下之氣象也 制節謹度 不敢縱逸 保一國之規模也

삼가 대국을 섬김으로써 일국을 보전할 수 있게 되는 것이 유교의 事大字小論이 추구하는 바람직한 국제관계인 것이다.[35)]

『中庸』에서는 天下와 國家를 다스리는 '九經(아홉 가지 법도)'를 논했는데, 자신을 닦음(修身), 현자를 높임(尊賢), 친한 사람을 친하게 대함(親親), 대신을 공경함(敬大臣), 여러 신하들을 몸소 살핌(體羣臣), 백성들을 자식처럼 돌봄(子庶民), 온갖 장인들이 모여들게 함(來百工),먼 곳에서 온 사람들을 부드럽게 대함(柔遠人), 제후들을 회유함(懷諸侯)이 그것이다. 이 九經 가운데 국제관계의 법도에 해당하는 것은 '懷諸侯'인바, 『中庸』에서는 "제후들을 회유하면 천하가 두려워한다"고 설명한 다음, 제후들을 회유하는 방법을 다음과 같이 설명한다.

> 끊어진 세대를 이어주고, 없어진 나라를 일으켜주며, 혼란한 나라를 다스려주고, 위태로운 나라를 붙들어 주며, 朝覲과 聘問을 때에 맞추어 하며, 가는 것을 두텁게 하고 오는 것을 얇게 함이 제후들을 회유하는 방도이다.[36)]

'끊어진 세대를 이어준다'는 것은 제후국의 통치권이 원만하게 계승되도록 돌보아준다는 말이며, '없어진 나라를 일으켜준다'는 것은 침략 등으로 인해 망한 나라를 복원시켜준다는 말이다. '朝'란 제후

---

35) '事大'나 '字小'는 모두 '大小와 强弱이라는 形勢'를 전제한 것인바, 여기에는 '華·夷'라는 관념도 개입하지 않고, '敵國'이라는 관념도 개입하지 않는다. '華'인 湯과 文王은 '夷이며 敵國'인 葛과 昆夷를 섬겼으며(事小), 역시 '華'인 太王(文王의 祖父)은 '夷이며 敵國'인 獯鬻을 섬겼던 것이다(事大).

36) 『中庸章句』 20 : 繼絶世 擧廢國 治亂持危 朝聘以時 厚往而薄來 所以懷諸侯也

가 천자를 찾아뵙는 것을 말하며, '聘'이란 제후가 大夫로 하여금 천자를 찾아뵙고 禮物을 바치게 함을 말하는바, '朝覲과 聘問을 때에 맞추어 한다'는 것은 요즈음 말로 주기적으로 외교사절을 교환하는 것이다.[37] '가는 것을 두텁게 한다'는 것은 천자가 朝覲을 온 제후들에게 연회를 베풀고 선물을 하사할 때 두텁게 한다는 말이며, '오는 것을 얇게 한다'는 것은 제후들이 천자께 바치는 禮物(貢物)은 적게 받는다는 말이다. 여기서 알 수 있듯이, 대국은 소국의 안정과 안전을 후원하고, 주기적으로 사절을 교환하되, 항상 많이 베풀고 적게 받는 자세를 견지하라는 것이 『중용』의 가르침이었다. 한편, 『중용』에서는 다음과 같이 말하기도 한다.

> 天子가 아니면 禮를 의논하지 않으며, 制度를 만들지 않으며, 文字를 상고하지 않는다. 지금 天下는 수레의 軌度가 같으며, 글은 文字가 같으며, 행동은 倫理를 같이 한다. 비록 그 地位에 있더라도 진실로 그 德이 없으면 감히 禮樂을 짓지 못하며, 비록 그 德이 있더라도 진실로 그 地位가 없으면 또한 감히 禮樂을 짓지 못한다.[38]

위의 인용문에서 말하는 '地位'란 '天子의 地位'를 뜻하며, '德'이란 '聖人의 德'을 뜻한다. 요컨대 위의 인용문에 의하면 天子의 지위와 聖人의 덕을 겸비한 사람만이 禮樂을 지을 수 있는 것이다. "天子가 아니면 禮를 의논하지 않으며, 制度를 만들지 않으며, 文字를 상

---

37) 『禮記』 王制에서는 "諸侯는 天子께 1년에 한 번 小聘을 하고, 3년에 한 번 大聘을 하며, 5년에 한 번 朝覲을 한다. 天子는 五年에 한 번 제후국을 巡狩한다"고 했다.
38) 『中庸章句』 28 : 非天子 不議禮 不制度 不考文 今天下 車同軌 書同文 行同倫 雖有其位 苟無其德 不敢作禮樂焉 雖有其德 苟無其位 亦不敢作禮樂焉

고하지 않는다."는 말은 제후국들은 天子國에서 제정한 禮制와 文字를 준용해야 한다는 뜻이다.[39] "지금 天下는 수레의 軌度가 같으며, 글은 文字가 같으며, 행동은 倫理를 같이 한다."는 말은 제후국들이 天子國에서 제정한 禮制와 文字 등을 준용함으로써, 禮制가 보편화되고 文字가 통일되며 行動規範 역시 통일된 것을 말한다. 이것이 바로 유학에서 추구하는 '大一統의 핵심 내용'인 것이다.[40]

이상의 내용을 정리해 보자. 첫째, '대국과 소국은 恩과 義로 맺어져야 한다'는 것은 대국과 소국의 위계질서를 설정하고 恩과 義를 그에 합당한 덕목으로 부과함으로써 '평화로운 공존'을 모색한 것이다. 둘째, '諸侯國들은 天子國에서 제정한 禮制와 文字를 준용해야 한다'는 것은 보편적인 규범과 보편적인 문화를 구축함으로써 '상호간의 교류와 소통을 원만하게 하자'는 것이다. 이렇게 본다면, 유가에서 추구한 '대일통의 국제질서'는 대국은 소국에게 은혜를 베풀고 소국은 대국이 제시한 규범과 문화를 따르자는 것으로서, 이는 결코 소국(제후국)의 주권을 부정하는 것이 아니었다.[41]

---

39) 天子國에서 불합리한 禮法을 만들 수도 있는바, 제후국에서는 이것도 따라야만 하는가? 이런 곤란한 의문을 예방하기 위해, 위의 인용문에서는 '天子의 지위와 聖人의 덕을 겸비한 사람만이 禮樂을 지을 수 있다'고 부연한 것이다.

40) 위의 인용문에 대한 朱子의 주석에서도 "軌度 · 文字 · 倫理가 모두 같다는 것은 '天下가 하나로 통일되었음'을 말한다(三者皆同 言天下一統也)"라고 하였다.

41) 유교이념에 따를 때, 周代의 봉건제도 현실에서 '대국과 소국'이란 무엇보다도 '천자국과 제후국'을 뜻하는 것이었고, 제후국이 천자국에 朝貢을 행하는 것이었다. 그런데 봉건질서가 무너지기 시작하던 춘추시대의 경우, 천자국의 권위와 통제력이 약화되고, 대신 강대한 제후국이 대국 행세를 하기 시작했다. 그리하여 춘추시대에는 제후국들 사이에서 강대한 나라와 약소한 나라 사이에 '대국-소국' 관계가 형성되어, 약소국이 강대국에 朝貢을 행하기도 했다. 또한 이 때 강대국이 약소국에 강요한 朝貢은 '정치적 복속'과 '과도한 경제적 부담'을 포함하는 것이었다(이에 대한 자세한 논의는 이춘식, 「中國 古代 朝貢의 實體와 性格」, 55~60쪽 참

2. 冊封-朝貢 체제의 성립

이제까지 유교의 事大字小論과 그에 입각한 大一統思想을 살펴보았거니와, 이것은 현실에서는 '分封 - 朝貢 체제' 또는 '冊封 - 朝貢 체제'로 구체화되었다. '分封 - 朝貢 체제'는 봉건시대 중국 내부의 일로서, 천자는 천하의 땅(天子의 領土)를 나누어 제후를 봉하고(分封), 제후는 천자께 자신이 다스리는 지역의 특산물을 貢物로 바침으로써(朝貢), 크고 작은 나라들 사이에 평화로운 공존과 교류를 지속하자는 것이다. '分封 - 朝貢 체제'가 약간 변형된 '冊封 - 朝貢 체제'는 중국과 주변국들의 관계에 해당하는 것으로서, 중국의 황제가 주변국의 통치자를 승인해주고(冊封),[42] 주변국의 통치자는 중국의 황제께 조공을 바침으로써, 양국간에 위계적이고 우호적인 외교관계를 맺는 것을 말한다.

먼저 '分封 - 朝貢 체제'에 대해 살펴보자. 『禮記』 <王制>에서는 天子가 천하의 땅을 나누어 諸侯를 봉하는 것에 대해 다음과 같이 설명한다.

> 王者가 祿爵을 제정함에, 公·侯·伯·子·男의 다섯 등급으로 한다. 諸侯의 경우도 上大夫(卿)·下大夫·上士·中士·下士의 다섯 등급으로 한다. 天子의 領田[43]은 사방 1,000里이고, 公과 侯의 領田은 사방 100里이

조). 또한 이러한 '강요된 事大'의 경우 "상호 왕래적인 '事大-字小'의 交隣之禮에서 多額의 獻物을 수반한 일방적 事大로 變貌"하기도 했다(이에 대한 자세한 논의는 이춘식, 「『左傳』 中에 보이는 事大의 意味」, 38쪽 참조).

42) '冊封'은 중국의 황제(천자)가 자신의 영토를 나누어주고 통치를 위임하는 것이 아니요, 다만 주변국의 통치자에게 文書로 통치권을 인정해주는 것일 따름이다.

43) '領田'은 '통치자가 領有하는 田野'를 말한다. '領土'라 하지 않고 '領田'이라 한

며, 伯은 70里, 子와 男은 50里이다. 사방 50里가 되지 못하는 자는 天子께 朝覲할 수 없으니, 諸侯에게 소속시키고 '附庸'이라 한다.[44]

天子(王者)가 제후들을 分封할 때, 제후들을 다섯 등급으로 나누었는데, 이로써 天子와 諸侯 사이에 大·小의 위계 관계가 성립함과 동시에 제후들 사이에도 大·小의 위계 관계가 성립하게 되는 것이다. 『禮記』 <王制>의 내용을 더 살펴보자.

> 무릇 四海의 안에 9州가 있는데, 각각의 州는 사방 1,000里이다. (…) 사방 1,000里의 지역은 사방 100里의 지역 100개를 만들 수 있거니와, 사방 100里의 나라 30個國을 封하고 (…) 또 사방 70里의 나라 60個國을 封하며 (…) 또 사방 50里의 나라 120個國을 封한다. (…) 名山과 大澤은 封하지 않으며, 그 나머지는 附庸國이나 閒田으로 삼는다. 諸侯로서 功을 세운 자에게는 閒田으로 祿을 주고, (제후가 죄를 지어) 封地를 깍은 것이 있으면 閒田으로 돌린다.[45]

위와 같이 分封하면, 사방 1,000里의 한 州에 210개의 제후국이 성립하게 된다. 9州를 모두 이처럼 분봉하고, 중앙에 있는 天子의 직할지도 이처럼 分封하면, 중국 천하에는 약 2,000개의 제후국이 성립

것은 '山林, 川澤, 原濕' 등을 제외하고 실제로 경작할 수 있는 토지만을 계산하기 위한 것이었다.

44) 『禮記』 王制 : 王者之制祿爵 公侯伯子男 凡五等 諸侯之上大夫卿 下大夫 上士 中士 下士 凡五等 天子之田 方千里 公侯田 方百里 伯七十里 子男五十里 不能五十里者 不合於天子 附於諸侯 曰附庸

45) 『禮記』 王制 : 凡四海之內九州 州方千里 (…) 方千里者 爲方百里百 封方百里者三十國 (…) 又封方七十里者六十 (…) 又封方五十里者百二十 (…) 名山大澤不以封 其餘以爲附庸閒田 諸侯之有功者 取於閒田以祿之 其有削地者 歸之閒田

하는 것이다.

이처럼 천자와 제후의 관계가 성립한 다음에는 서로 교류하는 예법을 마련해야 하는바, <王制>에서는 "諸侯는 天子께 1년에 한 번 小聘을 하고, 3년에 한 번 大聘을 하며, 5년에 한 번 朝覲을 한다. 天子는 五年에 한 번 제후국을 巡狩한다."[46]고 했다. 앞에서 설명했듯이, '朝覲'은 제후가 직접 천자를 찾아뵙는 것을 말하며, '聘問'은 제후가 자신의 신하(大夫)를 시켜 천자를 찾아뵙도록 하는 것을 말한다. 『예기』에서는 제후의 '朝覲과 聘問'에 대해 다음과 같이 설명한다.

> 朝覲의 禮는 君臣의 의리를 밝히기 위한 것이며, 聘問의 禮는 諸侯들로 하여금 서로 존경하게 하기 위한 것이다. (…) 조근과 빙문의 禮가 폐지되면 君臣의 지위를 잃고, 諸侯들이 惡行을 저질러, 마침내 倍畔과 侵陵의 불상사가 일어난다.[47]

위에 보이듯이, 조근과 빙문은 천자와 제후 사이에 '君臣의 義理'를 주기적으로 확인함으로써 배반과 침략 등의 불상사를 막기 위한 것이었다. 제후는 천자를 찾아뵐 때 자기 지역의 특산물을 禮物로 바치는데, 이를 '朝貢'이라 한다. 제후의 朝貢에 대해 천자는 훨씬 많은 답례품을 하사하는 것이 또한 예법이었다.[48] 한편, 천자의 '巡狩'에 대해서는 다음과 같이 설명한다.

---

46) 『禮記』 王制 : 諸侯之於天子也 比年一小聘 三年一大聘 五年一朝 天子五年一巡狩

47) 『禮記』 經解 : 朝覲之禮 所以明君臣之義也 聘問之禮 所以使諸侯相尊敬也 (…) 聘覲之禮廢 則君臣之位失 諸侯之行惡 而倍畔侵陵之敗起矣

48) 『中庸』의 九經에서 '가는 것을 두텁게 하고, 오는 것을 얇게 함(厚往而薄來)'이 이를 말하는 것이다.

순수를 하는 해의 2월에 동쪽으로 순수를 한다. 岱宗에 이르러 나무를 태워 山川에 望祀를 지내고, 諸侯들을 접견한다. 나이가 100세 된 노인이 있는지 묻고, 있다면 그 노인을 방문한다. 大師에게 명하여 백성들의 詩를 채록하여 올리게 하여 民風을 살핀다. 市場을 맡은 관리에게 명하여 物價를 보고하게 하여 백성들의 好惡를 살피는데, 백성들의 心志가 음란하면 간사하고 편벽된 것을 좋아하기 때문이다. 禮를 맡은 관리에게 명하여 계절과 달을 살펴 날짜를 정하고, 法律・禮樂・制度・衣服 등을 통일시켜 바로잡게 한다. 山川의 神께 제사를 지내지 않는 것을 '不敬'이라 하는데, 不敬한 君主가 있으면 領地를 삭감한다. 宗廟에 昭穆의 순서를 어지럽히고 제사를 지내지 않는 것을 '不孝'라 하는데, 不孝한 君主가 있으면 그 爵位에서 물러나게 한다. 禮樂을 제멋대로 바꾸는 것을 '不從'이라 하는데, 不從한 君主가 있으면 먼 곳으로 流配를 보낸다. 制度와 衣服을 제멋대로 바꾸는 것을 '畔'이라 하는데, 畔한 君主가 있으면 聲討한다. 백성들에게 功德이 있는 자는 領地를 늘려주고 爵位도 올려준다.[49]

위에 보이듯이, 천자의 순수는 제후국들의 民生과 民風을 살피고, 法律・禮樂・制度・衣服 등을 통일시켜 바로잡음으로써 '천하의 통일성'을 유지하며, 제후들의 통치실적을 평가하여 상이나 벌을 내리기 위한 것이었다. 한편 『맹자』에서는 '巡狩'에 대해 다음과 같이 설명한 바 있다.

天子가 諸侯에게 가는 것을 '巡狩'라 하고, 諸侯가 天子께 朝覲하는

49) 『禮記』 王制 : 歲二月東巡守 至于岱宗 柴而望祀山川 覲諸侯 問百年者 就見之 命大師陳詩 以觀民風 命市納賈 以觀民之所好惡 志淫好辟 命典禮 考時月定日 同律禮樂制度衣服 正之 山川神祇 有不擧者爲不敬 不敬者君削以地 宗廟有不順者爲不孝 不孝者君絀以爵 變禮易樂者爲不從 不從者君流 革制度衣服者爲畔 畔者君討 有功德於民者 加地進律

> 것을 '述職'이라 한다. 봄에는 耕作하는 것을 살펴 부족한 것을 보충해주고, 가을에는 수확하는 것을 살펴 부족한 것을 도와준다. 제후의 境內에 들어가서, 土地가 잘 개간되고 들판이 잘 다스려지며 老人을 봉양하고 賢者를 우대하며 俊傑이 관직에 있으면 賞을 내리니, 賞은 땅으로 준다. 제후의 境內에 들어가서, 土地가 황폐하고 老人을 버려두며 賢者를 외면하고 掊克(함부로 세금을 거두는 관리)이 관직에 있으면 問責한다. 제후가 한 번 朝覲하지 않으면 그 爵位를 깎고, 두 번 朝覲하지 않으면 그 領土를 깎고, 세 번 朝覲하지 않으면 六軍을 동원하여 제후를 바꾼다.[50]

『맹자』의 설명은 『예기』의 설명과는 약간 내용이 다르나, 巡狩를 통해 民生을 돌보고 民風을 살피며, 제후들의 통치실적을 평가하여 상이나 벌을 내린다는 점에서는 맥락을 같이 하는 것이다. 이렇게 본다면, 천자의 순수는 그 의도가 아무리 좋은 것이라 하더라도 다소 제후국들의 주권을 침범하는 점이 있었던 것이다.[51]

이제까지 '중국이라는 울타리' 안에서의 分封과 朝聘-巡狩의 예법을 살펴보았다. 이는 말 그대로 '周代 封建制度의 理想型'에 해당하는 것일 뿐이다.[52] 이러한 이상형이 중국 울타리 안에서 그대로 실현

---

50) 『孟子』 告子下 7 : 天子適諸侯曰巡狩 諸侯朝於天子曰述職 春省耕而補不足 秋省斂而助不給 入其疆 土地辟 田野治 養老尊賢 俊傑在位 則有慶 慶而地 入其疆 土地荒蕪 遺老失賢 掊克在位 則有讓 一不朝則貶其爵 再不朝則削其地 三不朝則六師移之 是故 天子討而不伐 諸侯伐而不討

51) 周代의 封建制 이념에 따른다면, 제후국은 천자가 자신의 천하를 나누어 分封한 것이므로, 천자는 제후국의 통치에 간섭할 수 있는 권리가 있는 것이다.

52) 이춘식은 중국 고대의 조공체제에 대해 역사적으로 고찰한 다음 "朝覲과 入貢은 근본적으로 살펴볼 때에 강고한 씨족 조직과 전통을 기반으로 한 자치 자율 내지는 독립적 정치 군사적 집단이 보다 武力이 강한 집단에게 정치적 복속을 표시했던 儀禮였는데, 이 정치적 복속의 표시는 自國의 이해관계와 국제정세의 변화에 따른 것이었다."고 정리한 바 있다(이춘식, 「中國 古代 朝貢의 實體와 性格」, 81쪽).

된 것도 아니요, 중국과 주변국의 관계에서 그대로 실현된 것도 아니다. 다만 이러한 理想型은 하나의 理念型으로 작동하여, 후대에 지속적으로 영향을 끼친 것이다.

이제 이러한 이념형이 동아시아의 국제관계에 어떻게 적용되었는지 살펴보자. 중국과 그 주변국들은 주대 봉건제도의 기본 틀을 약간 변형하여 국제관계의 기본 틀을 정립하였다.

우선, 봉건제에서의 '分封'은 '冊封'으로 변형되었다. '分封'이란 개념상 '천자가 자신의 천하를 제후들에게 나누어주고 통치를 위임하는 것'이요, 제후들은 이로써 천자로부터 영토와 세습적 통치권을 부여받는 것이다. 그런데 중국의 주변 국가들은 천자(중국의 황제)로부터 영토를 나누어 받는 것이 아니다. '冊封'이란 개념적으로 '문서(冊)로 封한다'는 뜻으로서, 이는 이미 존재하는 주변국과 그 통치자에 대해 '천자가 통치권을 인정하는 문서를 발급하는 것'일 뿐이니, 요즘 말로 '외교적 승인'에 해당하는 것이다. 책봉을 통해 중국 황제와 주변국의 통치자들은 '천자와 제후' 또는 '임금과 신하'의 관계를 맺게 되었다.[53)]

이처럼 중국과 그 주변국들은 책봉을 통해 '위계적 외교관계'를 맺은 것이다. 주변국의 통치자들은 책봉을 통해 중국 황제보다 한 등

---

53) 조선시대의 경우, 조선은 明 황제가 '冊封한 나라'이기는 하지만, 明 황제가 '分封한 나라'가 아니므로, 明에 대한 조선의 국가적 지위가 어떠한 것이냐에 대한 논란이 종종 제기되었다. 대체로 말하자면, 勳舊派가 주도한 조선 초기의 경우에는 事大와 慕華를 大前提로 하면서도 조선을 '別邦'으로 인식하는 경향이 강했다. 그러나 士林派가 주도한 중기 이후에는 조선을 '明의 諸侯國'으로 인식하고 大一統的 名分秩序를 존중하는 경향이 강했다(이에 대한 자세한 논의는 이상익, 「조선시대 中華主義의 두 흐름」 참조).

급 낮은 지위로 격하됨에도 불구하고, 중국 황제의 책봉을 받음으로써 통치권의 정당성과 안정성을 확보할 수 있었다. 그렇기 때문에, 책봉은 주변국의 요청에 의해 이루어지는 경우가 대부분이었다. 또한 중국의 입장에서도 주변국의 통치자를 책봉함으로써 주변국에 영향력을 행사할 수 있고, 또 이를 통해 평화와 안정을 확보할 수 있었으므로, 책봉 요청을 마다할 이유가 없었던 것이다.[54]

다음, 봉건제에서의 '朝聘-巡狩'는 '순수'는 없어진 채 '조빙'만 남게 되었다. 순수가 없어졌다는 것은 주변국에 대한 정치적 간섭의 계기가 없어졌다는 뜻이기도 하다. 앞에서 살펴보았듯이, 봉건시대의 천자는 순수를 통해 제후들에게 상과 벌을 시행하였는데, 이는 제후국의 주권을 침해하는 성격을 지닌 것이었다. 그런데 책봉 체제에는 천자의 순수가 없는 것이므로, 주변국들은 주권을 침해당할 계기가 별로 없었던 것이다.

책봉을 받은 주변국들은 주기적으로 중국의 황제께 조빙을 했는데, 이때 자기 나라의 특산물을 貢物로 바쳤다. 이를 朝貢이라 하거

54) 조선 太祖 1년 11월에 보내온 明 太祖의 勅旨에서는 "高麗(조선)는 산이 경계를 이루고 바다가 가로막아 하늘이 東夷를 만들었으므로, 우리 중국이 통치할 바는 아니다. (…) 聲敎는 自由로 할 것이다. 과연 하늘의 뜻에 따르고 사람의 마음에 합하여 東夷의 백성을 편안하게 하고, 변방의 釁端을 발생시키지 않는다면, 使節이 왕래할 것이니 실로 제 나라의 福일 것이다."라고 하였으며, 또 함께 보내온 宣諭에서는 "恭愍王이 죽으매 그 아들이 있다고 칭하고 이를 세우기를 청하였으나, 나중에 와서 또 그렇지 않다고 말하였고, 또 王瑤를 王孫의 正派라 하여 세우기를 청하였다가 지금 또 제거해 버렸소. 두세 번 사람을 시켜 왔으나 대개는 자기 스스로 왕이 되기를 요구한 것이므로 나는 묻지 않았소. 자기 스스로 왕이 되어 스스로 할 것이오. 백성들을 편안하게 하고 서로 통하여 왕래하게 하오."라고 하였다(『太祖實錄』 1년(1392) 11월 27일). 明 太祖는 평화로운 외교 관계를 원했을 뿐 고려(朝鮮)의 내정에 간섭할 의사가 없었다는 것, 그럼에도 불구하고 조선쪽에서 거듭 '冊封'을 요구했다는 것이 드러난다.

니와, 중국의 황제는 '厚往而薄來'라는 이념에 따라 주변국의 朝貢에 대해 몇 배로 下賜品을 내리는 것이 관례였다. 이처럼 조공은 명목상으로는 천자의 권위를 높여주는 것이지만, 실질적으로는 주변국에게 혜택이 돌아가는 것이었다. 따라서 주변국에서는 되도록이면 조공의 기회를 많이 확보하려고 했고, 중국의 입장에서는 이를 부담스러워하면서 조공의 기회를 줄이려고 했던 것이다.[55]

한편, 중국 황제의 책봉을 받는 주변국들 상호간에는 '交隣'의 관계를 맺었다. 事大는 위계적 관계이지만, 交隣은 수평적 관계이다.[56] 또한 중국의 주변국들 중에는 중국 황제의 책봉을 받지 못하는 경우도 있었다. 주변국들 중에 信義가 없거나 문화수준이 낮은 나라에 대해서는 중국에서 책봉을 거부했기 때문이다. 이러한 나라들은 國格이 낮은 것으로 인식되어, 국제사회의 제대로 된 성원으로 인정받지 못했음은 물론이다.

이상에서 중국과 그 주변국 사이에 형성되었던 '책봉-조공 체제'에 대해 살펴보았다. 19세기 말까지 동아시아 국제질서의 기본 틀이 되었던 책봉-조공 체제는 유교의 대일통사상과 사대자소론에 입각한 것으로서, 동아시아의 안정과 평화에 크게 기여했다. 오늘날의 국제관계는 평등한 주권국가관을 바탕으로 성립하는바, 책봉-조공 체제는 불평등한 위계질서를 전제한 것이다. 그러나 책봉-조공 체제는 흔히 생각하는 '지배와 종속'의 관계는 아니었다. 오늘날의 국제정치학자 이삼성은 다음과 같이 말한다.

---

55) 『두산백과』, '朝貢貿易'條 참조.

56) 한국학중앙연구원 편, 『민족문화대백과사전』, '事大交鄰'條 참조.

> 조공과 책봉의 체제를 근간으로 하는 전통시대 동아시아 국제관계 양식은 강대한 세력과 약소사회들 사이의 전쟁과 평화를 규율하기 위해 전통시대 동아시아가 창안해낸 국제적 규범과 제도였다. (…) 근대 서양은 한편으로 세력이 비슷한 유럽 국가들끼리는 법적으로 평등한 주권국가 간 국제질서를 발전시킨 것처럼 보인다. 하지만 다른 한편으로 비서양 약소사회들에 대해 그들이 개발한 것은 정치군사와 경제 모든 면에서 철저하게 착취적인 식민주의적 질서였다. 동아시아의 전통적 국제관계의 전형은 주권적 평등을 기초로 한 질서가 아닌 공식화된 위계질서를 나타냈지만, 강국과 약소국 사이에 착취적이고 침투적인 식민지 질서도 아니었다. 공식적 위계를 전제하되 약소사회의 내적 자율성을 전제한 제3의 질서를 창안한 것이었다.[57)]

위의 인용문을 읽으면서 或者는 옛날에 있었던 중국(?)의 한국에 대한 침략을 떠올릴 수 있을 것이다. 삼국시대 이후 조선시대 말기까지 중국(?)의 한국에 대한 침략은 10~11세기 고려시대 거란의 누차에 걸친 침략, 13세기 고려시대 몽골의 30년 침략, 17세기 중엽 조선시대 後金 및 淸의 두 차례에 걸친 침략 등을 꼽을 수 있다.[58)] 그런데 이들 거란·몽골·여진족은 모두 중국 북방의 이민족(오랑캐)들이었다. 이들은 弱肉强食만 알 뿐 德이나 禮를 모르는 야만들이었기 때문에, 자신들의 강력함을 믿고 이웃 나라를 침략하여 온갖 만행과 착취를 일삼았던 것이다. 따라서 우리는 유교적 세련화를 전혀 거치지 못한 오랑캐들의 야만적 행태와 유교적 세련화를 거친 宋·明의 인

---

57) 이삼성, 『동아시아의 전쟁과 평화』 1, 한길사, 2010, 11쪽.

58) 이삼성은 "한반도에서 중화권적 세력(新羅)이 패권을 장악한 8세기 이래 한반도인들이 전쟁의 참화를 겪게 되는 것은 中華帝國이 아니라, 중국과 한반도 사이에 북방 노마드(유목민족) 세력이 제3의 세력을 형성한 삼각구조에서였다."고 설명한 바 있다(『동아시아의 전쟁과 평화』 1, 12쪽).

도적 행태를 구분해 보아야 할 것이다.

Ⅳ. 결론

전통 유교의 事大字小論과 分封-朝貢 체제는 근원적으로 大一統思想에 기초한 것이다. 대일통사상은 대부분의 諸子百家가 추구했던 것이라 할 수 있는데, 그 가운데 대표적인 것은 儒家의 대일통사상과 法家의 대일통사상이라 할 수 있다.

대일통사상을 둘러싼 유가와 법가의 대립에서 핵심적 쟁점은 둘로 요약되는바, 첫째는 대일통 체제에서 '각국의 주권을 인정하느냐, 부정하느냐'의 문제이고, 둘째는 대일통을 실현하는 방법으로 '文德이냐, 武力이냐'의 문제이다. 법가는 각국의 주권을 부정하는 '중앙집권적 帝國'을 추구했고(秦代의 郡縣制), 그 제국을 건설하고 유지하는 방법으로 '武力과 法治'[59]를 내세웠다. 그러나 유가는 각국의 주권을 긍정하는 '지방분권적 王國'을 옹호했고(周代의 封建制), 그 왕국을 건설하고 유지하는 방법으로 '文德과 禮治'를 내세웠다.

유교의 事大字小論과 分封-朝貢 체제는 바로 周代의 封建制와 文德의 정치를 이상으로 삼는 것이었다. '周代의 封建制'는 '宗法的 위계질서'를 내포하는 것인바 이로부터 천자국과 제후국 사이의 위계관계가 형성되는 것이요, '文德의 정치'는 그 위계질서를 유지하는

59) 주지하듯이 法家의 '法治'는 '체계화된 통치제도에 의한 통치'와 '무서운 형벌에 의한 통치'라는 두 의미를 동시에 지닌다.

방식으로 武力이 아닌 文德을 내세운 것인바 이로부터 事大字小論이 성립하는 것이다. 이러한 배경에서 성립한 周代의 '分封-朝貢' 체제는 본래 중국 내부에서 '천자국과 제후국' 사이의 국제질서를 규율하는 것이었다. 그런데 세월이 흐르면서 중국 내부적으로는 봉건제가 붕괴하고, 외부적으로는 천하가 전통적인 중국의 영역 밖으로까지 확대됨에 따라, '分封-朝貢' 체제는 '冊封-朝貢' 체제로 변모하게 된 것이다.

分封은 천자가 천하(자신의 영토)의 일부를 떼어 제후를 세우고 그에게 세습적 통치권을 부여하는 것인데, 제후는 그 대가로 朝貢의 의무를 졌던 것이다. 이에 반하여 冊封은 중국의 황제가 본래 존재하는 외국의 국왕에 대해 문서로 그 통치권을 인정해주는 것인바, 외국의 국왕은 그 대가로 중국의 황제에게 朝貢을 바쳤던 것이다.

分封이나 冊封을 막론하고 各國은 기본적으로 主權 또는 정치적 자율성을 지닌 것이었고, 朝貢은 다만 중앙의 天子 또는 중국의 皇帝와 君·臣 관계를 맺고 있다는 점을 확인하기 위한 儀禮였던 것이었다. 다만 分封의 경우, 천자는 제후국을 巡狩할 때 제후의 통치 성과를 살펴 상벌을 시행하기도 했는데, 이는 다소 제후국의 주권을 침해하는 것이라고 볼 수 있겠다.[60] 그러나 책봉의 경우에는 황제의 순수도 없었고, 따라서 각국에 대한 주권 침해의 요소도 더욱 없었던 것이다.

事大字小論에서 '대국과 소국'은 글자 그대로 해석하면 '강대국과

60) '分封'은 천자가 자신의 영토를 떼어 제후에게 통치를 위임한 것이므로, 천자가 제후국에 대해 간섭할 수 있는 것이었다.

약소국'이다. 전통 유교에서는 강대국을 대일통적 질서의 중심으로 설정하여 그 지도력을 인정함으로써 대일통의 실현가능성을 강화하면서도, 강대국에 文德이라는 이념적 굴레를 가함으로써 강대국의 약소국에 대한 횡포를 예방하고자 했던 것이다.

이러한 맥락에서, 유교의 대일통사상은 오늘날의 民主平和論과 같은 맥락에서 이해할 수 있으며, 그 중심에 위치하는 天子國은 오늘날의 유엔(UN)과 같은 맥락에서 이해할 수 있다.[61] 전통시대 동아시아의 국제질서를 규율했던 책봉-조공 체제에 대해 오늘날 사람들은 그 불평등한 위계적 성격을 문제 삼을 수도 있다. 그러나 오늘날에도 이념적으로 유엔이 회원국보다 위상이 높은 것으로 인식되고, 실제로도 유엔이 주관하는 조약이나 국제법이 회원국의 주권을 제약하기도 한다는 점을 상기한다면, 이는 충분히 납득할 수 있는 문제이다.

論者는 전통시대 동아시아 국제질서에 있어서 진정한 문제는 대일통사상이나 사대자소론 및 분봉(책봉)-조공 체제가 유교의 본래 취지대로 항상 '文德'에 입각해 실현되지 못하고, 때때로 '武力'에 의해 왜곡되었다는 점에 있다고 본다. 그렇다면 우리는 전통시대 동아시아의 국제질서에 대해 그 '불평등성'을 문제 삼기보다 때때로 횡행했던 '폭력성'을 문제 삼아야 할 것이다. 그 간헐적인 폭력의 주체는 간혹 '漢族의 통치자'이기도 했지만, 대부분은 거란·여진·몽골 등 북방 이민족의 통치자였다. 요컨대 유교적 세련화를 거치지 못한

61) 보다 노골적으로 말하자면, '유엔(UN)'보다 '美國'이 적합할 것이다. 오늘날 민주평화론의 기수는 미국인데, 민주적인 각국은 미국의 우월한 지도력을 인정하면서 자국의 사안에 대한 미국의 승인이나 지지를 갈구하고 있지 않은가?

야만적 통치자들이 폭력으로 평화로운 국제질서를 파괴했던 것이다. 이렇게 본다면 유교사상은 전통시대 동아시아 국제질서에 평화를 정착시키는 데 지대하게 공헌한 것이요, 이 점은 앞으로도 잘 계승되어야 할 것이다.

참고문헌

『論語』, 『孟子』, 『大學』, 『中庸』,
『詩經』, 『禮記』, 『春秋 左傳』, 『春秋 公羊傳』,
『漢書』, 『太祖實錄』, 『韓非子』

김옥균, <朝鮮改革意見書>, 『金玉均全集』, 아세아문화사, 1979.
서재필, <독립문건립의 의의>, ≪독립신문≫ 1896년 6월 20일자 논설.
신채호, <朝鮮史 整理에 대한 私疑>, 『丹齋申采浩全集』(개정판), 형설출판사, 1987.
유길준, 『西遊見聞』, 『俞吉濬全書』, 일조각, 1971.

권선홍, 『전통시대 동아시아국제관계』, 부산외대출판부, 2004.
______, 「유교사상에서 본 동아시아 전통질서」, 미발표원고, 2015.
김용구, 『세계관 충돌의 국제정치학』, 나남, 1997.
______, 『세계관 충돌과 한말 외교사, 1866~1882』, 문학과지성사, 2001.
이삼성, 『동아시아의 전쟁과 평화』 1, 한길사, 2010.
전원섭, 『평화를 위한 역사』, 道道, 1991.
조동일, 『문명권의 동질성과 이질성』, 지식산업사, 1999.
______, 『하나이면서 여럿인 동아시아문학』, 지식산업사, 1999.
이상익, 「조선시대 中華主義의 두 흐름」, 『한국철학논집』 24집(2008).
이상익, 「신채호의 民族主義的 歷史觀과 그 비판」, 『東洋文化研究』 제12집, 영산대학교 동양문화연구원, 2012.
이용희 저, 노재봉 편, 『韓國民族主義』, 서문당, 1977.
이용희, 『一般國際政治學(上)』, 박영사, 1962.
이종항, 『韓國政治史』, 박영사, 1963.
이춘식, 「中國 古代 朝貢의 實體와 性格」, 『中國學論叢』 제3권, 고려대 중국학연구소, 1986.
_____, 「「左傳」 中에 보이는 事大의 意味」, 『史叢』 제14권, 고려대 역사연구소, 1969.

韋政通, 『中國哲學辭典』, 大林出版社, 民國 67년.
기무라 간(木村 幹), 김세덕 역, 『조선/한국의 내셔널리즘과 소국의식』, 산처럼, 2007.

10~12세기 동아시아 국제관계사의 재조명을 위한 대안적 시각과 방법론 모색

윤 영 인*

Ⅰ. 머리말

전근대 동아시아 국제관계사 연구에서 '조공체제' (Tribute System) 혹은 '중국적 [한족의] 세계질서' (The Chinese World Order) 이론은 중원 [한족]왕조의 우월성을 강조하고 '주변'을 '선진' 중화문명에 동화되어야 할 대상으로 인식한다. '조공체제'에는 유교적 이념의 문화론(culturalism)를 기초로 하여 시종일관 '중국'의 우월성을 유지하려는 전근대 중화주의(中華主義)의 문화적 편견이 내재되어 있다. 그리하여 몇 학자들은 일방적 · 자의적인 한족왕조의 기록에 의존하는 '조공체제' 이론의 편견과 모순에 대한 비판을 제기해 왔다.[1]

---

* 영산대학교

1) '조공' 혹은 '책봉' 체제 이론의 핵심 내용은 John K. Fairbank, ed., *The Chinese World Order: Traditional China's Foreign Relations* 와 西島定生, 『中國古代國家と東アジア世界』에 정리되어 있다. 조공체제의 문제점에 대한 이론적 비판은 James L. Hevia, *Cherishing Men from Afar*, 9-15와 피터윤, 「서구 학계 조공제도 이론의 중국 중심적 문화론 비판」 참조.

나아가 조공체제 이론은 정치 · 군사적 국제관계를 특정 문화(즉 한족문화)의 기준으로 이해하려는 인식론적 문제를 안고 있다. 일찍이 페어뱅크 (John K. Fairbank)는 전근대 동아시아 국제관계를 세 가지 유형과 범위로 나누어 북방 초원의 유목민족을 '내륙 아시아 지역'(Inner Asian Zone)으로, 중국왕조와 산발적인 교류에 머물렀던 동남아시아, (특정 시기의) 일본, 그리고 서방 국가들은 '외부 지역'(Outer Zone)으로 설정하였다. 반면 문화 · 제도적으로 상당한 수준의 '한화'(漢化)가 이루어졌다는 한반도와 베트남은 '한족문화지역'(Sinic Zone)으로 분류하였는데 이 '한족문화지역'과 중원 한족왕조와의 관계에서는 정치 · 군사적 요소가 문화 · 이념적 요소에 비해 부차적이자 일시적이었다고 주장한다. 그러나 문화적 유사성이 국제관계에서 일관되게 혹은 가장 중요한 요소로 작용한 역사적 사례는 거의 찾아보기 어렵다. 오히려 유목제국과 농경문명의 한족 왕조의 경제 · 문화적 차이가 밀접한 국제관계를 촉진하기도 하였다.[2)]

전근대 시기에서도 특히 10세기에서 12세기까지의 동아시아에는 세력균형에 의해 성립 · 유지된 '다국가체제'(Multistate System)의 또는 다원적 국제관계가 형성되었다고 한다.[3)] 레쟈드(Gari K. Ledyard)는 일찍이 동북아시아 국제관계에서 한반도 왕조의 중요성을 파악하고 거시적 시각으로 중원-만주-한국의 삼각관계를 통해 중원 한족왕조의 팽창과 수축의 역사적 순환과정을 이해하고자 하였다.[4)] 인류학자인 바필드(Thomas Barfield)는 북방민족과 한족왕조

2) Naomi Standen, "(Re)Constructing the frontiers of tenth-century North China," 55-79.

3) Morris Rossabi, ed. *China among Equals,* 225-29; Herbert Franke and Denis Twitchett, eds. *The Cambridge History of China, vol. 6,* 16-21.

의 관계에 대한 기존의 "교역 혹은 약탈"이라는 단순한 이분법적 논리가 아닌 중원, 초원(몽골지역), 그리고 만주의 세 지역의 상호관계에 주목하였다.[5] 한편 스탠든(Naomi Standen)은 10세기 거란과 송의 관계사 연구에서 당시에는 정치적, 지리적, 민족적, 그리고 이상적 일관성을 가진 "중국"은 물론 현대적 개념의 "민족"도 존재하지 않았고 이러한 시대착오적 개념이야말로 올바른 역사인식의 가장 큰 장애물로 인식한다.[6]

전근대 동아시아 국제관계를 중국과 한국 등 현대국가의 국사영역을 기준으로 접근하는 것은 당시 내륙아시아 세계를 구성한 초원, 중원, 만주, 한반도는 물론 대륙의 서남부와 동남아시아, 중앙유라시아, 그리고 일본 등을 모두 포괄하는 국제질서의 범위를 축소하거나 단순화하는 것이다. 이러한 편견과 왜곡을 극복하기 위해서는 전근대 동아시아 국제질서에 대한 포괄적 이해를 위해 아직도 학계에서 영향력을 행사하고 있는 조공체제론의 비판이 필요하다. 이 글에서는 조공체제의 용어로 포장된 10~12세기 국제질서의 실체를 파악한 후 당시 다원적 국제질서의 현실을 포괄적으로 이해할 수 있는 이론적 대안과 방법론을 모색해 보고자 한다.

---

4) Gari K. Ledyard, "Yin and Yang in the China-Manchuria-Korea Triangle," 313-353.
5) Thomas Barfield, *The Perilous Frontier: Nomadic Empires and China,* 167-177.
6) Naomi Standen, *Unbounded Loyalty: Frontier Crossings in Liao China*, 31.

Ⅱ. 조공체제의 용어로 포장된 기록의 허상[7)]

전통 한족왕조의 문헌에 보이는 조공체제의 용어들은 종종 역사적 현실을 왜곡하는데 그 중 대표적인 것이 바로 '조공'과 '책봉', 그리고 차별화된 군주의 칭호와 연호 시행이었다. 전근대 중원왕조의 군주들은 황제와 천자의 군주칭호와 독자적인 연호를 시행하였다. 그런데 고려, 대하, 그리고 베트남 등 '주변' 국가의 군주들은 때로는 천자를 자처한 시기도 있었지만 일반적으로 중원 왕조에 조공을 하고 책봉을 받아 '종주국'의 연호를 시행하였다. 이러한 상황을 일본 제국주의 사학자들은 조공과 책봉의 기록이 곧 종주-복속의 관계를 보여준다고 해석하기도 하는데,[8)] 바로 책봉과 연호시행의 모습을 국제질서에서의 위상과 연결하고 자주성의 척도로 인식한 것이다. 즉 '천황'의 칭호를 사용한 일본과 '국왕'에 불과한 한국의 사례를 비교하면서 '중국적' 세계질서의 중심에 가까웠던 한국의 역대 왕조들이 처했던 현실에서는 '자주성'을 내세우기 어려웠다고 주장하기도 하였는데,[9)] 아이러니하게도 단재 신채호 선생 역시 유사한 시각으로 접근하여 고려시대 묘청(妙淸)의 건원칭제(建元稱帝) 주장을 '독립' 정신의 표명으로 인식하였다.[10)]

전근대 시기 군주 칭호, 조공과 책봉, 그리고 연호 시행 등 조공체

---

7) 이 장의 주요 내용은 대체로 윤영인의 「10~13세기 동북아시아 다원적 국제질서에서의 책봉과 맹약」, 121-137쪽을 요약한 것이다.

8) 박성래, 「고려초의 曆과 年號」, 143; Masayuki Sato, "Comparative Ideas of Chronology," 290.

9) 久保常晴, 『日本私年号の研究』, 46-48.

10) 신채호, 「조선 역사상 1천 년 이래 최대 사건」.

제의 용어와 형식을 '중심'과 연결하여 이해하고자 하는 것은 천하에 오직 중원에 단 1명의 최고 군주가 존재한다는 사상에 바탕을 두고 있다. 즉『孟子』에 나오는 "하늘에 두 개의 해가 없고 백성에게는 [땅에는] 두 명의 왕이 없다"(天無二日 民[土]無二王)와 "모든 하늘 아래 군주의 땅이 아닌 곳이 없고 땅의 끝에 [사는 사람도] 군주의 신하가 아닌 자가 없다"(普天之下 莫非王土 率土之濱 莫非王臣)[11]는 구절들은『周易』,『尙書』,『禮記』,『春秋』,『孟子』등 유교 경전은 물론『史記』,『冊府元龜』,『資治統監』,『宋史』,『元史』등의 사서에 계속해서 인용되면서 중원을 중심으로 하는 일원적 국제질서를 강조하였다. 중원의 황제가 '천하'를 통치하며 주변 군주들을 '책봉'하여 '한족['중국']적 세계질서'에 편입시켰다고 것이다.

그런데 이 시기 동아시아에는 전근대 중앙유목문명의 우두머리 칭호인 '칸'[혹은 카간]과[12] 티베트의 군주 칭호 btsampo(贊婆) 등[13] 중원의 최고 통치자 황제와 동등한 위상의 칭호가 존재하였다. 또 유목문명과 정착문명을 통치한 다민족제국의 군주들은 황제와 칸의 칭호를 동시에 보유하기도 하였는데 당나라의 태종은 정착문명의

11) 『孟子注疏』(『四庫全書』本), 9上:15a4, 7-8.

12) '칸'이란 단어는 장수, 우두머리, 통치자를 가리키는 몽골과 터키어의 용어로, 13세기 초 몽골 초원을 통일한 테무진이 칭기스칸으로 군림한 이후 중앙유라시아 국제질서의 최고 군주로 인식되었다. 칸의 칭호는 거란과 여진의 통치자들에게도 적용되었는데 카라키타이의 통치자는 구르칸(Gur Khan 葛兒罕)[최고 지위의 칸](『遼史』, 30.356-57)으로 불리었고 후금(청)을 세운 누르하치의 칭호는 "거런 구룬 버 우지러 겅기연 한"(Geren gurun be ujire genggiyen Han)[모든 (많은) 나라를 보살피는 영명한 칸]이었다.

13) 당나라의 기록들은 Btsampo를 분명히 '天子'와 동등한 지위로 인식하였다(Denis Twitchett, "Tibet in Tang's Grand Strategy," 124.

'황제'이면서 곧 천가한(天可汗, Tanggri Khaghan)이었고,[14] 북방 정복왕조인 몽골 원과 만주 청의 군주들도 중원에서는 '황제'였으나 초원과 서역에서는 '칸'으로 군림하였다. 즉 '황제'라는 중원의 군주 명칭이 가지는 국제적 위상과 의미는 절대적인 것이 아니었다. 또 중원왕조의 군주를 가리키는 '황제' 칭호는 종종 서구의 'emperor'와 동일시되지만 '황제'의 칭호를 가진 군주의 나라가 곧 '제국'이었다고 보기 어려운 사례도 많다.

다원적 국제질서의 10~12세기는 '황제'가 '황제'를 '책봉'하며, 여러 명의 '황제'가 존재하였던 그야말로 '황제병존(皇帝竝存)'[15]의 시대였다. 10세기 후주의 공격을 받은 북한(北漢)의 군주 유숭(劉崇)은 자신을 낮추어 거란황제의 '조카'(姪子)를 자칭하고 거란의 지원을 받았다. 거란은 유숭을 '대한신무황제'(大漢神武皇帝)에 책봉하였고, 969년에는 유숭의 후계자인 유계원(劉繼元)도 '황제'에 책봉한다.[16] 또 12세기 초 거란의 마지막 황제 천조제(天祚帝)는 여진의 공격에 쫓기면서 '조공국'이었던 대하의 군주를 '황제'에 책봉하기도 한다.[17] 거란을 대신하여 북중국과 만주를 장악한 금은 1127년 북중국의 옛 송 영토에 괴뢰국을 세워 간접 통치를 시도하면서 장방창(張邦昌)을 '대초황제'(大楚皇帝)로, 1129년에는 유예(劉豫)를 '대제황제'(大齊皇帝)로 각각 책봉한다. 하지만 '황제' 장방창의 재위기간은 32일에 불과하였고, '황제' 유예도 1137년 "제국"이 폐지되고

---

14) 朱振宏, 「唐代 皇帝 天可汗 釋義」.
15) 박재우, 「고려 군주의 국제적 위상」, 54-58.
16) 『遼史』, 5.66, 7.87.
17) 『遼史』, 29.347.

'촉왕'(蜀王)으로 강봉(降封)되었다.[18] 즉 대한, 대초, 대제 등은 명목상 '황제'가 통치한 '제국'이었지만 그 실제 위상은 진정한 '황제국'이 아니었던 것이다. 금은 '황제국' 남송의 군주를 '책봉'하기도 하는데,[19] 1141년 남송의 고종(高宗)이 금에 바친 서표(誓表)의 내용은 '황제' 칭호의 허상을 잘 보여준다.

> 황통 2년 2월... 송의 군주가 단명전 학사 하주(何鑄) 등을 보내 서표를 올렸다. 그 표에 말하기를 "신(臣) [趙] 구(構)[高宗의 이름]가 아룁니다. 이제 변경을 획정하는데 마땅히 회수의 중류를 경계로 하고 서쪽으로 당나라 시대의 등주(鄧州)를 할양하여 상국에 속하게 합니다. 등주로부터 서쪽으로 40 리 그리고 남쪽으로 40 리까지를 경계로 삼아 등주에 속하게 합니다. 그 40 리 밖과 서남지역은 모두 광화군(光化軍)에 속하게 하여 '보잘것없는 나라'[弊邑, 즉 남송]의 국경도시로 삼겠습니다. 이미 은혜를 입어 [나라를] 열었으니 번방을 지키는 것을 허락하시면 대대로 자손들이 삼가 신하의 도리를 지키겠습니다. 매년 [금나라]황제의 생신과 신년에 사신을 보내 축하드리는 것이 끊임없으며 해마다 조공으로 은 25만 냥과 비단 25만 필을 보내겠습니다. ... 신이 이제 서표를 올리니 엎드려 바라건대 상국에서 서조(誓詔)를 빨리 내려주셔서 이 보잘것없는 나라가 영원히 의지토록 해 주십시오."라고 하였다 ... 皇統二年二月... 宋主遣端明殿學士何鑄等進誓表，其表曰， 臣構言，今來畫疆，合以淮水中流為界，西有唐鄧州割屬上國. 自鄧州西四十里并南四十里為界，屬鄧州. 其四十里外並西南盡屬光化軍，為弊邑沿邊州城. 既蒙恩造，許備藩方，世世子孫，謹守臣節. 每年皇帝生辰并正旦，遣使稱賀不絕. 歲貢銀絹二十五萬兩匹，... 臣今既進誓表，伏望上國蚤降誓詔，庶使弊邑永有憑焉 ...[20]

---

18) 『大金弔伐錄』, 434-36, 539-41.

19) 『金史』, 4.78.

20) 이 서표의 내용은 『金史』 完顔宗弼의 전기에 남아있다(『金史』, 77.1755-6).

조공과 책봉의 기록만으로 지배-종속 관계를 설정하는 것은 조공체제 이론에서 주목하는 용어에 얽매여 국제관계의 현실을 무시하는 것이다. 여기서 10세기 만주의 거란, 중원의 후진, 그리고 고려 사이의 '책봉' 관계는 이러한 조공체제 이론의 허구성을 잘 보여준다. 936년 거란의 태종은 후진(後晋)의 군주 석경당(石敬瑭)을 천자, 그리고 '大晉皇帝'로 책봉하였는데,[21] '천자'로 책봉되었다는 기록 자체가 바로 '천자' 혹은 '황제'의 용어가 반드시 국제질서의 중심이라는 최고 지위의 의미로 인식되지 않았음을 보여준다. 거란은 석경당이 후진을 세우는데 결정적인 군사원조를 하여 그 대가로 연운십육주와 세폐(즉 조공품)을 획득하였으며,[22] '황제' 석경당은 거란황제를 아버지로 섬긴 '아황제'(兒皇帝)로[23] "거란의 꼭두각시"(nothing more than a puppet of the Khitan)에 불과하였다.[24]

그런데 석경당이 '황제'로 책봉되고 2년 후인 938년 고려의 태조는 후진의 연호 천복(天福)을 실행하고[25] 다음 해에 정식으로 후진의 책봉을 받는다.[26] 여기서 거란 · 후진 · 고려 사이의 책봉관계를 보면 우선 거란 황제가 후진의 군주를 '황제'로 책봉하였고, 후진의 '황제'가 다시 고려의 군주를 '국왕'에 책봉하였으니 고려는 당연히 거란의 조공국이어야 하였다. 그러나 이 시기 고려와 거란 사이에는

---

21) 『舊五代史』, 75.985; 『遼史』, 3.38-39.

22) 『遼史』, 4.55-56,

23) 『舊五代史』, 137.1833.

24) 『遼史』, 37.437, 76.1252; Denis Twitchett and Klaus-Peter Tietze, "The Liao," p. 70.

25) 『高麗史』, 2:13b2-3.

26) 『高麗史』, 2:13b6-8.

공식적인 조공·책봉 관계가 존재하지 않았다. 10세기 전반 고려와 거란의 공식 교류는 925와 926년의 2차례 고려 사행,[27] 그리고 922, 937, 939, 942년의 4차례 거란 사행이 전부였다.[28] 그리고 942년 거란 사신 30명이 낙타 50마리의 선물을 가지고 왔을 때 태조는 사신들을 귀양 보내고 낙타는 수도의 다리 아래에 묶어 굶겨 죽이는 극단적인 조치를 취하였고,[29] 이 후 40여 년간 양국 간에는 아무런 교류도 보이지 않는다. 결국 10세기 중반 중원왕조 후진은 명목적으로 '천자'가 다스리는 '제국'이었으나 현실에서는 거란의 꼭두각시이자 조공국에 지나지 않았고, '국왕'의 나라였던 고려는 오히려 거란에 조공도 하지 않고 직접 책봉도 받지 않았던 것이다.

'책봉'을 받은 군주들은 '종주국'의 연호를 시행하여 국제관계에서의 위계적 질서를 표명하였고,[30] 공식관계의 단절은 연호 시행의 폐지로 이어지곤 하였다. 고려는 왕조 초기에 천수(天授), 광덕(光德), 준풍(峻豊) 등 독자적인 연호를 사용하기도 하였고, 거란과 송의 연호를 번갈아 시행하거나 동시에 병기하기도 하고, 아예 연호를 폐지하고 간지(干支)만을 사용하기도 하였다. 송나라의 건국 시기에 고려 광종은 스스로 황제를 자처하고 수도 개경을 황도(皇都)로 칭

27) 『遼史』, 2.21-22. 이보다 앞서 915년(『遼史』, 1.10)과 918년(『遼史』, 1.12)에 '고려'가 거란에 '내공'(來貢)한 기록이 보이지만 이 사행들은 궁예의 '후고구려' 사절로 추정된다.

28) 『高麗史』, 1:16b2; 『遼史』, 3.41, 4.45.

29) 『高麗史』, 2:14a9-b1. 이정신은 고려의 삼국 통일은 물리적인 통합에 불과하여 주민들의 갈등과 분열, 내부 주도권 장악을 위한 분쟁 등 여러 문제가 남아 있었는데 태조는 거란과의 관계를 악화시켜 전쟁을 유발하려 새 왕조의 통합을 시도하였다고 보았다(이정신, 「고려 태조의 건국이념의 형성과 국내외 정세」).

30) 田中健夫, 『中世對外關係史』, 11

하면서 독자적인 연호를 시행하고 있었다. 그런데 963년에 송나라가 이전 후주의 광종 책봉을 추인(追認)하자 고려는 그 해 12월에 송의 연호를 시행하고 '조공'을 시작하였다.[31] 그러면 고려는 '황제국'에서 송의 '조공국'으로 전락한 것일까? 박성래는 고려가 독자적 연호를 폐지하고 송의 연호를 사용한 상황을 독립성의 상실이 아닌 외교적 성공 사례로 보았다. 만일 책봉과 연호시행을 단순히 국제질서의 계서적 표현이 아니라 각 국가들이 서로의 정통성과 변경지역의 안보를 보장하는 상호 인정의 의미로 본다면 이러한 견해는 설득력이 있다.[32]

그렇다면 앞서 고려-후진-거란의 삼각관계에서 고려가 거란의 책봉국인 후진의 책봉을 받고도 고려가 거란과 '책봉관계'를 맺지 않은 이유는 무엇이었을까? 아마도 양국은 아직 서로의 정통성을 인정하거나 변경지역의 안보를 보장해야 하는 상황이 아니었기 때문이라고 생각된다. 고려는 원래 거란과 직접 변경을 맞대고 있지 않았지만 10세기 후반 거란이 고려-거란 사이의 완충지역에 거주하던 여진족을 몰아내고 변경에 접근하였다. 고려는 994년 거란의 1차 침략 후 이루어진 평화 협상으로 송나라 연호 대신 거란의 통화(統和) 연호를 시행하지만,[33] 거란의 군사적 위협이 계속되자 다시 송과의 동맹을 시도하였다. 1003년 고려의 사신은 '아픈 기억'인 연운십육주를 거론하기까지 하면서 송나라의 지원을 이끌어 내려고 하였다. 물론 거란이 연운십육주를 할양받아 현토(즉 고려)에 이르게 되었다는

31) 『高麗史』, 2:29a6.
32) 朴星來, 「고려초의 曆과 年號」, 146.
33) 『高麗史』, 3:27a6-7.

주장은 지리적으로 틀린 것이지만 송나라 조정을 자극하기 위해 언급한 것으로 보인다.

> [고려의 왕] 송(誦)[즉 목종(穆宗)]이 호부낭장 이선고를 보내 내조하여 사은하였다. [사신이] 또 말하기를 "[後]晉이 燕과 薊(즉 연운십육주)를 할양하여 거란에 속하게 하자 이에 [거란은] 현토 (즉 고려의 북방)에 이르는 길을 가지게 되었습니다. [거란이] 누차 [이 지역을] 공격하였으며 요구가 그치지 않았습니다. 바라건대 조정에서 [거란과의] 변경에 군대를 주둔시켜 견제해 주십시오"라고 하였다. 誦遣使 戶部郎中李宣古來朝謝恩, 且言, 晉割燕薊以屬契丹, 遂有路趣玄菟, 屢來攻伐, 求取不已, 乞王師屯境上為之牽制."[34]

계속되는 거란의 위협에 고려는 현종 7년 (1016년) 다시 송의 연호 "대중상부(大中祥符)", 현종 9년(1018년)에는 송의 새 연호 "천희(天禧)"를 계속해서 사용하였다.[35] 송나라가 고려 국왕을 정식으로 책봉하지도 않은 상황이었으나 고려는 송의 연호를 시행하는 정책을 이용하여 중원왕조의 지원을 받으려 한 것이다. 즉 고려가 '종주국' 거란 혹은 송의 연호를 시행한 것은 단순히 '조공국'으로서의 의무가 아니라 왕조의 정통성과 변경지역의 안보를 인정받기 위한 전략의 일환이었던 것이다.

고려조정의 연호시행 정책은 거란왕조의 정통성을 부정하기도 한다. 11세기 초 거란이 고려 사신들을 억류하고 압록강에 부교를 설치하여 변경지역의 안보를 위협하자, 고려는 거란의 새 황제 흥종(興

---

34) 『宋史』, 487.14042.
35) 『高麗史』, 4:23a3-4, 4:28b2.

宗) (1031-55)의 "경복(景福)"(1031-32)과 "중희(重熙)"(1032-55) 두 연호를 모두 무시하고 이미 죽은 이전 황제 성종의 "태평(太平)" 연호를 사용하였다.[36] 이 때 고려가 거란의 연호 대신 송의 연호를 시행하지 않은 것은 송나라가 이미 고려와 거란의 관계에 영향력을 행사하지 못했음을 시사한다. 그리고 고려가 거란의 전 황제 성종의 연호를 계속 시행한 이유는 이전 성종이 고려 국왕 책봉을 책봉하며 보장한 변경지역 안보문제의 해결을 촉구하는 것으로 거란황제의 현재 연호의 거부는 거란조정의 정통성을 부정하는 조치였다. 고려는 양국의 현안이 해결된 직후인 정종 4년(1038년) 8월에 이르러서야 마침내 거란의 연호 "중희(重熙)"를 시행한다.[37]

12세기 초 동아시아의 급변하는 국제정세에서도 고려조정은 실리주의적 연호시행 정책을 추구하였다. 금의 공격을 받은 거란이 급격히 몰락하자 고려는 1116년에 거란의 연호를 폐지하지만 대신 송이나 금의 연호를 채택하지도 않았고 다만 간지(干支)를 사용하였다.[38] 바로 이 시기 국제정세는 금과의 관계가 유동적이었고 수세에 몰린 송은 고려군주의 정통성이나 변경의 안보와 변수가 되지 못하였기 때문에 고려는 '중립적'인 선택을 한 것으로 보인다. 동북아의 새 강자로 등장한 금이 새 연호를 알려왔을 때에도 고려는 이를 바로 수용하지 않았다. 1141년 1월 금이 "황통(皇統)" 연호를 알려오지만 고려조정이 이를 시행한 것은 1년 반이 지난 1142년 7월이었는데 바로 1142년 5월 금이 고려의 인종을 정식으로 책봉한 후였다.[39] 즉 고

36)『高麗史』, 5: 22b5-6.
37)『高麗史』, 6:15a6-7.
38)『高麗史』, 14:10b8-11a1.

려의 안보를 위협하지 않겠다는 공식적 선언의 의미를 가진 국왕 책봉이 이루어진 후에야 금나라의 연호를 시행한 것이었다.

고려 대외정책의 기본 목표는 정치・군사적 분쟁을 피하고 국경의 안정과 평화였기에 고려와 송의 관계는 항상 북방 정복왕조와의 관계에 부차적일 수밖에 없었다. 고려는 여진과 연합하여 거란을 치려고 한 송의 정책에 반대하였고, 거란이 멸망한 후 발생한 금과 남송의 분쟁에서도 중립을 지켰다. 여진과의 전쟁에서 궁지에 몰린 남송은 고려에 군사지원을 요청하였지만 고려가 이를 모두 거부하자 일방적으로 공식관계 단절을 선언하기에 이른다.[40] 이는 한족왕조 송이 더 이상 천하의 중심이라는 명목적 가식마저도 포기한 것이었다. 고려의 연호시행은 수동적 자세가 아닌 적극적 외교정책의 수단이었으며 '종주국'의 책봉이 '조공국'에 상징적인 정통성을 부여한 것처럼 '조공국'의 연호 시행 역시 '종주국'의 정통성을 승인 혹은 부정할 수 있었다. 다원적 국제관계에서 조공과 책봉은 일방적인 임명이 아닌 호혜적인 것이었고, 연호의 시행은 국왕 책봉을 전제로 하였고, 국왕의 책봉은 왕조의 정통성과 변경의 안보 보장이라는 의미를 담고 있었던 것이다.

39) 『高麗史』, 17:5a4-5, 7a4-5, 8b8-9

40) 『高麗史』, 卷16, 인종 8년 4월 갑술.

Ⅲ. 10~12세기 다원적 국제질서의 실체

10~12세기 동아시아 국제질서는 그 어느 시기보다도 '조공체제'의 이상과 명확하게 다른 모습을 보여주기에 몇 학자들은 이 시기를 "다원체제"(Multistate System) 혹은 "맹약관계"(Treaty Relations)의 틀로 이해한다.[41] 물론 가장 강력한 군사력을 보유한 국가는 북방의 정복왕조와 중원의 한족왕조였지만 이 거대한 제국들도 외부의 도전에 직면하고 있었다. 특히 송은 북으로 거란은 물론 서북으로는 대하와 대치하고 있었다. 대하는 외명원호(嵬名元昊)가 칭제건원(稱帝建元)한 1038년 이후 근 2세기 동안 독립을 유지하면서 동아시아 세력균형을 형성하고 유지하였다.

10세기 후반 송은 건국의 자신감으로 다원적 국제질서의 현실을 거부하고 거란과 대하에 적극적으로 대처하면서 선제공격에 나선다. 즉 송과 거란의 적대적 관계에서 선제공격을 한 측은 '호전적' 북방민족 거란이 아니라 '문치주의'를 표방한 한족왕조 송이었다. 존스턴(Alastair Johnston)은 역대 한족왕조의 대외 전략이 실제로는 무력충돌을 회피하는 유교적 문치주의보다는 공격적인 '전쟁준비'(parabellum)의 패러다임이 지배적이었음을 설득력 있게 주장하였는데 10세기 송나라가 바로 이러한 모습을 보여준다.[42] 거란과 송은 극렬하게 대립하였는데 960년 송의 건국 이후 전연의 맹약이 체결된 1005년까지 평화로웠던 시기는 974년에서 979년까지의 단 5

41) Herbert Franke and Denis Twitchett, eds. *The Cambridge History of China, vol. 6,* 16-21.

42) Alastair I. Johnston, *Cultural Realism,* 249-50.

년에 불과하였다. 송은 또 서역으로 통하는 무역로를 장악하고 말, 소, 소금 등의 자원이 풍부한 오르도스[현재의 감숙성(甘肅省) 일대] 지역을 차지하기 위해 대하에도 수차례 공격을 시도하였는데 인구와 경제력의 우세에도 불구하고 탕구트 기병에게 거듭 패배하였다.[43] 세력균형의 지정학적 현실에서 송은 거란의 위협에 항상 대비해야 하였기에 대하와의 전쟁에 모든 군사력을 투입할 수 없었다. 즉 대하는 송에 군사력을 집중할 수 있었지만 송은 항상 거란과 대하가 연합하여 공격한다는 가능성에 대처해야만 하였던 것이다.[44]

거란과 송 양국 분쟁의 중심에는 938년 후진이 거란에 할양한 연운십육주(燕雲十六州)가 있었다. 송은 이 지역을 '수복'하기위해 건국 이후 계속 군사력을 키웠는데, 거란의 영토 중 가장 비옥한 농경지였던 연운지역의 상실은 제국의 재정에 큰 타격을 줄 수 있었다. 송은 또 거란이 점령한 지역에서 남으로 피난한 "귀명인(歸明人)"들을 적극적으로 유치하였는데,[45] 이러한 송의 정책은 거란을 자극하게 된다. 그리하여 거란의 대송전략 목표는 먼저 연운십육주에 대한 송의 위협을 제거하고 나아가 후주(後周)에 빼앗긴 요충지 관남(關南) 지역[46]을 되찾는 것이었다.[47] 몇 차례 송의 선제공격을 막아낸 거란은 10세기 말에 주도권을 잡고 999년, 1001년, 그리고 1002년에

---

43) Ruth Dunnell, "The Hsi Hsia," 168-172.

44) Jing-shen Tao, *Two Sons of Heaven*, 57-8, 63.

45) 陶玉坤, 薄音湖, 「北宋对契丹归明人的政策」, 32-33.

46) 여기서 關南지역이란 燕雲16州 중에서 후주가 점령한 瀛州와 莫州를 말한다(『遼史』, 4.44-45).

47) Nap-Yin Lau, "Waging War or Peace: The Peace Accord between the Song and the Liao in AD 1005," 216.

송을 공격하였지만, 송 조정은 여전히 거란과의 타협을 거부하였다.

1004년 겨울 20만 기병으로 구성된 거란의 군대가 송의 수도 개봉(開封)에서 약 100km 거리에 있는 요충지인 전연(澶淵)까지 진군하였고 얼어버린 황하에 건널 기미가 보이자 송 조정은 피난까지도 고려하고 있었다.[48] 하지만 거란 역시 몇 차례 전투에서 큰 전과를 거두지 못하고 송의 군사요충지들을 우회하면서 내지로 깊숙이 진격한 상황이었기에 퇴로를 차단당할 위험에 직면해 있었기에 대격전을 앞두고 극적인 타협이 이루어졌고 양국 간의 화의 조건을 명시한 것이 바로 전연의 맹약이었다. 송은 비록 연운십육주의 '수복'에 실패하였지만 전략적 요충지인 관남지역을 지킬 수 있었는데 쉴링(Christian Schwarz Schilling)은 송이 거란에 보낸 비단 20만 필과 은 10만 냥의 세폐가 바로 관남 지역에서 거란이 징수할 수 있었던 토지세를 대신한 것이었다고 보았다.[49]

1005년 전연의 맹약과 다음 해 송과 대하의 맹약은 다원적 국제질서의 현실을 정식으로 확인하는 과정이었다. 이 시기 국제질서의 기본 성격은 거란과 송 사이에 맺어진 전연의 맹약을 통해 엿볼 수 있는데 맹약은 1004년 12월 7일(양력 1005년 1월 17일) 송 진종이 보낸 「宋眞宗誓書」와 5일 후 거란이 보낸 회답 「聖宗回宋誓書」로 '체결'되었다.

때는 [송 진종] 景德 원년으로 갑진년(1004) 경진달 12월 병술 7일에

48) Peter Lorge, *War, Politics and Society in Early Modern China,* 35.

49) Christian Schwarz-Schilling, *Der Friede von Shan-yüan (1005 n. Chr.),* 96.

> 대송황제가 삼가 거란 황제폐하에게 맹약의 서신을 보냅니다. 서로 정성된 믿음으로 받들어 기쁜 맹약을 굳게 지키며, 풍토[즉 송]의 자원으로 [거란의] 군사비용을 돕기 위해 매년 비단 20만 필과 은 10만 냥을 보낼 것입니다. 또 북조에 [세폐를] 전달하기 위해 사신을 파견하지는 않으며 다만 삼사에 명하여 사람을 보내 웅주까지 운반하여 전달하도록 합니다. 변경지역에 접한 주(州)와 군(軍)은 각 [지금의] 변경을 지키며 양측 지역의 사람들은 서로 침범하면 안 됩니다. 혹 도적이 [다른 쪽으로] 도주한다면 쌍방은 체류를 허락하거나 숨겨주지 않습니다. [변경지역의] 농토에서 [작물을] 심고 수확하는데 있어서 남과 북의 [왕조는] 소란을 피우는 것을 허용하지 않습니다. 양쪽의 모든 성곽과 해자는 이전의 [상태와 같이] 유지할 수 있으며, 해자의 준설과 수리는 모두 [이전의] 일반적 예를 따릅니다. 그러나 성곽과 해자를 새로 축조하거나 하천의 길을 파는 것은 불가합니다. 이 맹약의 서신 [내용] 외에 각국은 [다른] 요구를 하지 않고 반드시 협동하여 [이 맹약을] 오래 존속할 것입니다 .... 維景德元年, 歲次甲辰十二月庚辰朔, 七日丙戌, 大宋皇帝, 謹致誓書於契丹皇帝闕下. 共遵誠信, 虔守歡盟. 以風土之宜, 助軍旅之費, 每歲以絹二十萬匹, 銀一十萬兩. 更不差使臣專往北朝, 只令三司差人, 搬送至雄州交割. 沿邊州軍, 各守疆界, 兩地人户, 不得交侵, 或有盜賊逋逃, 彼此無令停匿. 至於壠畝稼穡, 南北勿縱搔擾, 所有兩地城池, 並可依舊存守, 淘濠完葺, 一切如常. 即不得創築城隍, 開掘河道. 誓書之外, 各無所求, 必務協同, 庶存悠久 ...50)

송이 매년 비단 20만 필(匹)과 은(銀) 10만 량(兩)의 세폐를 거란에 제공하는 대신, 양국은 서로 국경을 확실하게 획정하고 지키며, 국경을 넘은 상대방의 도망자를 수용하지 않고, 변경지역에서의 농업활동을 서로 방해하지 않으며, 성곽과 해자 등 군사시설을 신축하지 않을 것을 약속한다. 여기서 맹약을 통해 획정된 국경은 문화적, 언어

50) 『欽定重訂契丹國志』(『四庫全書』 本), 卷20, 「宋眞宗誓書」.

적, 혹은 생태적 경계가 아닌 합의를 통해 정치·군사적 경계선이었던 것을 알 수 있다. 일반적으로 전연의 맹약을 송이 공식적으로 거란을 '동등'한 대상으로 수용한 것으로 보는 경향이 많지만, 오히려 군사적 우위에 있던 거란이 물자제공이라는 실리를 얻기 위해 송을 '동등'한 상대로 인정한 것이라고 하겠다.

송은 연운지역에 대한 '영유권'을 포기하면서 오히려 거란에 세폐를 바치게 되었으니 이 맹약은 분명 거란의 승리였다. 하지만 송은 歲幣를 하위 관료가 전달하는 단순한 경제적인 거래로 치부하면서 국제관계에서의 열세적 모습을 애써 지우고 송을 중심으로 하는 조공체제질서의 허구를 만들고자 하였다. 송의 진종(眞宗)은 "천서(天書)"의 조작과 태산(泰山)의 봉선(封禪)제사를 통해 송의 정치적 정통성과 문화적 우월성을 과시하였고,[51] 맹약이 체결된 바로 그해(1005년)에 시작하여 1014년에 완성된 『册府元龜』의 외신부(外臣部)에서는 중원과 '주변'의 관계를 시종일관 한족왕조의 간접통치를 의미하는 기미(羈縻)와 회유(懷柔)의 용어로 서술하고 있다.[52] 또 『宋史』는 먼 곳에서 '조공'하러 온 주변의 사람들을 중원의 왕조가 어루만진다는 "회유원인(懷柔遠人)"의 원칙을 가장 철저하게 지킨 왕조가 바로 송이었다고 스스로를 찬양하기도 하였다.[53] 하지만 송이 거란에 보낸 "세폐"가 『遼史』의 「興宗本紀」와 유육부(劉六符)의

---

51) Jing-shen Tao, *Two Sons of Heaven: Studies in Sung-Liao Relations,* 37; 胡小伟, 「"天书降神" 新议-北宋与契丹的文化竞争」, 44-52.

52) Wang Gungwu는 『册府元龜』에 보이는 돌궐과 위구르의 '조공' 기록의 허구를 지적하였다("The Rhetoric of a Lesser Empire: Early Sung Relations with Its Neighbors," 58).

53) 『宋史』 485.13981-82 ["先王柔遠之制 豈復有加於是哉"].

전기에는 분명히 "공(貢)"으로 기록되어 있는 사실을[54] 지울 수가 없었고, 어느 학자는 송의 세폐를 '逆조공'(tribute in reverse)으로 표현하기도 하였다.[55]

10세기 시작된 동아시아 맹약체제는 120여 년간 동북아지역에 평화를 유지하였고 경제・문화적 발전을 가능하게 하였다.[56] 그런데 12세기 초 만주에서 흥기한 여진은 거란보다 더 깊숙이 중원으로 진격하였지만 다원적 국제질서는 유지되었다. 금과 송은 1123년, 1126년, 1141년, 1165년, 그리고 1208년에 서서(誓書)를 교환하여 맹약을 맺었는데 그 내용을 살펴보면 전연의 맹약으로 시작된 국제질서의 원칙이 금나라시기에도 계속되고 있음을 알 수 있다.[57] 1141년 금과 남송이 교환한 서서의 원문은 전해지지 않으나 『紹興講和録』에 수록되었던 남송 측의 서서(誓書) 절문(節文)이 『建炎以來繫年要錄』에 인용되어 있다.

> ... 이제 변경을 획정하는데 마땅히 회수의 중류를 경계로 하고 서쪽으로 唐州와 鄧州의 2주를 할양하여 상국에 속하게 합니다. 鄧州로부터 서쪽으로 40리, 그리고 서남쪽으로 40리까지 경계로 삼아 등주에 속하게 합니다. 그 40리 밖과 남쪽과 서남지역은 모두 光化軍에 속하게 하여 '보잘것없는 나라'[弊邑, 즉 남송]의 변경 州軍로 삼겠습니다. [금나라] 황제의 생신과 신년에 사신을 보내 축하드리는 것에 끊임이 없을 것이며, 해마다 조공으로 은 25만 냥과 비단 25만 필을 壬戌年(1142)을 시작으로

54) 『遼史』 86.1323.

55) Yang Lien-sheng, "Historical Notes on the Chinese World Order," 21.

56) Shiba Yoshinobu, "Sung Foreign Trade: Its Scope and Organization," 98; 王小波, 「对澶渊之盟的重新认识和评价」, 116-118.

57) Herbert Franke, "Treaties between Sung and Chin," 56-84.

매년 봄에 사람을 시켜 泗州로 운송하여 납부하겠습니다. 淮北, 京東, 京西, 陜西, 그리고 河北 지역에서 유랑하여 남쪽에 머물고 있는 사람들 [중에] 관청에 그 이유를 알리고 고향으로 돌아가기를 원하는 자가 있으면 막지 않으며, 燕州 이북 지역의 사람들은 절차에 따라 보낼 것입니다. 이후로는 상국[즉 금]에서 도망 온 자들을 감히 받아들이거나 숨겨주지 않으며 1촌의 영토, 1명의 백성도 감히 침범하거나 약탈하지 않을 것입니다. 혹 [우리나라에서] 반란을 일으켜 상국의 경내로 도망한 자가 있어도 군사가 그들을 쫓아 들어가지 않고 다만 [금에] 공문을 보내 잡게 할 것입니다. 변경지역의 주성에는 이전에 배치한 射糧軍의 수와 巡尉를 제외하고는 국경수비군을 주둔시키지 않습니다. [만일] 상국이 동의한다면, '보잘것없는 나라'도 이 조약을 함께 행하기를 빕니다. 맹약이 체결된 후, 반드시 그 조항을 지키도록 힘쓸 것입니다. 이 맹약을 어기는 [자는] 神明이 그를 죽여 목숨을 잃고 가족이 망하며 그 국가가 멸망할 것입니다."... 今來畫彊, 合以淮水中流為界, 西有唐鄧二州割屬上國. 自鄧州南四十里西南四十里為界, 屬鄧州. 其四十里外南併西南盡屬光化軍 為敝邑沿邊州軍. 生辰并正旦, 遣使稱賀不絕, 所有歲貢銀絹二十五萬匹兩, 自壬戌年為首, 每春季差人般送至泗州交納. 淮北京東西陜西河北, 自來流移在南之人, 經官陳理願歸鄉者, 更不禁約, 其自燕以北人, 見行節次遣發. 今後上國逋亾之人, 無敢容隱, 寸土匹夫, 無敢侵掠. 其或叛亾之人入上國之境者, 不得進兵襲逐, 但移文収捕. 沿邊州城, 除自來合該置射糧軍數并巡尉等外, 不得屯軍戍守. 上國云云, 敝邑亦乞竝用此約. 既盟之後, 必務遵承. 有渝此盟, 神明是殛, 墜命亾氏, 踣其國家."[58]

여기서 금과 송이 교환한 서서(誓書)의 형식과 내용이 이전 전연의 맹약과 거의 동일함을 알 수 있다. 이 협정은 송이 바치는 세폐의 액수를 명시하고 나아가 양국 간의 국경을 명확하게 획정하며 국경

58) 『建炎以來繫年要錄』(『四庫全書』 本) 卷142, 紹興 11년 11월 庚申.

지역에 주둔하는 병사의 수와 시설의 확충을 제한하여 국경지역의 평화를 도모하였다. 다른 한편 남송의 군사적 상황은 1004년에 비해 매우 불리한 처지에 놓여 있었기에 금을 “상국(上國)”으로 칭하고 “세폐”가 아닌 “세공(歲貢)”이라는 용어를 사용하고 있다. 맹약체제에서도 명목적 ‘동등’이 반드시 존재하지 않았던 것이다.

『金史』의 完顔宗弼 전기도 서서의 내용 일부분을 기록하고 있는데 여기에서는 흥미롭게도 남송의 고종이 자신의 이름 “구(構)”를 직접 사용하며 신하를 자칭하였다. 그런데 이 ‘수치스러운’ 기록은 송의 어느 사료에도 보이지 않는다. 실제 1141년에서 42년까지 금과 남송은 외교서신을 교환하였고 금이 보낸 서신은 ‘第一書’, ‘第二書’ 등으로 번호가 매겨져 있었는데 유독 ‘第五書’만이 남송 측의 사료에 누락되어 있다. 프랭크(Herbert Franke)는 바로 이 ‘第五書’가 금 희종(熙宗)이 남송의 고종을 “제(帝)”로 책봉한 문서였는데 한족왕조의 자존심을 해치기에 역사 기록에서 삭제되었다고 보았다.[59] 남송시기 『建炎以來繫年要錄』와 『三朝北盟會編』 등 여러 역사 문헌들은 수치스러운 기록을 비교적 숨기지 않고 그대로 기록하였다는 평가를 받기도 하지만 북방 정복왕조와의 관계에 대한 서술에서는 그 객관성과 진실성에 분명 한계가 있었다.

송은 거란과 대하에 모두 물자를 제공하면서 변경의 안정을 도모하고 평화로운 국제질서를 유지하면서도 맹약의 형식과 의례를 차별화하고자 하였다. 강력한 군사력을 보유한 대제국 거란은 ‘동등한’ 존재로 수용한 반면, ‘작은’ 대하에는 조공체제의 형식을 강요하

---

59) Herbert Franke, “Treaties between Sung and Chin,” 80.

여 우월한 지위를 유지하려고 한 것이다. 대하는 명목적인 '동등관계'보다는 실리를 선택하였기에 송에게 서표(誓表)를 올려 '우위'를 인정하는 대가로 은 10,000냥, 비단 10,000필, 전(錢) 30,000관(貫), 차 20,000근의 세사(歲賜), 그리고 변경에서의 소금 무역권을 얻어내었다.[60] 대하에게 제공된 세사의 액수는 거란에 제공한 세폐 액수보다 적었지만 송의 물자 제공으로 평화로운 관계를 유지하는 본질적 틀은 같았던 것이다.

그런데 송의 '세폐' 혹은 '세사'를 제공받지 못한 고려는 여전히 '조공체제'의 논리로 이해하는 경향이 있다. 서구의 학자들마저 고려는 "충성스러운 제후국"(a loyal vassal)으로 묘사되고 "다국적 [국제관계의] 현실"(multi-state reality)로 부터 가리어져 있었다는 주장도 있다.[61] 그러나 고려와 대하의 국제적 위상과 대외정책은 매우 유사하였기에 『宋史』, 『遼史』, 『金史』는 종종 고려와 대하를 비슷한 시각에서 묶어 서술하였다. 『宋史』는 대하가 송의 책봉은 받았지만 신복한 적이 없다고 ["其心未嘗有臣順之實也"]하였고,[62] 『遼史』 권115 사관의 '논'은 이 두 국가의 '조공'이 형식에 불과하였다고 한다.

> 논하여 말하자면, 고려와 서하는 요를 섬겼고 비록 이전에 청혼하여 [거란의 공주]가 하가하였지만 어찌 그들의 확고한 의지 [즉 충성]을 얻을 수 있었겠는가? 삼한(三韓) [즉 고려]은 땅이 접해있었는데 그들이 언행을

---

60) 『宋史』, 485.13989-90.

61) Michael C. Rogers, "The Chinese World Order in Its Transmural Extension: The Case of Chin and Koryŏ," 10; Herbert Franke and Denis Twitchett, eds. *The Cambridge History of China, vol. 6, Alien Regimes and Border States*, 112.

62) 『宋史』, 486.14030.

바꾼 것을 쉽게 알 수 있다. 양주(涼州) [즉 대하]는 멀리 있지만 반역의 무리를 거두고 변강을 침략하고 틈을 보아 번번이 움직였다. 공물을 바치는 사신들이 돌아가자마자 바로 분쟁이 일어났다 ... 論曰: 高麗・西夏之事遼, 雖嘗請婚下嫁, 烏足以得其固志哉? 三韓接壤, 反覆易知; 涼州負遠, 納叛侵疆, 乘隙輒動; 貢使方往, 事釁隨生 ...63)

사료에는 고려와 대하 사이의 직접 교섭의 흔적이 거의 보이지 않지만 이 두 국가는 세력 균형을 통해 유지되었던 국제질서의 중요한 축으로 서로 밀접하게 연결되어 있었다. 예를 들면 994년 6월 거란을 치자는 고려의 제의를 송이 거부한 것은 바로 이 때 탕구트에 대한 공격을 준비하고 있었기에 거란과의 충돌을 피하려고 하였기 때문이다.64) 즉 사료에서의 직접적 언급은 없지만 이 시기 국제관계에서의 고려와 대하의 상호 중요성은 기존 '조공관계'의 틀을 벗어나 다원적 국제질서의 현실을 인식하고 접근할 때 비로소 이해할 수 있는 것이다.

하지만 조공체제 이론은 '한화'된 고려와 송의 평화로운 관계와 빈번한 군사적 충돌이 있었던 대하와 송의 관계를 비교하면서 고려가 더욱 '충성스러운 조공국'이었다는 근거를 '한화'라는 문화론에서 찾는다. 즉 한반도의 국가가 중원의 한족문화를 숭상하였기에 한족왕조 중심의 조공체제를 수용하였다는 주장하는 것이다.65) 물론 거란의 유목방식과는 달리 고려와 송은 벼농사에 기반을 둔 정착문명의 문화적 요소를 공유하였다. 송나라 관료들은 고려가 한족문화

63) 『遼史』, 115.1529

64) 『高麗史』, 3:27b4-5, 『續資治通鑑長編』, 36.789-90, 74.1695.

65) 河內良弘, 『明代女眞史研究』, 9.

를 숭상하였다고 보면서 거란과 여진과 같은 위험한 북방민족에 대처하여 잠재적인 동맹으로 인식하고 있었던 것 같으며 이러한 송의 태도는 거란에 대항하여 그들의 공통 문화를 지키자고 고려의 국왕에게 호소한 송나라 태종의 서신에서도 확인할 수 있다.[66] 고려는 분명 당나라의 제도를 수용하고 중원의 선진 문화를 동경하기도 하였다. 그러나 고려는 다원적 국제질서의 현실을 정확하게 인식하고 있었다. 고려 초기의 재상 최승로는 송에게 "상국"(上國)이라는 존칭 대신 "서조"(西朝)라는 용어를 사용하였으며, 『고려사』는 송, 거란, 그리고 금의 사신에 대한 대우에 있어서 차별 없이 서술한다.[67]

다원적 국제질서의 현실을 극복할 수 있는 정치 · 군사적 힘을 갖추지 못한 송은 '하사품'이란 경제적 보상을 통해 '조공국' 고려를 회유하려고 시도하기도 하였다. 고려와 송은 상대를 잠재적인 동맹국으로 보았지만 국제관계에서 실리적이자 현실적으로 대처하면서 거란과의 직접 충돌에 개입하는 위험을 감수하려고 하지는 않았다. 당시 동북아시아의 지정학적 환경에서 강력한 거란제국은 고려와 송에 가장 심각한 위협이었기에 고려와 송이 상대방을 우호적 시선으로 보게 된 것은 매우 자연스러운 현상이었다. 그러나 고려에 있어서 거란과의 정치적 관계는 항상 송과의 관계보다 우선이었다. 대하는 거란과 송에 모두 국경을 맞대고 있었기에 영토분쟁으로 인한 충돌이 있었지만,[68] 고려와 송은 국경을 맞대고 있지 않았기에 당연히 군사적 충돌도 없었다. 다시 말하자면 고려가 거란에 적대적이었던

66) Wang Gungwu, "The Rhetoric of a Lesser Empire," 53.

67) 『高麗史』, 93:16b2.

68) 『續資治通鑑長編』, 185:4b-5a.

이유는 단순히 그들의 '야만적' 문화 때문이 아니라 변경지역에 대한 군사적 위협에서 기인한 것이었다.

몇 차례의 대규모 침략을 경험한 고려는 거란에 대한 의심을 떨쳐버릴 수 없었다. 고려는 1033년에서 1044년 까지 압록강에서 동해에 이르는 성벽을 세웠으며,[69] 변경지역을 항상 면밀히 주시하고 통제하였다. 수도인 개경을 제외하면 고려군사력의 대부분을 북쪽 변경지역의 양계 (兩界)에 배치한 것은 우연이 아니었으며 양계에 주둔한 군대의 수는 142,372명인 반면 그 외 모든 지방 주둔군은 52,241명에 불과하였다.[70] 하지만 직접 국경을 마주하지 않은 한족왕조 송은 고려에 위협이 아니었다. 양국은 황해를 넘어 마주하고 있었지만 아직은 영토, 군사, 경제적으로 해양자원이나 교역로의 지배에 대한 충돌은 없었다. 요컨대 고려와 송이 우호적 관계를 유지할 수 있었던 가장 중요한 요인은 '문화적 친밀감'이 아니라 다원적 국제관계의 지정학적 현실이었던 것이다.

Ⅳ. 세계체제이론(World-systems theory)의 가능성[71]

국제관계 연구에서 주목받는 이론 중 조공체제 이론을 재조명하고 대안을 찾는 노력에 유용한 시각 중 하나가 '세계체제 이론'

69) 『고려사절요』, 4:5a2-7.

70) 이기백, 『고려병제사연구』, 205, 253.

71) 이 장의 주요 내용은 대체로 윤영인의 「10~12세기 동아시아의 다원적 국제질서와 한중관계」, 148-152쪽을 요약한 것이다.

(World-Systems Theory [WST])이다. 세계체제 이론은 여러 사회 사이에 형성된 다양한 연계망 (network)에 주목한다. 연계망은 무역과 전쟁, 정보 등의 상호작용이 복합적 사회구조를 재창조하는데 기여하면서 지역적인 구조에서 일어나는 변화에 중요한 영향을 끼친다고 주장한다. 연계망에는 구체적으로 생필품 연계망 (Bulk Good Network [BGN]), 권위품 연계망 (Prestige Good Network [PGN]), 정치 · 군사 연계망 (Political-Military Network [PMN]), 정보 연계망 (Information Network [IN])이 있는데, 그 중 특히 PMN은 조공체제가 강조하는 중앙집권 세력 간의 정치적 교류, 즉 조공과 책봉의 사신 행렬과 공적 무역에만 관심을 가지는 기존의 방법론과는 다른 시각을 제공한다.[72)]

세계체제 이론은 특히 체제의 변혁 과정에서 '준변방'(semi-periphery)의 역할을 강조하는데 여기서 '준변방'은 중심과 주변의 둘 사이에 위치하는 지역, 혹은 두 중심 간에 위치한 지역이며 중심과 주변의 성격이 혼합되어 나타나거나, 중간적인 형태를 띠는 연결의 공간이다. 즉 '준변방'은 중심에 의해서 지배될 수도 있으며, 주변 지역을 지배할 수도 있으며, 중심과 주변의 관계에 따라 그 위상이 변화하기도 한다. '세계체제이론'은 10-12세기 동아시아 국제질서의 변화에 대한 연구의 초점을 거란이나 송에만 치우치지 않고 동시에 '준변방'에 해당하는 고려와 대하 등의 시각과 역할에 주시하는 노력을 촉구한다.

---

72) Christopher Chase-Dunn and Thomas D. Hall, *Rise and Demise: Comparing World Systems,* 28, 52.

전근대 동아시아의 '세계체제' 연계망에 대한 연구 성과는 아직 많지 않지만 그 중 주목할 만한 성과가 이론을 전근대 일본사에 적용하여 지리적 특수성으로 "고립된"(isolated) 일본의 기존 개념을 재조명하고자 시도한 배튼(Bruce Batten)의 저서이다. 배튼은 현대국가의 명확한 국경과는 달리 전근대 역사에서의 국경이 매우 모호함을 인식하고 그 경계(border)가 언제 어떠한 과정을 통해 형성되었는가를 외부와의 연계망을 통해 찾고자 하였다. 즉 일본의 대외정책은 국내의 정치적 정통성을 획득하기 위한 집권층의 의지를 보여주는 것으로 국외의 영향 (중국내부의 분열과 통일)과 국내의 요인 (예를 들면 일본 "주변부"에로 팽창)이 복합적으로 작용하면서 시기에 따라 PMN의 수축과 팽창이 반복하였다는 것이다.[73] 10~12세기 내륙아시아에 존재하였던 PMN 연계망 범위가 어떻게 변화하였는가에 대한 고찰은 '동아시아' 국제질서의 연구에 새로운 가능성을 제시한다. 정기적·체계적으로 이루어진 정치·군사적 교류를 토대로 '동아시아'의 PMN을 설정한다면 북방의 초원, 중원, 만주, 내륙아시아, 한국, 일본, 동남아 지역에까지 그 범위를 확대할 수 있을 것이다.

PGN과 IN 연계망은 모두 PMN보다 큰 범위에서 작동하였다. 조공체제의 경제활동은 정치적 동의 아래 이루어지기에 대체로 PMN 내에서만 발생하였지만 PGN은 종종 정치적 관계의 범위를 초월하는 경우가 많았다. 물론 권위품은 정치 집권층의 권력을 정당화하는 도구로 사용되었기에 공무역의 형태를 띠는 경우가 많았고 조공체제에서의 공무역에 보이는 품목과 유사하다. 하지만 교역에서의 중

73) Bruce L, Batten, *To the Ends of Japan,* 146-152.

앙집권세력의 독점이 약화되고 사무역이 PGN에 참여하면서 종종 PMN보다는 거대한 연계망을 형성하곤 하였다. IN에는 국가가 주체가 되는 공적인 영역과 비공적 영역이 존재하는데 공적 영역에서의 정보는 외교관, 스파이, 그리고 공적인 지원을 받은 탐험가 등이 담당했지만, 비공적 영역에서는 순례자, 학생, 성직자, 상인, 용병 등이 참여하면서 다양한 학문과 기술이 PMN보다 더 광범위한 지역에서 유입되었다.

10-12세기 동아시아 국제질서를 PMN연계망의 틀로 접근해 보면 당시 국제질서가 조공과 책봉의 상하관계가 아닌 군사적 세력균형을 기반으로 한 호혜주의와 실리주의에 의해 이루어졌음을 알 수 있다. 12세기 초 거란이 몰락하면서 국제질서가 크게 동요하기도 하였으나 세력균형이 재정립되고 다원적 국제질서가 지속된다. 회하 이북 중원의 중심지역과 많은 한족 인구를 통치하게 된 금은 스스로를 국제질서의 중심으로 자처하였고 1203년에 금의 황제는 왕조의 오행을 북송의 "火"를 계승한 "土"로 선언하면서 남송정권의 정통성을 정면으로 부정하기도 하였다.[74] 그러나 금은 다원적 국제질서의 현실을 금나라 중심의 일원적 질서로 개편하는데 성공하지 못하였다. 12세기 초 국제질서에서 고려와 대하는 여전히 국제질서의 '균형자'였으며 여기에 거란의 황족 야율대석(耶律大石)이 세운 카라키타이 [서요(西遼)][75]가 새로운 변수로 등장하였다.

---

74) Hok-lam Chan, *Legitimation in Imperial China.*

75) 카라키타이는 1211년까지 88년 동안 현재 중국의 신강지역을 중심으로 탕구트, 아랄해, 발하쉬호, 그리고 힌두쿠시에 이르는 광활한 지역을 통치한 국가인데 중국학계에서는 일반적으로 카라키타이 대신 '西遼'라는 명칭을 사용한다. 카라키

카라키타이는 비록 중앙유라시아 중심에 위치하고 있었지만 시종 일관 중원북부와 만주에 존재하였던 대거란국의 부흥을 표명하면서 금에 매우 적대적이었다. 건국 초기 1134년 3월 야율대석은 7만의 기병을 동원하여 금을 치려고 하였지만 1만 리를 행군한 카라키타이의 군대는 아무런 성과를 거두지 못하고 회군하였다고 한다. 『遼史』에서 이후 카라키타이가 더 이상 금을 공격하려는 의지가 없었다고 기록되어 있지만 다른 사료에는 다음 해인 1135년 [혹은 1136년] 겨울 카라키타이가 금과의 전투에서 승리하였다는 기록이 보인다.[76] 1143년 야율대석의 사망 소식을 그 다음 해 위구르로부터 전해들은 금 희종이 점할한노(粘割韓奴)를 파견하여 회유를 시도하였는데 카라키타이는 이를 거부하였을 뿐만 아니라 무례한 행동과 위협을 가한 사신을 처형하였다.[77] 몇 학자들은 이 기록의 신빙성에 의문을 제기하기도 하지만 당시 모든 국가들이 형식적으로나마 금의 우위를 인정한 상황에서도 카라키타이는 금에 정면으로 도전한 것이다.

그 후 1156년에도 카라키타이와 금 사이에 군사적 충돌이 있었으며,[78] 1161년에는 금에 반란을 일으킨 거란족 장수 살팔(撒八)은 카라키타이로 도피하려고 시도한다.[79] 이는 카라키타이가 당시 금의 통치를 받고 있던 거란인들에게 어떠한 의미를 가지고 있었음을 보

타이의 국호에 대해서는 Michal Biran, *The Empire of the Qara Khitai in Eurasian History*, 215-17 참조.

76) 徐夢莘, 『三朝北盟會編』, 178.7a, Wittfogel, *History of Chinese Society*, 638. 그런데 중국학자 刘浦江은 이 기록의 신빙성을 의심한다(「辽朝亡国之后的契丹遗民」, 140).

77) 『金史』, 4.82, 121.2638.

78) 宇文懋昭, 『大金國志』, 14.107.

79) 『金史』, 132.2825, 133.2849-51.

여준다. 이러한 지정학적 상황에서 만일 금이 대하를 압박한다면 이는 곧 탕구트와 카라키타이의 동맹을 야기할 수도 있는 위험을 안고 있었다. 실제로 카라키타이와 대하의 동맹을 경계한 금은 1177년 대하와의 국경지역인 수덕(綏德)에 위치한 각장(榷場)을 폐지하였으며 양국 간의 무역은 1181년에 이르러서야 재개되었다.[80] 1185년에는 카라키타이가 대하와 동맹을 맺고 대하의 영토를 통과하여 금을 공격하려고 시도하였다는 기록도 보이며[81] 다음해에는 송 황제가 카라키타이 원정군에게 길을 열어주는 조건으로 대하 군주에게 '황제'의 칭호와 '동등한 관계'를 수용할 수도 있다는 제안을 보내기도 하였다.[82]

다원적 국제질서의 현실에서 금은 정복이나 충돌이 아니라 주변 국가들에 대한 회유 정책을 채택하였다. 대하가 금의 우위를 인정하는 조건으로 송과의 변경지역 영토를 할양하면서 평화로운 관계를 유지하였는데 고려가 압록강 유역의 보주성을 점령한 후 금에 '조공'을 하는 전제로 고려의 소유권을 인정하였던 사실과도 상통한다.[83] 즉 금이 송, 그리고 고려와 대하와 모두 평화로운 관계를 유지할 수 있었던 기본적 틀은 세력균형의 국제질서에서 이루어진 타협의 결과였다. 명목적으로 상하관계에 있는 국가 사이에는 조공과 책봉으로, '동등한' 관계의 국가 간에는 맹약을 통해 정치적 상호 승인

80) 『金史』, 35.683, 486.14026.
81) 『宋史』, 50.1114, 134.2870-1.
82) Wittfogel, *History of Chinese Society*, 647-8.
83) 박한남, 「고려 인종대 대금정책의 성격 - 보주양여(保州讓與)와 투입호구추쇄(投入戶口推刷) 문제를 중심으로」.

과 영토보전을 보장한 것이다. 바꾸어 말하자면 조공-책봉체제가 '동등'한 국가 관계를 명목적인 상하관계로 표현하였다면 맹약체제는 송이 거란과 금에 세폐[즉 실질적 조공품]을 바쳤던 상하관계에 명목적 '동등'을 부여하였다고 볼 수 있다.[84)]

10-12세기 거란과 금, 한족왕조 송, 고려와 대하, 그리고 카라키타이 등 여러 국가를 모두 포괄하는 국제질서는 '내륙아시아 세계체제'의 PMN, PGN 혹은 IN의 범위를 비교·분석하면서 설정할 수 있을 것이다. 특히 여러 연계망이 중첩되는 국제질서('내륙아시아 세계체제')의 경계는 교류가 단절 또는 급격히 감소하는 공간에 형성되었는데 이러한 경계에는 산맥, 바다, 사막 등의 지리적인 요소뿐만 아니라 변경을 통제하고 국가의 안보를 지키려는 중앙권력의 정치적 영향력이 크게 작용하였다. 다양한 형태의 무역과 정보교환 전달 과정과 여러 연계망의 형성과 해체 과정의 연구를 통해 '조공체제' 이론의 문제점을 통찰할 수 있을 것이다.

V. 불교문화권 시각에서의 접근

동아시아 국제질서의 포괄적 이해를 위해서는 기존 '조공체제'가 강조하는 정치적 관계를 넘어 문화적 교류 등으로 그 범위를 확대할 필요가 있다. 특히 문화와 종교의 교류는 국제질서의 경계를 결정하는 중요한 요소로 작용하였는데 정치적 세력 확장이 지역 내 문화 융

---

84) 윤영인, 「10-13세기 동북아시아 多元的 國際秩序에서의 冊封과 盟約」.

합을 촉진한 반면 문화적 교류는 정치적 확장의 기반이자 정당화의 수단이 되기도 하였다. 조공체제 이론은 문화적 경계를 정치적 경계와 동일하게 설정하려 하지만, 실제 정치적 경계가 문화적 영역보다 넓었던 때가 많았고 또 반대 경우도 보인다. 나아가 정치적 교류와 문화적 교류 범위의 차이와 충돌은 국제질서의 중요한 요소로 작용하였고 이러한 역학관계로 구성된 복잡한 국제질서에 대한 이해는 다양한 시각의 포괄적 접근을 통해서만 가능할 것이다.

10-12세기 국제질서의 연구는 특히 초원(유목)과 농경(정착) 문명의 경계를 초월하였던 거대한 불교 문화권에 대한 관심이 필요하다. 10-12세기 불교는 여러 왕조 지배계층의 종교로 크게 흥성하였고 특히 다민족으로 구성되었던 제국들의 정치적 정통성을 수립하는데 중요한 역할을 하였다.[85] 이 시기 국제교류에서의 승려의 역할이 두드러지는데 외교사절에 승려가 포함되기도 하였고 국가사절로 승려가 임명된 경우도 보인다. 대표적인 예로 1085년 송을 방문한 고려의 대각국가 의천과 일본의 승려들을 꼽을 수 있으며,[86] 대하도 위구르와 거란과의 관계에서 종종 승려들을 외교사절로 활용하였다.[87] 특히 일본에서 파견된 사절들은 대개 승려였으며 송은 이들을 국가사절의 예우로 대우하였다.[88] 이렇게 불교는 대외교류에 있어서 중요한 매개체로 작용하였는데 이 시기 불교문화권의 범위는 고려, 거

---

85) Ruth Dunnell, *The Great State of White and High*, 156.

86) 遠藤隆俊, 「義天と成尋: 十一世紀東アジアの国際環境と入宋僧」, 105-134; 최병헌, 「大覺國師 義天의 渡宋活動과 高麗·宋의 佛教交流」, 359-372.

87) Elizabeth Pinks, *Die Uiguren von Kan-chou*, 106-115; 『요사』, 22.267; 『宋史』, 490.14114-14118.

88) "是後連貢方物, 而來者皆僧也" (『송사』, 491.14137).

란, 대하는 물론 송과 중원 서남쪽에 위치한 대리국, 서역(중앙아시아)의 카라키타이, 나아가 인도 북부지역까지 확대된다.

거란과 대하 등의 군주들은 스스로 보살의 화신 혹은 전륜성왕(Cakravartin) 혹은 "부처칸" (Burqan Khan)을 자칭하며 불교를 추종하고 후원하면서 제국에 널리 전파하였다.[89] 대하는 그들 고유의 문자를 창제하였고 불경을 대하문자로 번역하였다.[90] 20세기 초 돈황에서 스타인 (Aurel Stein)과 펠리오 (Paul Pelliot)가, 그리고 카라고토(Khara khoto) 지역을 발굴하면서 러시아의 코즐로프(Kozlov)가 탕구트 문헌을 발견하였는데 이들 대부분은 불교와 관련이 있다. 1970년 말부터 중국학계에서 탕구트의 역사 연구가 본격적으로 이루어졌고 특히 탕구트문자에 대한 연구에서 큰 성과를 거두어 음과 뜻을 대부분 해독하였고 韓小忙는 「西夏文正字研究」에서 총 6,066개 (正字 5861개, 別體 169개, 訛體 36개)의 탕구트문자를 열거하고 분석하는 성과를 거두었다.[91] 그 동안 대하문자 문헌의 대다수가 불교관련 내용에 국한되어 있기에 이를 국제관계에 활용하고자 하는 시도는 매우 드물었지만 기존 한문사료의 선입관을 극복할 수 있는 중요한 단서를 제공할 수 있으리라 기대된다.

고려와 송의 관계에서 문화적 교류가 강조되는 반면 북방 정복왕조와의 관계에서의 문화적 요소는 소홀시 되는 경향이 보인다. 그러나 고려와 거란·금 사이의 외교사절을 통한 정기적 접촉은 문화교류를 촉진시켰다. 고려는 거란에 '조공품'으로 매년 보낸 방물(方物)

89) Christopher P. Atwood, *Encyclopedia of Mongolia and the Mongol Empire*, 48.
90) Ruth Dunnell, *The Great State of White and High*, 38.
91) 韓小忙, 「西夏文正字研究」, 陝西師範大學 博士學位論文.

보내었는데 농경을 바탕으로 한 자급자족 체제의 고려 경제에서 방물은 대체로 보검, 사냥매, 화문석, 약재, 비단, 차, 종이, 먹 등의 특산물이었다.[92] 호혜주의 원칙에 따라 조공품에 대한 고려에 회사품이 주어졌고, 여기에는 중원의 산물인 관복과 비단은 물론 안장 등 유목민의 생활방식과 밀접한 품목들도 보인다. 『거란국지』(契丹國志)에 의하면 거란이 고려국왕에게 보낸 선물 목록에는 장식을 갖춘 허리띠, 관복, 말과 안장, 활과 화살 등의 무기, 비단 200필, 옷감 100필, 양 200마리, 그리고 약간의 술과 과일이 포함되어있다. 나아가 고려 사신들에게도 따로 선물이 주어져 사신의 수장에게는 허리띠, 관복, 활과 화살, 무기, 술, 그리고 과일이 수여되었고 다른 수행원들도 동일한 품목들이 차등 있게 지급되었다고 한다.[93] 거란이 고려국왕을 정식으로 책봉할 때는 항상 수레와 관복, 안장, 활 화살 등을 보내왔고,[94] 매년 파견한 생신사(生辰使)와 3년에 한번 파견한 횡선[사]사(橫宣[賜]使)도 조정의 선물을 보내왔다.[95] 이후 금나라도 회사품으로 관복, 서대(犀帶), 금, 은, 비단, 의대와 포백과 은그릇 등을 보냈으며,[96] 이렇게 북방 정복왕조와의 교류를 통해 유입된 풍습과 산물들은 분명 고려에 영향을 미쳤다.

고려에서의 북방민족 풍습의 영향은 어느 정도였을까? 『고려사』는 지배계급 사이에 성행하였던 거란 문화에 대한 모습을 잘 보여주

92) 『遼史』, 1.10, 14.163, 70.1142-1143, 70.1150, 115.1520; 『高麗史』, 6:14b6-7, 16:6b5.

93) 『거란국지』, 21:3a-b.

94) 『高麗史』, 12:6b8-7a1, 12:33b7-8, 72:14b4-9.

95) 박한남, 1995. 「고려전기 '횡선사' 소고」, 501-24.

96) 『高麗史』, 15:26a6, 15:38b4.

는데 거란이 멸망한지 3년이 지난 1129년 5월 인종은 조서를 내려 신하들에게 '거란오랑캐'[丹狄]의 퇴폐한 습관을 버릴 것을 독려하고 있다.97)

> 우리 태조께서 개국하여 검박한 덕을 닦고 원대한 계획을 세워 중원의 법도를 행하며 거란 오랑캐의 풍속을 엄금하였다. 그런데 이제 위로는 조정에서 아래로는 일반 백성에 이르기까지 저마다 부화스러운 풍속을 일삼으며 거란오랑캐의 풍속을 답습하고 있다. 이러한 상황이 계속되면서 우리가 이전상황으로 돌아가지 못하는 것은 참으로 탄식할 일이다. 이제 짐이 솔선하여 퇴폐한 풍속을 바꾸어 수레, 의복 등 왕실의 물건에서 사치한 것을 버리고 소박함을 따르고자 하니 너희 공경대부는 짐의 뜻을 체득하여 받들어 실행하라... 我太祖之開國也, 克愼儉德, 惟懷永圖, 景行華夏之法, 切禁丹狄之俗, 今則上自朝廷下至民庶, 競華靡之風, 襲丹狄之俗, 往而不返, 深可嘆也. 今朕庶幾率先以革末俗, 其乘輿服御之物, 皆去華尙質 咨, 爾公卿大夫, 其體朕意, 奉而行之.98)

고려에 전해진 거란의 문화는 전통 부족문화와 중원의 한족문화가 결합 혹은 융합된 비트포겔이 "제3의 문화"라고 칭한 새로운 문화의 산물이었을 것이다.99) 예를 들면 거란은 중원으로부터 도자기 제작법을 배웠지만 유목전통의 가죽 물병 모양을 그대로 지닌 계관호(雞冠壺) 혹은 피낭호(皮囊壺)라는 유형의 도자기를 만들어 사용하였다.100) 또 거란의 수레도 938년 중원의 한족 관료가 황실 수레의

97) 『高麗史』, 16:3a2-8.

98) 『고려사』, 16:3a2-8.

99) Karl Wittfogel, *The History of Chinese Society: Liao,* 20.

100) 王胤卿, 「契丹民族鸡冠壶的文化诠释」, 15-17; Adam T. Kessler, *Empires Beyond the Great Wall,* 98-99.

제작 임무를 맡았다고 하는데, 고려 국왕에게 선물로 보내진 거란의 수레들은 바로 한족의 문화에 거란인들의 생활과 문화의 전통과 양식이 가미된 산물이었다.[101)]

현존하는 문헌기록은 매우 소략하지만 고려에 전해진 거란문화의 구체적 모습은 도자기, 금속공예, 그리고 특히 불경과 불탑 등 고고학적 유적과 유물을 통해서 조금이나마 파악할 수 있다. 여기서 특히 불교는 거란과 고려에서 국교로 크게 흥성하였기에 상호간에 접촉과 문화적 교류가 있었을 것으로 추정된다. 거란 불교는 원래 중원지역의 불교에 기반을 두었으나 11세기 중반에 이르러 그들 고유의 전통을 수립하였고 이내 송나라를 뛰어넘는 대장경을 제작하였다. 거란대장경은 고려에 전해져 고려대장경의 편찬에 지대한 영향을 미치기도 하였지만 고려와 거란불교의 관계에 대한 연구는 아직 매우 소략하여 그 전체적인 모습을 파악하기가 어렵다. 그런데 최근 거란과 고려 사이의 불교 문화적 교류에 대한 일련의 연구들은 당시 광범위하게 이루어졌던 불교적 교류에 대한 새로운 가능성을 제시한다. 11~12세기 고려의 불탑이 송보다는 거란 불탑의 양식과 더 많은 유사성이 보여준다는 연구는 물론,[102)] 고려의 도자기가 중원남부의 영향만이 아니라 11세기 고려 도자기의 제작기술, 기종, 장식기법과 문양 등에서 거란의 영향을 받고 있음을 확인하였고,[103)] 나아가 11~12세기 고려의 정병(淨甁), 동경, 장도, 등자 등에 나타나는 금속공예의 우수성은 거란조정이 보낸 선물과 고려에 정착한 거란유민들의 영

101) 『遼史』, 55.901.
102) 강병희, 「고려 전기 사회변동과 불탑: 11-12세기 불탑의 북방적 영향」, 287-88.
103) 장남원, 「10~12세기 고려와 요금 도자의 교류」, 171-203.

향을 통해 이루어진 것이라는 주장도 제기되었다.[104)]

거란과 고려의 관계는 조공체제의 틀이 보여주는 공식적인 사신 왕래와 별도의 그리고 매우 밀접한 문화적 왕래가 있었으며 그 매개체는 유교적 전통이 아닌 불교의 사상과 예술이었던 것이다.[105)] 그러므로 거란과 대하, 그리고 공식교류에 나타나는 불교적 성격과 불교문화권에서 이루어진 상호 교류에 대한 학문적 관심을 통해 당시 국제관계의 실체에 다가갈 수 있을 것이며 이러한 노력에는 단순히 문헌적 사료의 활용에 그치지 않고 고고학과 미술 등 다른 학문분야와 결합된 연구가 요구된다.

불교문화권 교류의 시각을 통한 접근은 먼저 교류의 주체였던 인물, 주요 사건, 그리고 불교 사상과 예술의 상호 흐름 등 보다 구체적인 주제에 대한 고찰로부터 시작해야 한다. 그 한 예로 문수보살의 도량[道場]으로 인식된 중국 산서성에 위치한 오대산이라는 공간의 역사적 실체와 중요성에 대한 고찰을 통해 10-12세기 불교문화권 교류의 모습을 파악할 수 있는 단서를 제공한다.[106)] 오대산은 이미 5세기부터 중요한 불교성지로 7세기에 이르러 동아시아 전역은 물론 티베트와 인도의 순례자들이 찾았던 동아시아 여러 지역의 종교와 문화 전통이 교차한 공간이었다. 대다수의 기존 연구들은 당과 송대 중원의 한족지역 불교전통에서 오대산이 가지는 의미에 초점을 맞추곤 하지만, 오대산의 문수보살 신앙은 특히 만주의 정복왕조와 몽골, 티베트 불교전통에서 더욱 중요한 위치를 차지한다.[107)] 송나라가 오

104) 안귀숙, 「고려금속 공예에 보이는 요문화의 영향」, 119-120.
105) 남권희, 「契丹과 高麗의 佛敎文獻 交流」, 『서지학연구』 56 (2013.12), 5-42.
106) Karl Debreczeny, "Wutaishan: Pilgrimage to Five Peak Mountain," 1-133.

대산으로 가는 길이 막자 대하 조정은 11세기에는 따로 그들만의 '오대산'을 경내에 조성하기도 하였고,[108] 거란과 몽골 역시 수도 주변에 오대산을 '복제'하였다.[109] 동아시아 나아가 내륙아시아 여러 제국의 정치적 정통성은 유교적 이념에 기반을 둔 조공체제의 '책봉' 혹은 다원적 국제관계의 '맹약'이라는 국가 사이의 정치적 의례나 타협으로만 이해하려는 기존의 시각을 넘어야 한다. 특히 북방민족이 세운 국가의 전통에서는 오대산 문수보살 신앙을 통한 정통성의 형성 과정을 간과할 수 없으며 이러한 전통이 당시 국제질서에 어떠한 모습으로 반영되었는가를 주목해야 할 것이다.

Ⅵ. 맺음말

10-12세기 동아시아 그리고 보다 확대된 범위에서의 내륙아시아 국제질서의 실체는 조공과 책봉이라는 계서적이자 의례적인 공식관계의 기록이 보여주는 허상과는 매우 달랐다. 이 시기 "맹약체제"는 역사적 배경과 내용, 전개에 있어서 조공체제의 이상과는 다른 모습을 보여주며 여러 국가와 부족 사이의 세력균형, 정치적 타협, 그리고 문화적 교류를 통해 형성되었다. 그리고 이러한 "맹약체제"와

---

107) Raoul Birnbaum, "Buddhist Meditation Teachings and the Birth of 'Pure' Landscape Painting in China"; Raoul Birnbaum, "Visions of Manjusri on Mount Wutai"; Robert Gimello, "Chang Shang-ying on Wu-ta'i Shan," 89-149.

108) Ruth Dunnell, *The Great State of White and High*, 35-36.

109) Isabelle Charleux, "Mongol Pilgrimages to Wutai Shan in the Late Qing Dynasty."

"다원적 국제관계"의 성립은 한족중심적 조공체제의 와해를 전제로 하였다.

전근대 동아시아 국제관계 연구는 고려나 대하, 나아가 카라키타이 등 '주변'의 입장이 반영된 시각으로 재조명을 함으로써 '중심'에 집착하는 한족 중심적·문화론적 조공제도의 틀을 극복해야 한다. 다시 말하자면 조공체제 이론의 틀에 의한 형식적인 해석보다는 다원적 국제관계에서의 지정학적 세력균형과 실리주의에 입각한 각 국가의 외교정책을 비교·분석하는 노력이 필요하며 근대 국가의 일국사적 입장과 현재주의적 시각을 극복해야 할 것이다. 하지만 전근대 동아시아 국제관계사에서 비한족국가들에 대한 연구 역시 거의 한문 기록에 전적으로 의존해 왔기에 기록에 내재되어 있는 한족중심적 시각의 극복이 쉽지 않다. 그러므로 조공체제의 한계를 극복할 수 있는 포괄적 시각의 확립을 위해서는 기존의 한족중심적 시각을 극복해야 하며 비한문 사료, 특히 북방민족 고유의 언어와 문자(거란, 탕구트, 그리고 여진문자)를 적극 활용하는 노력이 필요하다. 비한문사료들은 그 희소성과 해석의 문제점에도 불구하고 새로운 시각에서의 접근을 가능하게 한다.[110)]

2000 여 년에 걸쳐 다양한 형태로 복잡하게 전개된 국제질서를 오직 조공체제의 논리로 접근하는 것은 시대적 역사성을 무시하고 조

110) 거란족은 그들의 언어를 기록하기 위해 920년 한자를 모방한 표의문자 거란대자를, 그리고 약 5년 뒤에는 초보단계의 표음문자인 거란소자를 창제하였는데 아직 거란문자의 완전한 해독이 이루어지지 않았지만 지금까지의 성과만으로도 한자 문헌에만 의존해온 기존의 연구에 새로운 시각과 단서를 제공한다 (愛新覚羅烏拉熙春, 吉本道雅 著, 『韓半島から眺めた契丹・女真』, 刘浦江, 「辽朝国号考释」, 40-43; 刘凤翥, 「从契丹文字的解读谈辽代契丹语中的双国号－兼论"哈喇契丹"」).

공체제라는 이론적 틀에 끼워 맞추는 행위에 그칠 가능성이 높다. 조공체제라는 껍질을 깨고 그 실체를 보기 위해서는 세계체제 이론과 불교문화권 시각에서의 접근 등 다양한 이론과 방법론을 적극 활용하여 기존 사료의 비판과 재해석이 필요하며 이러한 노력에 소위 '주변국'의 시각과 비한문사료의 중요성은 아무리 강조해도 지나치지 않는다. 그리고 다양한 이론과 시각의 차이에서 드러나는 문제와 모순을 해결하는 노력을 통해 조공체제의 틀에 의해 가려졌던 전근대 동아시아 국제관계의 실체에 다가갈 수 있을 것이다.

참고문헌

[1차 사료]

『고려사(高麗史)』, 3권, 서울: 아세아문화사, 1972.

『고려사절요(高麗史節要)』, 서울: 아세아문화사, 1972.

『대금국지(大金國志)』, 1937.

『대금조벌록(大金弔伐錄)』, 中華書局, 2001.

『삼조북맹회편(三朝北盟會編)』, 상해, 1987.

『선화봉사고려도경 (宣和奉使高麗圖經)』, 『四庫全書』本.

『속자치통감장편(續資治通鑑長編)』, 中華書局, 1979-95.

『송사(宋史)』, 中華書局, 1977.

『요사(遼史)』, 中華書局, 1974.

『자치통감(資治通鑑)』, 中華書局, 1995.

[일문]

久保常晴,『日本私年号の研究』, 吉川弘文館, 1967.

今西龍,「高麗太祖 訓要十條について『東洋學報』, 8 (1918).

西島定生,『中國古代國家と東アジア世界』, 東京: 東京大學出版社, 1983.

愛新覚羅烏拉熙春, 吉本道雅 著,『韓半島から眺めた契丹・女真』. 京都大学学術出版会, 2011.

遠藤隆俊,「義天と成尋: 十一世紀東アジアの国際環境と入宋僧」,『동국사학』, 44권 (2008), 105- 134.

田中健夫,『中世對外關係史』, 東京大學出版會, 1975.

河內良弘,『明代女眞史研究』. 京都：同朋舍出版, 1992.

[중문]

陶玉坤, 薄音湖,「北宋对契丹归明人的政策」,『内蒙古社会科学』, 24.6(2003).

刘凤翥,「从契丹文字的解读谈辽代契丹语中的双国号－兼论"哈喇契丹"」,『东北史研究』, 2006年 第2期.

刘浦江,「辽朝国号考释」,『历史研究』, 2001年 6期.

刘浦江,「辽朝亡国之后的契丹遗民」,『燕京学报』, 新10期, 140

王小波,「对澶渊之盟的重新认识和评价」,『四川大学学报』, 127(2003), 116-118.

王胤卿,「契丹民族鸡冠壶的文化诠释」,『内蒙古社会科学』, 2004年 第1期, 华东师范大学历史系, 上海.

张希清 外,『澶渊之盟 新论』, 上海：上海人民出版社 , 2007.

朱振宏,「唐代 皇帝 天可汗 釋義」,『漢學研究』, 21卷 1期 (2003).

韓小忙,「西夏文正字研究」陝西師範大學 博士學位論文, 2004.

[한국어]

강병희,「고려 전기 사회변동과 불탑: 11-12세기 불탑의 북방적 영향」,『미술사학』, 23, (2009), 277-319.

남권희, 「契丹과 高麗의 佛敎文獻 交流」, 『서지학연구』, 56 (2013.12), 5-42.

박성래, 「고려초의 曆과 年號」,『韓國學報』, 10(1978),.

박용운, 「고려 송 교빙의 목적과 사절에 대한 고찰」, 『한국학보』, 81 (1995), 188-210 & 82, 115- 142.

박재우, 「고려 군주의 국제적 위상」, 『한국사학보』 20호 (2005).

박한남, 「고려 인종대 대금정책의 성격 - 보주양여(保州讓與)와 투입호구추쇄(投入戶口推刷) 문제를 중심으로」, 『한국중세사연구』, 3 (1996).

박한남, 「高麗 前期 '橫宣使' 小考」, 『阜村申延澈敎授 停年退任紀念 史學論叢』, 일월서각, 1995.

신채호, 「조선 역사상 1천 년 이래 최대 사건」, 『조선상고문화사』 , 비봉출판사, 2007.

안귀숙, 「고려금속 공예에 보이는 요문화의 영향」, 『이화사학연구』, 40 (2010), 119-120.

윤영인, 「10-13세기 동북아시아 多元的 國際秩序에서의 册封과 盟約」, 『東洋史學研究』, 第101輯 (2007).

윤영인, 「몽골 이전 동아시아의 다원적 국제관계」, 『만주연구』, 3 (2005).

윤영인, 「하-송의 5년전쟁 (1039-44)과 11세기 동아시아 세력균형」, 『만주연구』, 16 (2013).

이근화, 「고려 태조대 북방정책의 수립과 그 성과」, 『박성봉교수 회갑기념 논총』, 서울: 박성봉교수 회갑기념논총 간행위원회, 1987, 155-176.

이기백, 『고려병제사연구』. 서울: 일조각, 1968.

이미지, 「고려 선종대 각장 문제와 대요관계」, 『한국사학보』, 14 (2003), 171-203.

이정신, 「고려 태조의 건국이념의 형성과 국내외 정세」, 『한국사연구』, 118 (2002)).

이용범,『한만교류사연구』. 서울: 동화출판공사, 1989.

장남원, 「10~12세기 고려와 요금 도자의 교류」, 『미술사학』, 23 (2009), 171-203.

피터윤 (윤영인), 「서구 학계 조공제도 이론의 중국 중심적 문화론 비판」, 『아세아연구』 45.3 (2002).

최병헌, 「大覺國師 義天의 渡宋活動과 高麗・宋의 佛敎交流: 晋水淨源・慧因寺와의 관계를 중심으로」, 『진단학보』, 71(1991.6), 359-372.

[서구언어]

Barfield, Thomas, *The Perilous Frontier: Nomadic Empires and China, 221 BC to AD 1757.* Cambridge MA & Oxford, UK: Blackwell, 1989.

Batten, Bruce L., *To the Ends of Japan: Premodern Frontiers, Boundaries, and Interactions.* Honolulu: University of Hawai'i Press, 2003.

Biran, Michal, *The Empire of the Qara Khitai in Eurasian History: Between China and the Islamic World.* Cambridge: Cambridge University Press, 2005.

Birnbaum, Raoul, "Buddhist Meditation Teachings and the Birth of 'Pure' Landscape Painting in China," *Studies on the Mysteries of Manjusri.* Society for the Study of Chinese Religions Monograph 2, 1983.

Birnbaum, Raoul, "Visions of Manjusri on Mount Wutai," in Donald Lopez, ed., *Religions of China in Practice.* Princeton, NJ: Princeton University Press, 1996.

Chan, Hok-lam, L*egitimation in Imperial China: Discussions under the Jurchen-Chin Dynasty (1115-1234).* Seattle: University of Washington Press, 1984.

Charleux, Isabelle, "Mongol Pilgrimages to Wutai Shan in the Late Qing Dynasty," *Journal of the International Association of Tibetan Studies,* no. 6 (December 2011).

Chase-Dunn, Christopher and Thomas D. Hall, *Rise and Demise: Comparing World Systems.* Boulder, CO: Westview Press, 1997.

Debreczeny, Karl, "Wutaishan: Pilgrimage to Five Peak Mountain," *Journal of the International Association of Tibetan Studies*, 6 (Dec 2011), 1-133.

Dunnell, Ruth, *The Great State of White and High: Buddhism and State Formation in Eleventh-century Xia.* Honolulu: University of Hawai'i Press, 1996.

Fairbank, John K., ed., *The Chinese World Order: Traditional China's Foreign Relations.* Cambridge: Harvard University Press, 1968.

Franke, Herbert and Denis Twitchett, eds. *The Cambridge History of China, vol. 6, Alien Regimes and Border States.* Cambridge: Cambridge University Press,

1994.

Franke, Herbert. "The Chin Dynasty." In Denis Twitchett and John K. Fairbank, eds., *Alien Regimes and Border States, vol. 6 of The Cambridge History of China,* 215-320. Cambridge: Cambridge University Press, 1994.

Franke, Herbert. "Treaties between Sung and Chin." *Études Song/Sung Studies,* series 1 (1970): 55-84.

Gimello, Robert, "Chang Shang-ying on Wu-ta'i Shan," in Susan Naquin and Chen-fang Yu, ed., *Pilgrims and Sacred Sites in China*. Berkeley: University of California Press, 1992.

Hevia, James L., *Cherishing Men from Afar: Qing Guest Ritual and the Macartney Embassy of 1793*. Durham and London: Duke University Press, 1995.

Johnston, Alastair I., *Cultural Realism: Strategic Culture and Grand Strategy in Chinese History*. Princeton: Princeton University Press, 1995.

Lau, Nap-Yin, "Waging War or Peace: The Peace Accord between the Song and the Liao in AD 1005" in Hans van de Ven, ed., *Warfare in Chinese History*. Leiden: Brill, 2000.

Ledyard, Gari K. "Yin and Yang in the China-Manchuria-Korea Triangle." In Morris Rossabi, ed., *China among Equals,* pp. 313-353. Berkeley: University of California Press, 1983.

Lorge, Peter, *War, Politics and Society in Early Modern China*. London: Routledge, 2005.

Pinks, Elizabeth. *Die Uiguren von Kan-chou in der frühen Sung-zeit*. Wiesbaden: Otto Harrassowitz, 1968.

Rogers, Michael C., "The Chinese World Order in Its Transmural Extension: The Case of Chin and Koryŏ," *Korean Studies Forum* 4 (1978).

Rogers, Michael C. "The Regularization of Koryŏ-Chin Relations (1116- 1131)." *Central Asiatic Journal* 6 (1961).

Rossabi, Morris, ed. *China among Equals: The Middle Kingdom and Its Neighbors, 10th-14th Centuries*. Berkeley: University of California Press, 1983.

Sato, Masayuki. "Comparative Ideas of Chronology," *History and Theory* 30.3 (1991).

Standen, Naomi, "(Re)Constructing the frontiers of tenth-century North China," *in Frontiers in Question: Eurasian Borderlands, 700-1700,* ed. by Daniel Powers and Naomi Standen. London: MacMillan, 1999.

Standen, Naomi, *Unbounded Loyalty: Frontier Crossings in Liao China.* Honolulu: University of Hawaii Press, 2007.

Schwarz-Schilling, Christian, *Der Friede von Shan-yüan (1005 n. Chr.): Ein Beitrag zur Geschichte der Chinesischen Diplomatie.* Wiesbaden: Otto Harrassowitz, 1959.

Shiba Yoshinobu, "Sung Foreign Trade: Its Scope and Organization," in Morris Rossabi, ed., *China Among Equals: The Middle Kingdom and Its Neighbors, 10th-14th Centuries.* Berkeley: University of California Press, 1983.

Tao, Jing-shen, *Two Sons of Heaven: Studies in Sung - Liao Relations.* Tucson: University of Arizona Press, 1988.

Twitchett, Denis. "Tibet in Tang's Grand Strategy" in Hans van de Ven, ed., *Warfare in Chinese History*, Leiden: Brill, 2000.

Wang Gungwu, "The Rhetoric of a Lesser Empire: Early Sung Relations with Its Neighbors." In Morris Rossabi, ed. China among Equals: *The Middle Kingdom and Its Neighbors, 10th-14th Centuries*, Berkeley and Los Angeles: University of California Press, 1983.

Wittfogel, Karl and Feng Chia-sheng, *The History of Chinese Society: Liao (907-1125).* Philadelphia: American Philosophical Society, 1949.

Yun, Peter I., "Rethinking the Tribute System: Korean States and Northeast Asian Interstate Relations, 600-1600." Ph.D. diss., University of California, Los Angeles, 1998.

전근대 동아시아 국제질서와 封典

- 조선시대를 중심으로 -

김 경 록*

Ⅰ. 머리말

전근대 동아시아의 국제질서는 '조공체제'로 일반적으로 인식하고 조공체제의 관점에서 국제질서를 분석한다. 이러한 분석은 역사학, 정치학, 외교학 등 다양한 분야에서 진행되어 많은 연구성과를 축적시켰다.[1] 전근대 동아시아 국제질서를 설명하는 중요한 틀로

* 군사편찬연구소

1) 김민규, 「근대 동아시아 국제질서의 변용과 청일수호조규-조규체제의 생성」『대동문화연구』41, 2002; 서영수, 「동아교섭사에서 본 발해의 국제적 위상」『문화사학』21, 2004; 김성해, 「동아시아 공동체와 담론전쟁」『언론과사회』21, 2013; 신봉수, 「동아시아 국제관계와 화이유교규범의 변화」『세계정치』30-2, 2010; 박배근, 「동아시아 국제법 수용기의 조선의 국제법적 지위에 관한 일고」『서울국제법연구』11권1호, 2004; 이춘식, 「동아시아 국제사회의 형성과 조공외교-춘추시대를 중심으로」『동양정치사상사』5권2호, 2005; 이익주 외, 『동아시아 국제질서 속의 한중관계사-제언과 모색』 동북아역사재단, 2010; 최희재, 「동아시아 국제질서의 변화와 한국-14~19세기의 변화를 중심으로」『사학지』39, 2007; 김영수, 「동아시아 군신공치제의 이론과 현실」『동양정치사상사』7-2, 2008; 남궁곤, 「동아시아 전통적 국제질서의 구성주의적 이해」『국제정치논총』43-4, 2003; 전재성, 「동아시아 전통질서 연구의 현황과 과제」『세계정치』30-2, 2010; 김두진, 「동아시아 화이론의 변용과 조일의 만국공법수용의 타자인식」『한국정치학회보』44-3, 2010; 김성수, 「동아시아론의 전

사용된 개념은 책봉・조공관계였다. Fairbank의 '조공체제(Tributary system)', 西嶋定生의 '冊封體制論' 등은 대표적인 책봉・조공관계 개념이다.[2] 책봉・조공관계는 분명 전근대 동아시아 국제질서를 설명하는 매우 유용한 틀임에는 틀림없지만, 책봉과 조공은 비단 동아시아의 특별한 국가 사이의 관계설정이라고 할 수는 없을 것이다. 책봉・조공체제에 대한 비판적인 연구는 상당하다.[3] 오히려 다양한 지역에서 약간의 명칭과 형식을 달리할 뿐, 보편적 국가 사이의 정치행위로 봐야 할 것이다. 이외 국제질서를 다양한 개념으로 분석한 연구가 있으며,[4] 특히 예적질서의 개념으로 접근한 연구,[5] 외교제도

개와 역사 텍스트 속의 동아시아」『역사교육』102, 2007; 박원호,「근대 이전 한중관계사에 대한 시각과 논점」『한국사시민강좌』40, 2007; 이재석,「고려 전기 국제관계의 특질」『한국정치외교사논총』29-2, 2008; 송규진,「근대시기 한중관계의 변화과정」『역사와 담론』68, 2013; 정용화,「사대중화질서관념의 해체과정」『국제정치논총』44-1, 2004; 김경록,「조선시대 국제질서와 조명관계」『이태진교수정년기념논총』, 2009;「조선시대 국제질서와 한중관계의 전개양상」『중국학보』60, 2009.

2) 책봉・조공관계 개념을 설명하는 연구는 국내외에서 방대하게 이루어졌다. 대표적인 연구로 Fairbank, J. K., "A Preliminary Framework." Fairbank(ed.) The Chinese World Order. Cambridge, Mass.: Harvard University Press, 1968; 전해종,『한중관계사연구』 일조각, 1992; 西嶋定生,『中國古代帝國の形成と構造』 東京大學出版會, 1983; 濱下武志,『近代中國の國際的契機: 朝貢貿易システムと近代アヅア』東京大學出版部, 1990;『朝貢システムと近代アヅア』岩波書店, 1997.

3) 윤영인,「서구학계 조공제도 이론의 중국 중심적 문화론 비판」『아세아연구』45-3, 2002; 강정인, 안외순,「서구중심주의와 중화주의의 비교연구」『국제정치논총』, 2000; 계승범,『조선시대 해외파병과 한중관계』 푸른역사, 2009; 이삼성,『동아시아의 전쟁과 평화』1, 한길사, 2009.

4) 김한규,『고대중국적세계질서 연구』 일조각, 1982; 張存武,『清韓宗藩貿易: 1637~1894』中研院 近代史研究所, 1978; 高明士,「從天下秩序看古代的中韓關係」『中韓關係史論文集』臺灣韓國研究學會編, 1983; 張啓雄,「中華世界帝國與中琉宗藩體制的秩序原理性展開: 中華世界秩序原理的考察」『第四回琉中歷史關係國際學術會議琉中歷史關係論文集』, 1993; 黃枝連,『天朝禮治體系研究』(上・中・下) 中國人民大學出版社, 1992; 王正毅,『世界體系論與中國』 商務印書館, 2000.

5) 권선홍,「유교문명권의 국제관계사상」『국제문제논총』9, 1997;『전통시대 동아시아

개념으로 접근한 연구[6]가 있어 전근대 동아시아 국제질서의 이해를 제고시켰다. 이러한 성과에도 불구하고, 전근대 동아시아 국제질서가 가지는 예제적 특징과 이의 현실 정치와의 관련성에 대한 구체적인 접근은 상대적으로 미흡한 것이 사실이다. 최근 한국국제정치학회의 학술회의에서 동아시아 전통질서를 주제로 사상적 기반, 해석의 정치학, 해체와 근대국제질서 등 다양한 접근이 시도되기도 했다.[7]

조선시대를 중심으로 전근대 동아시아 국제질서에서 중시되었던 주요 개념을 정리하고, 특히 封典에 주목하여 봉전의 개념을 정리하도록 한다. 봉전이 가장 의례적인 성격을 가지면서 가장 정치적인 성격을 가졌음을 설명하고, 조명관계와 조청관계에 정치외교적으로 어떻게 전개되었는가를 정리하도록 한다. 이러한 정리를 통해 조선시대 명·청관계의 특징 및 국제질서의 중요한 관점을 도출하는데 도움이 될 것으로 기대한다.

국제관계』 부산외국어대학교출판부, 2004; 「유교문명권 국제관계 : 책봉제도를 중심으로」 『한국정치외교사논총』31-2, 2010; 「유교의 예(禮)규범에서 본 전통시대 동아시아국제관계」 『한국정치외교사논총』35-2, 2014; 陳戌國, 「大清律與清朝禮制」 『湖南大學學報』15-4, 2001; 艾紅玲, 「古代外交禮制的歷史流變考察」 『牧丹江大學學報』21-12, 2012;

6) 李雲泉, 『朝貢制度史論』, 신화출판사, 2004; 張雙智, 『清代朝覲制度研究』, 학원출판사, 2010; 김경록, 「조선초기 대명외교와 외교절차」 『한국사론』44, 2000; 「홍무제의 대외인식과 조공제도의 정비」 『명청사연구』37, 2012.

7) '한국국제정치학회 여수학술회의' 국제정치사분과-동북아역사재단 패널, 2015년 6월 26일~27일.

Ⅱ. 전근대 동아시아 국제질서와 봉전 개념

전근대 동아시아 국제질서의 개념과 변화과정은 역사변화의 순방향에 의해 체계화되고 변화되어 왔다. 전근대 동아시아의 국제질서를 분석할 때 2개의 개념이 주목된다. '中華'와 '朝貢'이다. 동아시아 사회의 문화・지리・역사적 요소가 복합적으로 내재된 '중화'는 고대부터 夏, 華, 華夏, 中夏, 諸夏, 諸華, 中州, 中國, 中原, 中土 등과 함께 국제질서의 중심임을 자부하는 중국인들이 자칭한 지리개념이 보다 강한 용어였다. 자신들이 세계의 중심이라는 인식과 함께 문명왕조의 발생지역이라는 자부심이 반영되었다.[8)]

지리적 확장과 사상적 발전을 진행시킨 춘추전국시대에 중화는 지리개념을 넘어 夷狄을 배타적으로 인식하면서 종족 구분의식이 내포되었다. 이는 자신들을 이적과 분리시킴으로써 중심지역이자 도덕・문화적 우월성을 강조하는 문화개념까지 포함하게 되었다. 점차 현실 정치체제에 지리・종족・문화개념을 반영하여 중국을 중심으로 한 국제질서 즉, 宗藩關係로 발전했다. 종번관계는 가족관계의 정치적 연장으로 인식할 수 있다. 대외적으로 중외를 구분하면서도 민족・국가를 일체화함으로써 중국 중심의 천하가 하나의 가족이라는 인식이었다.[9)] 이러한 가족개념의 대외적 적용은 후대에 지

8) 那波利貞, 1936「中華思想」岩波講座『東洋思潮』, 岩波書店. 7~20쪽; 박충석・유근호, 1980『조선조의 정치사상』평화출판사. 99쪽; 王曾才, 1972「中國對西方外交制度的反應」『淸季外交史論集』臺灣商務印書館. 27쪽; 이춘식, 1998『중화사상』교보문고. 143~148쪽.

9) 김한규, 1982『古代中國的世界秩序硏究』일조각. 10~32쪽; 陳潮, 1996「傳統的華夷國際秩序與中韓宗藩關係」『韓國硏究論叢』第2集, 復旦大學 韓國硏究中心. 220쪽; 邢

속적으로 등장하는 '一視同仁' 개념으로 발전한다.

또한, 전근대 동아시아 국제질서의 개념에서 빼놓을 수 없는 것이 華夷分別論이다. 중화개념이 방위관념 및 차등개념과 접합되면서 중화로 표방되는 중국을 중심으로 동서남북의 제 국제질서에 접한 국가들을 이로 인식했다. 문화적 우월성에 기반하여 주변 국가들과의 투쟁과정에서 발생하는 자신들의 단결과 공동체의식 고양을 의도했으며, 주변 국가에 대해 중화범주로의 동화를 강요하는 성격이 있었다. 시대변화에 따라 화이분별론은 중화가 주변 국가를 중화의 덕교에 혜택을 받도록 해야 한다는 책무의식으로 발전하여 중화의 점진적인 확장을 초래하기도 했다.

전근대 동아시아 국제질서는 물론 냉엄한 현실 정치의 성격이 존재하지만, 德治와 禮治를 바탕으로 발전된 특징이 있다. 내치와 외교를 단순한 정치현상으로 인식한 것이 아니라 정치를 윤리적 차원으로 승화시키는 능력의 존재여부를 중시하고 이를 기준으로 국제질서를 형성했다. 현실적으로 형성된 국제질서를 예치를 통해 보다 안정적이고 평화적으로 구성할 수 있었으며, 자연스럽게 국제질서의 모든 구성원들이 위계질서를 받아들였다. 무력이나 국력의 우위도 중요하지만, 이에 못지 않게 중요한 것은 위계화된 국제질서의 중심국은 중화로서 정통성과 우월성을 가져야 했다. 이러한 측면에서 전근대 동아시아 국제질서는 예의와 예치를 확보한 중심국가가 주변

義田, 1981『天下一家:中國人的天下觀』劉岱(編). 459~460쪽; 高明士,「從天下秩序看古代的中韓關係」『中韓關係史論文集』 中華民國韓國研究學會. 144~145쪽; 陳潮, 1996「傳統的華夷國際秩序與中韓宗藩關係」『韓國研究論叢』第2集, 復旦大學 韓國研究中心. 215쪽; 陳連開, 1994『中國民族研究初探』知識出版社. 76~80쪽

국가에 대해 앞에서 살펴본 바와 같은 중화개념으로 우월성을 확보함으로써 안정적으로 위계화된 국제관계를 지속할 수 있었다.[10)]

분명히 현실적으로 불평등하지만 구성 국가들이 충분히 받아들이는 국제질서를 형성하기 위해서 중심국가는 예의와 예치를 보다 발전시키는 노력이 필요하고, 국제질서의 관계를 구체적으로 예의와 현실 정치를 조화시켜 제도로 정착시켜야 했다. 이러한 조화로운 제도화의 과정이 '朝貢' 개념의 제도화로 나타났다. 중심국가는 책봉국으로, 주변국가는 조공국으로 위상을 가지고, 책봉국이 규정하는 각종 국가간의 관계를 받아들이고 이를 준행해야 했다.

원래 조공은 親朝와 獻貢의 합성어로서 역사성을 가진다. 현실 정치·군사적이든 혈연적인 관계이든 한 국가에 부속된 세력은 국가의 최고 지배자에게 충성의 표현으로 친조를 행하였다. 중국의 전통적인 이민족 지배방식은 郡縣지배와 册封·朝貢제도가 있었다. 군현지배는 정치·군사적 충돌상황에서 이민족을 무력으로 제압하여 중국의 판도로 편입시키고 직접 지배하는 방식으로 가장 강도 높은 지배방식이다. 책봉·조공제도는 교류상황에서 이민족의 군장에게 관작을 수여함으로써 신복·신속관계를 설정하고 간접적으로 군장을 통하여 지배하는 가장 약한 지배방식이다. 실제 조공제도는 서주시대의 봉건제도에서 기원을 찾을 수 있는데, 주 왕실은 새 왕조의 기반을 굳건히 하기 위해 봉건제도를 실시하였다.[11)]

---

10) 이성규, 1995 「중화사상과 민족주의」 정문길 외 엮음, 『동아시아, 문제와 시각』 문학과지성사. 132~134쪽.

11) 周谷城, 1982 『中國政治史』 中華書局. 제1편 제3장; 이춘식, 1987 「西周 宗法封建制度의 起源문제」 『동양사학연구』26. 1~40쪽.

시대가 지나며 제후의 친조는 신료를 대신 사신으로 파견하는 대리 來朝로 변화되었으며, 후한이후 來朝의 본의는 소멸되고 入貢의 의미가 강조되었다. 그렇다고 친조를 포함한 내조가 없어진 것은 아니지만, 表文과 같은 문서를 통해 행하여지면서 헌공이 보다 강조되면서 내조와 헌공의 일체화가 이루어져 조공으로 정착되었다.[12] 조공개념이 현실 국제질서에서 제도화되면서 다양한 구성요소를 포함했다. 내조를 대신하는 문서, 사행이 세분화되었으며, 공헌은 구체적인 공물과 방물로 나타났다. 문서는 책봉국이 규정하는 공문체계에서 대황제문서에 해당되는데 가장 엄격한 격식과 절차를 수반했다. 대표적인 문서가 表文과 箋文이었다.[13]

구체적인 조공제도의 근거가 되는 것이 封典이다. 책봉국 중심의 국제질서에서 조공국이 조공국으로 위상을 가지기 위해 근본적으로 책봉국이 조공국을 책봉하는 행위가 있어야 하며, 책봉에 관련된 일련의 典章을 封典이라 한다. 봉전을 통해 조공국은 고명과 인장의 수령, 奉正朔 등 관련 조공국으로서의 책무를 수행하는 것이다. 즉, 봉전은 중화라는 보편적인 사상이 지배하던 전근대에 조공국의 국왕은 책봉을 받음으로써 해당 국제질서에서 비로소 정통성을 인정받고 국가로서 공식 승인을 받아 국제사회의 일원으로써 행사하게 된다.

봉전은 황제가 皇親부터 서민에 이르기까지 功勳에 따라 책봉하는 것이며, 책봉받은 대상자들은 신분등급에 따라 친속이나 그 조상

12) 김경록,「조선시대 국제질서와 조명관계」『문화로 보는 한국사』5, 태학사. 162쪽.
13) 김경록,「명대 공문제도와 행이체계」『명청사연구』26, 2006;「조선시대 사대문서의 생산과 전달체계」『한국사연구』134, 2006. 참조.

에게 爵位名號를 承襲 내지 追崇할 수 있었다. 봉전에 대한 이해는 명초의 경우에 黃履翁은 分封之典으로 이해했으며, 명대 전반적으로 親王에 대해서는 分封之典으로 이해하거나 보다 넓은 대상에 대한 恤典으로 인식했다. 또한, 조선 등과 같은 조공국에 대한 책봉의 恩典으로 인식했다.[14] 청대는 명대와 동일한 인식을 바탕으로 종실의 封爵等級을 14등급으로 보다 세분화하는 등 발전시켰다.[15] '봉전' 용어를 분석해 보면, '封'은 황제가 親屬이나 臣僚에게 작위를 내리는 것인데, 봉하는 각종 제도를 封爵典制라 하여 명초에 제정되었으며,[16] 청대는 이를 준용하여 시행했다.

청대는 명의 봉전제도를 모방하여 보다 엄격하게 준행하도록 했으며, 특히 만주족에 해당하는 사항을 보다 강화하여 한족지배를 위한 제도적 바탕을 마련했다. 청대 법제에서 해당 관원 자신에게 봉전이 賜給되면 "授"라 하고, 曾祖父母, 祖父母, 父母와 妻室 등 생존한 자에게 사급할 때는 "封", 죽은 자에게는 "贈"이라 하였다.[17]

한중관계에서 봉전은 한반도의 국가가 중국의 封함을 받은 것으로 인식했다. 周 武王이 箕子를 朝鮮에 봉한 것으로부터 시작되어 漢 武帝가 衛滿을 外臣으로 삼는 것으로 이어졌다. 三韓시대에 王莽이 고구려 왕의 명칭을 下句麗侯로 고쳤던 것을 漢 光武帝가 다시 왕의 호칭으로 회복하였으며, 晉 安帝代 고구려 長壽王이 長史 高翼을 보

14) 『讀史記十表』 卷9, 讀建元以來王子侯者年表; 『明史』 卷233, 列傳121, 朱維京; 『皇明詔令』 卷2. 皇外考妣追封典; 『明史』 卷320, 列傳208, 外國1, 朝鮮.

15) 『光緒淸會典事例』 卷2, 宗人府, 封爵.

16) 『명태조실록』 권160, 홍무 17년 3월 계축.

17) 『乾隆會典』 卷7, 吏部, 驗封淸吏司, 世爵.

내어 封爵을 청하자 안제가 장수왕을 使持節都督營州諸軍事征東將軍高句麗王에 봉하여 왕 爵號에 官號를 더했다. 이후 後魏 明帝는 고구려 文咨王을 使持節都督遼海諸軍事征東將軍營護東夷中郎將遼東郡開國公高麗王에 책봉하였다. 백제는 東晉 義熙 12년(416)에 백제 腆支王을 使持節都督百濟諸軍事鎭東將軍百濟王에 임명하면서 봉전이 시작되었는데, 그 뒤로 간혹 樂浪太守가 추가되거나 帶方郡王이라 칭하기도 했다. 신라는 北齊 武成帝가 眞興王을 使持節東夷校尉樂浪公新羅王에 봉하면서 비롯됐다. 발해는 唐으로부터 左驍衛大將軍渤海郡王忽汗州都督에 책봉받았으며, 銀靑光祿大夫에 檢校司空가 추가되기도 했다. 그러나 발해의 封典은 일정하게 유지되지는 않았으며, 수시로 加封하기도 했다. 고려는 後周에 의해 特進簡較太保持節玄菟州都督上柱國高麗王克大義軍使에 冊封되었으며, 宋에 의해 承襲 및 책봉을 받았으며, 遼와 金으로부터 모두 봉작을 받기도 했다. 명대 조선은 봉전이 보다 정치하게 정비되어 冊命, 禪位, 誥命, 東宮 등의 책봉이 典禮화되었다. 청대 조선은 彝典에 따라 명대 봉전을 계승하여 준행했다.18)

봉전이 본격적으로 조·중관계에서 개념화되고 사용된 시점은 청의 등장과 청 중심 국제질서에 조선이 편입되면서였다. 조선은 대중국관계에서 발생하는 각종 외교문제를 범주화하고 보다 체계화하는 작업을 조선초기 『吏文』, 중기 『槐院謄錄』, 후기 『同文彙考』 등 지속적으로 추진했다.

조·청관계가 성립되면서 봉전은 그 제도와 내용을 확립되어 적

18) 『茶山詩文集』卷15, 敍, 封典考敍.

용되었다. 조·청관계의 봉전은 조선이 대청관계의 전례를 범주로 분류한 『동문휘고』를 통해 살펴볼 수 있다.[19] 『동문휘고』 원편에 수록된 사안은 封典(권1-4), 哀禮(권5-6), 進賀(권7-15), 陳慰(進香, 권16), 問安(권17), 節使(歲幣·方物, 권18-32), 陳奏(辨誣·討逆, 권33-34), 表箋式(권35), 請求(권36), 錫賚(권37), 蠲弊(권38-40), 飭諭(권41), 曆書(권42), 日月食(권43-44), 交易(권45-47), 疆界(권48), 犯越(권49-62), 犯禁(권63-64), 刷還(권65), 漂民(권66-73), 推徵(권74-75), 軍務(권76), 賻恤(권77), 倭情(권78), 雜令(권79) 등이다. 『동문휘고』에서 분류한 25개 항목은 전례를 바탕으로 조·청관계에서 발생하는 개별 사건을 범주화한 것이며 외교사안이라 정의할 수 있다.

이들 개별 25개 사안은 의례·관념적 의미만이 아니라 당시 국제정세의 급변과 국내정치의 동향을 반영한 현실 정치·외교적 의미도 있다. 봉전사안의 경우, 가장 엄격한 의례와 격식을 갖추어 절차를 준수하며 추진되어야 하면서 본질적으로 가장 민감한 현실 정치 외교사안이다. 새로운 국왕이 승인을 받는다는 것은 국내적으로 새로운 국왕의 정통성과 명분을 확립시켜 국왕의 통치력과 추진력을 확고하게 한다. 뿐만 아니라 대외적으로 책봉국은 국왕의 고명을 하사함으로써 비교할 수 없는 은혜를 베푸는 것이며, 조공국을 보다 확고하게 영향력 하에 두는 결과를 가져온다.

비록 조청관계의 자료를 바탕으로 정리한 것이지만, 조명관계와 조청관계에서 봉전의 기본적인 성격은 동일하다는 전제하에 봉전관련 외교문서는 다른 외교문서와 달리 매우 중요하여 知製敎, 大提學,

19) 김경록, 「조선후기 동문휘고의 편찬과정과 성격」 『조선시대사학보』32, 2005. 참조

提學, 文任 등이 담당했다.[20] 봉전의 세부 사안은 誥命, 建儲, 嗣位, 冊妃, 金印, 追崇 등이 있다.[21] 誥命사안은 국왕의 책봉을 주청하는 것으로 일반적으로 사위사안으로 해결되지만 개국군주 태조, 정난군주 세조, 반정군주 중종과 인조, 선조사후 한동안 고명을 받지 못한 광해군 등은 단순한 사위사안이 아니라 고명사안으로 전환되어 보다 고단한 대중국외교를 통해 해결했다.

建儲사안은 왕세자의 책봉을 의미하며 조선 내부적으로 왕위계승을 결정하는 것으로 이후 원만한 고명하사로 이어지는 중요한 사안이었다. 건저사안은 적장자계승이라는 전례적인 조건에 입각하여 추진된다면 원활한 진행이 가능하지만, 혹 조선 왕실의 사정으로 이를 벗어나는 경우에는 매우 복잡한 과정을 거치는 사안이었다.

嗣位사안은 왕이 죽으면 세자에게 承襲을 청하는 것으로 애례, 절사, 진주 등이 수반되었다. 告訃로 시작되는 사위사안은 '告昇遐表', '告哀奏', '請謚表', '進行狀咨'의 다양한 외교문서가 중국에 전달되었다.[22] 이때 표문은 주로 관련사실에 대한 아룀이나 전달의 성격이 있었으며, 주문은 구체적인 요구를 포함한다.

冊妃사안은 일반적으로 국왕의 책봉과 함께 진행되기 때문에 별다른 어려움이 없었지만, 국왕의 치세기간에 새로운 왕비의 간택하거나 폐비시키는 경우에 조중관계에서 외교현안으로 등장한다. 중국의 입장에서 왕비책봉은 별다른 정치적 관심사가 아니었기에 조

---

20) 『同文彙考』 原編, 卷1, 封典1.

21) 김경록, 「동문휘고를 통한 조선후기 외교사안 연구-원편 봉전사안을 중심으로-」 『명청사연구』32, 2009. 88~99쪽.

22) 『同文彙考』 原編, 卷5, 哀禮1. 告仁祖大王昇遐表; 告哀奏; 請謚表; 進行狀咨.

선의 요구에 따라 수용하지만, 예제에 어긋나는 경우에는 외교적 압박을 행사하기도 했다.

金印사안은 조공국이 책봉국 중심의 국제질서에 편입되었음을 책봉국이 확인하고 수여하는 인장을 수령하는 것이다. 금인은 한번 수여되면 고명을 받은 후대 국왕이 지속적으로 계승하기 때문에 매 국왕마다 하사받는 것은 아니다. 그러나 책봉국에서 인장을 일괄적으로 개조하는 경우에는 기존의 인장을 반납하고 새로 주조된 인장을 수령해야 했다. 이때는 조공국의 요청이 필요없이 책봉국이 일괄적으로 새로운 인장을 반포하였다. 만약 책봉국이 바뀌는 경우에는 이전 책봉국이 수여한 인장을 새로 등장한 책봉국에 반납하고 새로운 책봉국의 인장을 수령해야 한다. 원명교체기에 원으로부터 받았던 금인을 조선이 명에 보내고, 명의 금인을 새로 받음으로써 명 중심 국제질서에 편입되었음을 천명하였다. 이는 명청교체기도 동일했다. 또한, 책봉국에서 정변이 있어 새로운 황제가 등극하면 기존의 황제에게서 받았던 고명과 금인을 반납하고 새로 수령하기도 한다.[23)]

追崇사안은 조선의 왕실관련 인물에 대한 봉작을 요구하는 것으로 명·청의 입장에서 封贈에 해당한다. 추숭사안은 단순히 조선 국왕이 선대 인물을 추숭하는 것을 보다 천자국의 권위를 빌려 정치적 의미를 확보하는 성격이 있다. 일반적으로 추숭사안은 고부와 겸하여 진행되는데 천자국의 사위를 받지 못한 왕위계승권자 신분이었기 때문에 대리청정을 맡은 왕비나 대왕대비의 명의로 외교문서가

23) 『조선태종실록』 권5, 태종 3년 4월 갑인.

작성된다.

전근대 동아시아 국제질서의 성격에 대해 관계적 측면에서 살펴보면 전근대 동아시아는 현대적인 의미의 국제질서와 달리 엄격한 階序에 의해 형식화되고 내면화된 것으로 국제정세의 현실적인 측면과 禮的 질서를 존중하는 사상적인 측면이 공존하는 국제질서이다. 용어적으로 국제절서는 국가 사이의 관계이며, 관계를 통해 형성되는 질서이다. 고금을 통해 국가 간의 관계는 국가이익의 추구라는 속성을 가진 반면, 관계수준에 있어 평화적 관계와 대립적 관계, 그 중간의 관계 등이 존재한다.

평화적 관계는 계서적인 질서에서 중심이 되는 책봉국을 중심으로 한 국제질서에 주변의 조공국이 조공관계를 맺음으로써 책봉국 중심의 국제질서가 형성된다. 이러한 책봉국과 조공국의 관계는 조공제도의 준수를 통한 조공관계로 연결되는데, 계서적이란 의미에서 특정지역에 한 개의 국제질서가 존재하는 것이 일반적이다. 특정 시기 특히, 이전의 국제질서 중심국가가 새로운 중심국가로 전이되는 과정에 2개 이상의 국제질서가 병존할 수 있지만, 이 시기는 대체적으로 교체기라는 말로 표현되듯이 단기간에 그치는 경우가 대부분이다. 조선 개국시기의 원명교체, 조선 중기의 명청교체 등이 그러하다.

이러한 국가 간의 관계수준은 정치, 경제, 문화 등 다양한 측면이 있다. 국가 간의 관계를 다양한 측면에서 다양한 수준으로 분류하여 배열하면 정치, 경제, 문화 등 측면에서 평화적인 관계, 중간의 관계, 대립적인 관계 등이 배열된다. 평화적인 관계이든 중간의 관계이든 이들 관계는 국가 사이의 역학관계에 의해 계서적인 성격을 지니게 되며, 이의 정점에 있는 국가를 중심으로 일정한 질서가 형성되는데 이를 국제질서라 할 수 있을 것이다.

Ⅲ. 조명관계의 국제질서와 봉전의 정립

원대 이전까지 국제질서는 현실적인 국력에 의해 국가간 관계가 설정되는 격변의 국제질서였다. 국제정세를 감안하여 국익차원에서 책봉과 조공의 외교관계를 맺었다. 한편, 원대 국제질서는 중화사상을 국제체제로 형성시킨 것으로 이전의 요·금이 형성하고자 하였던 국제질서와 차이가 있었다. 이는 명의 홍무제가 원의 중국통치와 원 중심 국제질서의 형성을 근본적으로 인정하는 정통론적 입장이었던 점을 통해 확인할 수 있다. 반면에 고려는 요, 금, 몽골로부터 침략을 받고 무력에 굴복하여 일시적으로 그들에게 복종하기도 하였으나, 문화적으로는 그들보다 앞섰다는 자부심을 가졌으며, 시종 이들을 夷狄胡虜로 낮춰보았다.

송대 국제질서가 다원적으로 전환된 주요 원인 중 하나는 文治主義에 입각한 송의 군사적 무력함이었다. 그 결과 10~13세기, 동아시아는 일원적인 국제질서에서 다국가체제 혹은 다원적 국제질서로 전환됐다. 이 시기의 국가간 관계는 송, 금, 요 중심의 국제질서라 평가하기에 다원적인 성격이 많아 일원적인 국제질서는 아니었다. 군주칭호가 반드시 階序的 관계를 표현하지 않고, 조공국의 年號시행이 현실적인 국익을 위한 외교정책의 일환이었던 점에서 확인할 수 있다. 또한, 거란-송, 여진-남송 사이에 맺어진 맹약과 송의 책봉이 명분과 실리의 절충이라 평가할 수 있다. 12세기 초 송의 거듭된 책봉제의에 고려는 명목적 책봉을 받아들일 필요가 없고, 왕권의 정통성에 있어서 별다른 의미가 없어 적극적이지 않았다.[24] 고려는 대중국 인식에 있어 현실적인 측면을 중시하여 송과 동맹형 외교관계, 경제・문화 중시 외교관계를 맺었다.[25]

요, 금, 원은 강력한 군사력을 바탕으로 국제관계를 주도하였기 때문에 고려는 국가안보 확보차원에서 보다 적극적인 외교관계를 맺었다. 그러나 요・금과 원은 또 큰 차이를 보인다. 요・금은 현실적인 국력에 기반한 외교관계의 형성에 한정되었다면 원과의 관계는 현실 외교관계에 보다 관념적인 체계가 추가되었다. 원 중심 국제질서에 고려를 비롯한 주변국이 편입되어 원이 제시한 예제와 각종 법제로 정립된 외교제도를 준수하게 됐다. 원 중심 국제질서에 편입되면서 여원관계는 보다 체계화되었고, 점진적인 원의 강압적인 고려정책으로 이전 외교관계에서 존재하였던 쌍무적 관계가 원 중심의 패권적 외교관계로 전환됐다.[26]

구체적으로 원은 책봉국으로서 각종 제도와 의례를 강요했다. 황후와 황태자의 생일을 축하하는 사행의 파견, 국왕의 사후에 諡號를

---

24) 윤영인, 「10-13세기 동북아시아 다원적 국제질서에서의 책봉과 맹약」 『동양사학연구』101, 2007. 120~121; 138~140쪽.

25) 李雲泉, 「略論宋代中外朝貢關係與朝貢制度」 『山東師範大學學報』人文社會科學版, 2003년 48-2. 101쪽.

26) 전해종, 「韓中朝貢關係考 : 韓中關係史의 鳥瞰을 위한 導論」 『동양사학연구』1, 1966. 31~34쪽.

追尊하는 관례 등을 제정하고 이의 준행을 강제한 것이다.[27] 유래없는 대제국을 만들 몽골은 동아시아 국제사회에 원제국을 만들었다. 원제국은 광활한 지역과 다양한 종족을 대상으로 원활한 통치를 위해 통치기준을 만든다. 이것이 예제와 법제의 정비였다. 이를 위해 원은『至元新格』,『風憲宏綱』,『大元通制』,『元典章』,『經世大典』,『至正條格』 등 각종 법령을 제정했다.[28]

원의 통치체계는 근본적으로 몽골 우월주의에 입각하여 강압과 착취가 행해짐으로서 내부적인 반발과 대외적인 이탈현상을 초래했다. 원말 농민반란 및 조공국의 반발은 원 중심 국제질서의 붕괴로 이어졌다. 한편, 고려는 원간섭기의 조공체제를 華夷論的 천하관에 바탕을 두고 정당화했는데,[29] 이는 유학의 심화과정이 관학적 성격으로 이어지면서 원의 성리학을 도입한 고려의 지식인 계층은 원 중심 국제질서를 긍정적으로 인식했다.[30] 권문세가와 부원세력으로 인해 추락한 왕권을 재정립하고자 했던 공민왕은 원 중심 국제질서에서 변화하는 국제정세를 활용하여 이원적인 외교관계를 맺고자 했다.[31]

명대 이전 봉작제도의 변화과정을 간략하게 살펴보면 다음과 같다. 宋代는 전 왕조의 봉작을 확대하여 王, 嗣王, 郡王, 國公, 郡公, 開

27) 『고려사』 世家32, 충렬왕 34년 정월 丁亥; 世家38, 공민왕 2년 5월 乙酉; 世家33, 충선왕 2년 7월 乙未.

28) 白翠琴, 「略論元朝法律文化特色」 『民族研究』 1998年 1期. 50~52쪽.

29) 이익주, 「14세기 후반 원명교체와 한반도」 『동북아 국제질서 속의 한국사』 역사학회, 2006. 175쪽.

30) 『同文選』卷62, 上征東省書; 『櫟翁稗說』 前集1; 『稼亭集』卷8, 送金同年東陽遊上國序; 『牧隱文藁』卷9, 選粹集序.

31) 김경록, 「공민왕대 국제정세와 대외관계의 전개양상」 『역사와 현실』64, 2007. 참조.

國公, 開國郡公, 開國縣公, 開國侯, 開國伯, 開國子, 開國男 등 12등급으로 구분했다. 皇子와 그 형제는 모두 封國하여 親王이라 불렀으며, 친왕의 적장자는 嗣王으로 승습했다. 종실과 근친은 승습하여 特旨로 郡王에 봉했다. 종실의 후손은 國公에 봉했으며, 기타 近親은 郡公에 봉했다. 이러한 봉작에 따른 식읍은 封公(2천호 이상), 封侯(1천호 이상), 封伯(7백호 이상), 封子(5백호 이상), 封男(3백호 이상) 등이었다. 또한 상응하는 품급은 왕(정1품), 嗣王 · 郡王 · 國公(종1품), 郡公 · 開國郡公(정2품), 開國縣公(종2품), 開國侯(종3품), 開國伯(정4품), 開國子(정5품), 開國男(종5품) 등이었다.

遼代의 봉작은 唐制를 계승하여 왕과 5등급의 봉작제도를 시행했다. 金朝는 봉작을 王, 郡王, 國公, 郡公, 郡侯, 郡伯, 縣伯, 縣子, 縣男 등 9등급으로 구분했다. 이들의 官品은 郡王(정1품), 國公(종1품), 郡公(정 · 종2품), 郡侯(정 · 종3품), 郡伯(정4품), 縣伯(종4품), 縣子(정5품), 縣男(종5품)이었다. 원대의 봉작은 왕(정1품), 군왕(종1품), 국공(정2품), 군공(종2품), 군후(정 · 종3품), 군백(정 · 종4품), 현자(정5품), 현남(종5품) 등이었다.

조공제도는 책봉관계와 함께 고려되어야 한다.[32] 중국에서 이상적으로 생각했던 조공제도를 현실화시킨 것은 한족왕조가 아닌 몽고족의 원이었으며, 원대 제도를 계승한 명에 의해 제도화되었다. 명 이전의 송, 요, 금은 고려의 칭제에 대해 간섭하지 않았다. 이에 비하여 원대이후 현실적인 국력의 우위에 따라 고려의 칭제는 없었으며, 조공제도가 제도화된 명대에는 칭제 자체를 생각하지 못하였다.[33]

32) 조동일, 1999, 「책봉체제」『문명권의 동질성과 이질성』 지식산업사. 11~109쪽.

송대 이후 오랜 이민족의 지배를 탈피하고 한족에 의한 지배를 이룬 명은 더욱 체계적으로 중화적 세계질서(천하질서)를 형성하였으며, 이는 명의 정치적·문화적 권위와 군사력에 의해 유지되었다. 홍무제는 지정 27년(1367) 10월 북벌을 시작하며 '諭中原檄'을 반포하여 元이 天意에 의하여 나라를 얻은 것이지 人力에 의한 것이 아니며 원에 대한 천의가 다했음을 공표하였다.[34)]

이후 홍무제는 천명의 변화에 대하여 경계하고 모든 제사와 의례에 지성을 다하여,[35)] 황제로서의 독자적 권한인 祭天권한에 집착하는 모습을 보이는데, 천명을 받고 천의를 계승하는 존재로서 자신을 상정하고, 이의 구체적인 실현을 통하여 천하를 다스리고 하는 구상이었다.[36)] 이러한 홍무제의 인식은 유가사상에 입각한 질서있고, 규범적인 사회를 예제를 통하여 이루고자 하여[37)] 국가법전의 초기형태라 할 수 있는『洪武禮制』를 만들었다.[38)]

새로운 제국을 건설한 입장에서 신제국의 정통성이란 단순한 담론적 정당화만으로 확립되는 것은 아니다. 구체적인 정치체제의 확립을 위해서는 실질적인 제도화과정이 필요한데 홍무제의 경우, 이를 국내차원에서는 황제집권체제의 강화와 효율적인 행정체계의 수립에서, 대외적으로는 일시동인의 중화사상에 입가한 조공체제의 구축을 통하여 이루고자 하였다.

---

33) 박재우, 2005「고려군주의 국제적 위상」『한국사학보』20.
34)『명태조실록』권26, 오 원년 10월 병인.
35)『고려사』권42, 세가42, 공민왕 19년 5월 갑인.
36) 許振興, 1986,「朱元璋的天命選授思想」『學術月刊』1986-8. 69~71쪽.
37) 전순동, 1991,『명왕조 성립사 연구』한양대 박사학위논문. 90~95쪽.
38)『고려사』권42, 세가42, 공민왕 19년 7월 임인.

주원장에게 있어 천명은 民心과 관련된 것으로 황제는 하늘을 대신하여 養民하는 책임에 충실해야 한다고 보았다.[39] 황제의 직무로 양민한다면 직무 수행방법에 있어 천하를 군주 한 명이 다스리는 것은 불가능하였기에 효율적인 관료체계를 구축하여 신권을 대표하는 승상제를 없애고, 일원적인 통치를 효율적으로 수행할 행정체계와 문서체계를 구상하게 되었으며, 이를 통하여 천하를 통치하고자 하였다.[40]

또한, 홍무제의 국제인식은 명을 건국한 뒤 고려, 안남 등지에 전달된 중화적 세계질서를 반영한 조서와 고려의 산천에 제사지내고 세운 비문 등에서 살펴볼 수 있다.

> "옛날, 제왕의 천하를 다스림에는 무릇 해와 달의 비추는 바에 멀고 가까움이 없이 인의 동등함으로 천하만물을 바라보았다.(一視同仁, 한결같은 어진 마음으로 바라보았다.) 그러므로 중국이 편안하고, 사방이 얻는 바가 있었다."[41]

황제의 의지를 추상적으로 표현한 외교문서이지만, 위 조서를 통하여 문화의 중심인 제왕의 나라로부터 덕과 예가 퍼져나가는 것은 해와 달이 사방으로 퍼져나가는 것과 같이 자연스럽고, 사대자소라는 천하중심과 주변과의 예에 입각한 소통을 강조하고 있다.

이러한 홍무제의 일시동인에 입각한 국제인식은[42] 명 건국의 주

---

39) 전영진, 1999,「명태조의 정치사상과 군주전제의 성격」『중국사연구』5집. 97~101쪽.

40) 김경록, 2006,「명대 공문제도와 행이체계」『명청사연구』26집. 164~166쪽.

41)『명태조실록』권37, 홍무 원년 12월 임진.

도세력에 의해 보좌되었을 것이며, 중요인물을 중심으로 국제인식을 살펴보도록 한다. 특히 명의 대조선정책에 반영된 인식은 전통적인 중화사상 이외에 명 국력의 변화와 조선과의 국력 차이, 황제를 중심으로 한 통치집단의 의지 등의 요소가 구성되었기 때문이다.

명 건국주체로서 사상과 학문적 기여는 金華학파를 중심으로 이루어졌다.[43] 대표적인 인물이었던 楊維楨과 王褘는 華夷論보다 正統論의 입장에서 몽고족이 세운 夷狄정권을 인정하였다. 양유정은 歐陽修의 정통론에 근거하여 정통이란 정권 획득과 대통일이라 규정하고 비록 이적정권이지만 원나라는 송나라의 전통을 계승하였다고 인식하였다. 물론 이들의 정통론적 인식은 정치적 현실상황을 수용한 측면이 있지만, 명초 주원장의 국가운영 및 국제관계에 많은 영향을 미쳤던 학자들의 중요한 인식흐름이라 할 것이다.

홍무제의 국제인식에 큰 영향을 미친 인물은 宋濂이었다. 송렴은 국제관계을 一視同仁의 인식으로 바라보았다.[44] 홍무 3년(1370) 고려국 산천에 제사를 올릴 때 지은 조서에서 이러한 인식은 잘 보인다.[45] 구체적으로 송렴이 작성하고, 서사호가 가져온 조서를 구체적으로 살펴보면 명초 주원장과 지배층의 국제관계에 대한 인식을 찾을 수 있다.[46] 명대의 학자 何瑭은 中夏와 夷狄의 구분을 인정하되 반드시 구별되기보다는 禮儀의 고하, 道義의 유무에 따라 이적이라

42) 『明太祖文集』卷1, 詔, 免兩浙秋糧詔(洪武四年五月).

43) 이경룡, 2005, 「명초 금화학파의 화이론 형성과 변경인식」 『명청사연구』24. 201~204쪽.

44) 『宋濂全集』 「代祀高麗國山川記」.

45) 『고려사』권42, 세가42, 공민왕 19년 4월 경진.

46) 『명태조실록』권48, 홍무 3년 정월 경자.

하더라도 중하가 될 수 있으며, 반대의 경우로 중하가 물러나 이적으로 떨어지기도 할 수 있다고 인식하였다.[47] 전통적인 관념에 있어 중국의 역대 왕조는 힘보다는 덕을 중시하고, 무보다는 문을 숭상하여 문으로써 무를 통제하고자 하였다. 실제 중국이나 주변 국가는 각기 화평무사함으로 목표로 삼고, 대외정복・침략보다는 갈등예방과 현상유지, 그리고 변방의 안정에 주력하는 수비형 전략을 강조하였다.[48] 물론 이러한 대외적 인식은 주변 상황이나 정치적 상황에 따라 수시로 달라졌을 것이다.

홍무제는 원말 몽골지배층의 시대상황을 무시하고 부정부패에 젖은 통치방식은 민심의 이반을 초래하였으며, 무엇보다 원 지배의 기간을 거치면서 일반 민으로부터 관료들에 이르기까지 사회기강을 무너뜨리는 혼란스러움이 만연해 있다고 인식했다. 이를 해소하기 위해 전통적인 도덕적 관념(禮治, 德治)을 재정립하고 관원과 일반민에게 강력하게 인지시켜야 한다고 생각했다. 그 방법은 예제의 정립에 있었다. 홍무제는 명 건국과 동시에 일련의 禮制를 마련하여 건국의 당위성을 강조하고자 했다. 홍무제는 예법이 국가의 紀綱으로 예법이 바르게 되면 人志가 정립되어 아래, 위가 모두 편안해지니, 건국초기에 우선해서 정비해야 할 것으로 인식했다.[49] 가장 기본적인 황실관련 예제를 마련한 뒤 중화주의를 강화하는 예제를 정비했다. 유학을 숭상하는 태도를 보였으며,[50] 圜丘에서 天帝에게 제사했

---

47) 『魯齋遺書』卷14, 「郡人何瑭題河內祠堂記」.

48) 『皇明祖訓』 箴戒章.

49) 『典故紀聞』卷1. "太祖謂左相國徐達日 禮法國之紀綱 禮法正則人志定 上下安 建國之初 此爲先務".

으며, 祀典을 정하여 모든 제사는 이를 준용하도록 했다.[51] 황제관련 예제는 보다 확대되어 혼인, 제사, 天地山川제사, 分封제도 등이 정비되었는데, 국가의례의 핵심으로 자리잡았다. 홍무연간에 제정된 예제는 吉禮, 凶禮, 軍禮, 賓禮, 嘉禮 등 오례로 분류할 수 있다. 예제는 대체적으로 敬天사상에 입각하여 조상 및 신에 대한 경외감을 강조하는 경향, 황제권의 우월성을 확인하는 경향, 사회질서의 안정적인 유지 등 특징이 있다.[52]

홍무연간에 제정된 예제는 명 건국과 동시에 시작되어 홍무말년에 이르기까지 지속적으로 제정되었으며, 이후 명 일대에 걸쳐 祖宗成憲으로 임의로 폐지되지 못하여 지속되었으되 시대상황에 따라 일부 보완되었을 뿐이다. 이러한 점에서 명대 통치체계와 국제질서의 예제와 법제를 홍무연간 중심으로 살펴보는 의미가 있다. 예제를 정비하면서 홍무제는 보다 현실적인 강제성을 포함한 법령을 정비하여 예제에서 제시된 사상을 법률로서 보완했다. 대표적인 사례가 『大明律』의 제정과 개정이었다.[53] 국내 차원에서 예제와 법령을 정비하여 통치의 바탕을 마련한 홍무제는 황제중심의 일원적인 행정체계를 만들기 위해 公文제도를 제정했다. 엄격하게 분리된 황제문서와 관부문서는 격식에서 용지, 행이체계에 이르기까지 세밀하게 규정되어 황제의 권위를 극대화하는 효과를 가져왔다.[54]

---

50) 『명태조실록』권34, 홍무 원년 8월 정축. 관원을 파견하여 공자묘에 釋奠祭를 지냈다.

51) 『명태조실록』권36상, 홍무 원년 11월 경자; 병오.

52) 구체적인 홍무제의 예제사상 및 예제정비과정은 차후 연구과제로 한다.

53) 林起安, 「明代禮制與大明律關係初探」 福建師範大學 석사학위논문, 2013. 참조.

54) 김경록, 「명대 공문제도와 행이체계」 『명청사연구』26, 2006. 참조.

홍무연간에 명 중심 국제질서가 확립되자 홍무제의 황제로서 權威와 天命을 강조하기 위해 大宴樂의 일부로 太平清樂을 만들었다. 太平清樂의 樂章 가운데 太清歌를 살펴보면, 聖明君主가 華夷를 一統함을 경하하여 만국에서 내조하여 공물을 진헌하고, 天下의 八方, 四海, 南北東西의 모든 국가가 홍무제의 聖德에 의탁하여 국가를 보호하고 太平天下에 모두 歸一하였다는 내용이었다.[55] 특히, 殿內侑食樂을 비교하면 아래 도표와 같이 홍무연간에는 건국초기의 정통성을 강조하는 내용으로 구성된 반면에 영락연간에는 영락제의 聖德을 강조하는 내용으로 되어 있다.[56] 즉, 건국초기 명 중심 조공체제를 정립하는 과정에서 국내외적으로 中華를 계승하고 부활한 황실의 정통성을 강조함으로서 책봉국으로서의 위상을 대내외적으로 강조하였다. 던 반면에 靖難之役으로 즉위한 영락제는 건문제와 달리 자신의 聖德을 대대적으로 강조하는 내용으로 殿內侑食樂을 구성하였다.

구체적으로 명대는 봉전의 범주를 친속과 신료로 구분하고, 친속은 다시 國王과 郡王으로, 신료는 功臣의 封爵·推封·襲封, 土官의 承襲, 文官의 封贈 등으로 구분하였다. 그러나 일반적으로 부모의 관작을 계승하는 경우에 承襲이라 했다.[57] 봉전의 범주 설정에 있어 皇親, 國戚 등 친속과 공신의 일가, 문무관원 등으로 구분했는데, 친속

55) 『大明會典』卷76, 禮部31.
56) 『주례』 天官冢宰의 膳夫에 의하면 선부는 국왕의 식사를 위하여 다양한 자료, 곡식으로 음식을 준비하고, 국왕은 이를 즐겁게 먹는다고 하였다. 선부가 준비한 음식을 즐겁게 먹는 것을 樂侑食이라 하였으며, 이를 음악으로 표현한 것이 侑食樂이다.
57) 『大明會典』권6, 驗封清吏司; 卷55, 王國禮1, 封爵.

은 일원적인 황제중심 중앙집권체제를 강화하기 위한 목적에서 우대한 것이며, 공신은 황제를 보위하는 지배층으로 그 다음으로 우대한 것이다. 이들이 죄를 범하면 有司가 律文에 따라 推問하고, 議擬하여 황제에게 주문하고 재가를 받도록 법제화했다.[58]

공신의 경우, 개국 및 국가에 큰 일이 있을 때 공훈에 대한 은사로 작위와 특권을 부여받은 인물들이며, 이들은 이후 지속적으로 황제와 황실에 대한 보위세력으로 역할하는 것이 일반적이다. 그러나 홍무제는 전례없이 강력한 황제중심 통치구조를 지향하였기 때문에 공신세력을 황실의 보위세력이 아닌 위협세력으로 인식하였다. 홍무제의 이러한 인식은 胡惟庸의 옥, 劉基, 宋濂의 안치, 空引의 案, 曹國公 李文忠 독살, 魏國公 徐達 독살, 郭桓의 案, 韓國公 李善長의 죽음, 藍玉의 獄, 穎國公 傅友德의 죽음, 馮勝의 獄으로 이어지면서 주요 개국공신이 반역 및 각종 사건에 연루되어 제거되는 결과를 초래했다. 그 시작점이었던 재상 호유용의 옥은 전통적인 재상제의 폐지를 가져왔으며, 수 많은 인물의 몰락을 초래했다.

1395년(홍무 28) 2월에 발생한 宋國公 馮勝의 獄은 홍무연간 대단위 옥사 가운데 가장 뒤에 일어난 것으로 홍무제의 개국공신 세력에 대한 냉혹한 견제의 마무리였다.[59] 개국군주로서 공신세력을 제압하여 황실을 안정시킨 점에서 일정한 성과를 거두었지만, 문제는 국가를 보위하고 운영하는 중추적인 지배계층이 미약해지는 결과를 초래하였다. 이에 홍무제는 황친과 국친에 대한 안정적인 우대 뿐만

58) 『大明律直解』 名例律, 應議者之父祖有犯.
59) 『명태조실록』권236, 홍무 28년 2월 丁卯.

아니라 나머지 공신세력에 대한 보호에 관심을 가지고 이를 제도화하고자 했다. 그 첫번째 작업이 군신에 대한 형율을 제한하고자 했다. 홍무제는 국법에서 규정하는 범위를 벗어난 형을 군신에게 쓰지 못하도록 금했다. 이는 홍무제가 제정하여 반포한『대명률』을 부각시키면서 한편으로 형율의 적용에 법을 기준으로 삼는다는 보편성을 강조하는 조치였다. 한걸음 더 나아가 황친은 역모의 경우에는 용서하지 않지만 나머지 죄는 종친이 회의하여 황제의 결재를 받으며, 法司는 上奏만 할 수 있으며 마음대로 체포해서는 안되도록 지시했다. 이러한 홍무제의 지시는 典章에 새겨서 영원히 준수하도록 했다.[60]

홍무제는 명을 건국하면서 封藩制를 확립했는데, 封藩制는 홍무제의 친왕자들과 宗室을 藩王으로 임명하여 다른 공신세력이 정병을 통솔하여 전국의 요새에 주둔하는 것을 방지하고자 했다. 이는 황제중심의 일원적인 군사력 통제를 갖추기 위한 조치였다. 즉, 황실의 일원을 봉번함을써 변방을 강력하게 방비하고, 공신의 군사력 장악을 견제하고자 했다. 또한, 번왕을 통해 각 지방의 문무관리를 감시함으로써 번왕을 屏衛로 삼아 황제중심의 전제 통치권을 확보하려고 했다.

홍무제는 26명의 아들이 있었는데, 장자 朱标는 일찍 사망하였고, 막내 朱楠은 어려 봉번하지 못했지만, 나머지 24명의 아들은 각지에 分封하여 國號를 하사했다.[61] 이들 가운데 燕王, 寧王, 遼王, 谷王, 代

60)『명태조실록』권239, 홍무 28년 6월 己丑.
61)『명태조실록』권51, 홍무 3년 4월 기미.

王, 晋王, 吳王, 秦王, 肅王 등 9왕이 동북, 북방, 서방의 주요 변경지역에 분봉됐다.[62] 처음 1370년(홍무 3) 親王을 분봉하면서 우선적으로 황태자를 제외한 열번째 황자까지 친왕으로 분봉했다.

구분	대상	封典
1	長子 标	皇太子
2	二子 樉	秦王
3	三子 棡	晋王
4	四子 棣	燕王
5	五子 橚	吳王
6	六子 楨	楚王
7	七子 榑	齊王
8	八子 梓	潭王
9	九子 杞	趙王
10	十子 檀	魯王

* 출전 : 『명태조실록』권51

이들은 변방의 요충지를 방비하였으며, 통상적으로 병력을 지휘하여 군사작전을 시행하여 해당지역을 순찰하였기 때문에 塞王이라 불렀다. 9왕 이외에 齊王, 魯王, 趙王, 周王, 沈王, 伊王, 唐王, 郢王, 楚王, 湘王, 蜀王, 潭王, 岷王 등은 내지에 분봉되었다. 친왕자들을 봉번한 것은 황실의 인물들을 통해 변방을 방어하고 군사력에 대한 확고한 통제권을 확보하고자하는 홍무제의 정치, 군사전략에 의해 봉번제가 시행되었음을 알 수 있다.

홍무제의 분봉제는 구체적인 규정이 정해져 있었다. 무엇보다 적장자를 황태자를 제외한 모든 皇子를 親王으로 책봉하였다는 점이다. 이들 친왕의 적장자는 해당 親王位를 계승하여 爵位하고, 그 나머지 아들은 郡王으로 책봉하고, 군왕의 아래로 후손들은 다시 鎭國

62) 『명태조실록』권51, 홍무 3년 4월 을축.

將軍, 輔國將軍, 奉國將軍, 鎭國中尉, 輔國中尉, 奉國中尉 등으로 순차적으로 책봉됐다. 그리고 봉국중위의 적장자는 물론 그 爵位를 승습하지만, 그 나머지 아들은 통칭 宗室이라 했다. 또한, 이들 분봉제에 따른 賜給규정도 홍무초년에 제정되어 親王은 歲祿 5萬石, 별도로 庄田, 庄佃, 奴僕, 儀仗 등이 지급되었으며, 분봉제가 안정화되면서 賜給규정은 개정되어 親王은 歲祿 1만석, 郡王은 2,000석, 鎭國將軍은 1,000석, 보국장군은 800석, 봉국장군은 600석, 진국중위는 400석, 보국중위는 300석, 봉국중위는 200석 등이 지급됐다. 홍무제는 황제, 황실, 종실로 이어지는 황제중심의 권력집단을 형성하고 이를 통해 황제권을 강화하고자 했다.

분봉제는 단순한 정치적 의미 뿐만 아니라 홍무제의 군사적 지향 및 군신관계에 대한 인식을 반영하는 것으로 공신집단에 대한 견제심리가 있었다. 분봉된 친왕들은 점차 자신들이 가지고 있는 군사적 실제 세력에 비해 기존의 권력과 지위가 미흡하다고 인식하여 불만이 고조되었다. 즉, 황제중심의 일원적인 중앙집권 통치구조에서 외적의 방어를 위한 군사동원에 있어서도 황제권에 의해 통제를 받았기 때문이었다.

이상과 같이 홍무말년에 접어들어 친속과 공신에 대한 보호를 의도하는 한편, 책봉에 따른 부작용도 발생했다. 주로 책봉의 승습문제가 대두되었다. 명초부터 승습제도가 각종 문제점을 발생시키자 홍무제는 관원들의 승습에 관련하여 구체적인 법령을 제정하여 승습제도의 원활한 운영을 의도했다. 『대명률』 이율직제 관원습음조항에서 문무 관원이 父나 祖父의 職事를 襲蔭(襲: 무관이 부조의 관직을 그대로 잇는 것, 蔭: 문관이 자손에게 남긴 은택인 음직을 계승하는 것)하기에 합당하면 嫡長子·嫡長孫으로 하여금 습음하게 하였다.[63] 만약 적장자·적장손으로 죽음이나 질환 또는 간음·도적의 죄를 범하는 등 부득이한 사정이 있으면 嫡次子·嫡次孫이 습음하도록 규정했다. 만약 적차자·적차손도 없으면 비로소 庶長子·庶長孫의 습음을 허락했다. 서출 자손도 없으면 동생이나 조카 중에서 승계에 합당한 자로 하여금 습음하게 했다. 만약 서출 자손이나 동생, 조카가 차례를 어겨 습음하면 장 100, 도 3년의 형벌을 가하도록 규정했다.

이러한 공신의 봉작을 자세히 살펴보면 다음과 같다. 공신의 경우, 공신 자신이 받는 봉전을 封爵이라 하는데, 명초에 역대 제도를 참작하여 작위는 公·侯·伯·子·男의 5등급을 두었다가 뒤에 子·男은 혁파하였다. 이들 봉작은 모두 誥券을 발급하였다. 1370년(홍무 3)에 홍무제는 자신의 아들을 왕으로 봉하고, 대대적으로 공신을 책봉했다.[64] 이후 공신봉호를 정비하여 公·侯의 칭호를 '開國輔運推誠宣力武臣'으로 정했다.[65] 1393년(홍무 26)부터 공신봉호의 '開國輔運守正文臣'는 특별히 聖旨가 없으면 부여하지 않도록 하고, 공신

63) 『대명률집해』 394쪽. "武曰襲 仍其官也 文曰廕 承其餘蔭也"; 『大明會典』卷122, 優給. 한편, 예외규정으로 군관의 자손이 나이가 어려서 승습할 수 없으면 申聞하면 그 대상자의 생계를 보장해 주었다. 군관의 경우, 후사가 끊어져 승습할 수 없으면 아내와 자식에게 優給例에 의하여 쌀 5섬을 평생토록 주도록 했다. 만약 성이 다른 타인을 양자로 들여 아들로 삼아 관아를 속여 거짓으로 승습하면 양자는 장 100에 변방 먼 곳으로 보내 충군하며, 본가에서 관문으로 청구하여 받는 봉급은 그 날로 정지한다. 범죄를 교사한 타인과 공모한 관원은 모두 동일하게 처벌했다.

64) 『명태조실록』권58, 홍무 3년 11월 병신.

65) 『명태조실록』권130, 홍무 13년 3월 을묘.

이 죽은 뒤 加封하는 규정을 두었다. 永樂帝에 의해 靖難之役이 성공한 뒤 공신을 책봉했는데, '奉天靖難推誠宣力武臣', '奉天翊運推誠宣力', '奉天翊衛宣力武臣', '欽承祖業推誠奉義' 등이었다.[66] 한편, 명대 책봉은 책봉주체인 황제가 책봉대상을 구분하여 책봉문서도 차별을 두었는데, 誥封과 敕封이 그것이다.[67]

조명관계에서 봉전은 매우 중요한 사안이었다. 조선은 역성혁명 이후 1392년(태조1) 7월에 지밀직사사 趙胖을, 8월에 문하평리 趙琳을 각각 파견하여 역성혁명 사실을 통보하고 이성계를 권지국사로 승인해 줄 것을 요청했다.[68] 명은 조선의 통보에 대해 역성혁명을 인정하되 조선이 封疆을 조심하게 지키고 간사한 마음을 가지지 말라는 예부의 劄付를 보내왔다.[69] 조선의 역성혁명에 대해 주변국 상황이므로 이를 인정하지만 명 중심 국제질서 확립에 방해가 되어서는 안된다는 의미이며, 이후 지속적으로 조선에 대한 명의 외교적 압박이 확대되었다. 권지국사 승인에 이어 국명에 관련하여 조선은 예문관 학사 韓尙質을 파견하여 국호를 화령과 조선 가운데 정해 줄 것을 청하자 명은 조선으로 국명을 정하고 政事를 仁政으로 시행할 것을 통보해 왔다.[70]

이상과 같이 역성혁명과 권지국사 승인, 국명의 선정에 힘입어 구체적인 봉전을 위해 1393년(태조2) 3월에 政堂文學 李恬을 파견하여

66) 『大明會典』권6, 驗封淸吏司, 功臣封爵.
67) 김경록, 「명대 공문제도와 행이체계」 『명청사연구』 26, 2006, 129쪽.
68) 『태조실록』권1, 태조 1년 7월 정유; 8월 무인.
69) 『태조실록』권1, 태조 1년 10월 경오.
70) 『태조실록』권2, 태조 1년 11월 병오; 권3, 태조 2년 2월 경인.

공민왕대 받았던 고려국왕의 金印을 명에 附送했다. 이때 조선의 입장을 잘 표현한 것이 최영지가 전달한 외교문서였다.

> "옛날 箕子시대에 있어 이미 朝鮮이란 칭호가 있었으므로, 이에 아뢰어 陳述하여 감히 천자께서 들어주시기를 청했는데, 俞音을 곧 내리시니 특별한 은혜가 더욱 많습니다. 이미 백성을 다스리라는 말로써 경계하시고, 또 後嗣를 번성하게 하라는 말로써 권장하시니, 깊이 마음속에 느껴서 분골쇄신하더라도 보답하기 어렵겠습니다. 이것이 무릇 구중궁궐에서 천하를 다스리면서 만리 밖의 일을 환하게 보시어, 신이 부지런히 힘써 삼가함을 살피시고, 신이 성실하여 딴마음이 없음을 어여삐 여기시어, 이에 小邦으로 하여금 새 국호를 얻게 하셨습니다. 신은 삼가 마땅히 藩屛이 되어 더욱 職貢을 조심하고, 자나 깨나 항상 천자에게 강녕하시라는 축원에 간절하겠습니다."[71)]

국명이 바뀌었기 때문에 고려국왕 공민왕이 받았던 금인을 반납한 것인데, 이는 복잡한 조선의 사정이 있었다. 고려말 공민왕대 여명관계는 원활했지만, 공민왕 사후 우왕부터 명의 고명과 금인을 받지 못한 상황에서 비록 역성혁명과 권지국사를 승인받았더라도 정작 태조 이성계가 고명과 금인을 받지 못하였기 때문에 명 중심 국제질서에 정식으로 편입되었다고 할 수 없었다.

조선의 건국과 함께 조선은 명 중심 국제질서에 편입되어 안정적으로 국가승인 및 운영을 의도했지만, 명의 봉전을 활용하여 외교적 압박을 강화함으로써 조명관계의 어려움을 초래하게 되었다. 명의 대조선관계는 홍무제의 국제인식 및 대조선인식에서 기인하여 형성

71) 『태조실록』권3, 태조 2년 3월 갑인.

되었다.

조명관계에서 봉전은 분명 최대 외교사안이었다. 신생 국가 조선은 국제관계에서 최대 강대국 명을 중심으로 한 국제질서에 편입하여 조선의 정통성과 안보를 확보하고자 했다. 정통성과 안보 모두가 현실 정치적 성격이 강하지만 이에 못지않게 그 바탕은 예제였다. 예제가 제도화되면 자연스럽게 제도화하는 주체가 의도하는 현실 정치적 성격을 가지며, 국가간의 외교제도로 발전하면 국제질서가 반영되어 표현된다. 이 가운데 가장 예제분야와 정치분야를 포괄적으로 내포한 외교사안이 봉전이다.

개국직후 조선이 태조의 誥命과 조선의 印章을 청하지 못하고 홍무제의 내왕금지라는 외교적 압박 속에서 지속적으로 명에 사신을 파견하여 명 중심 국제질서에 편입되도록 외교활동을 전개했다. 결국 1395년(태조 4)에 태조의 誥命과 조선의 印章을 청하는 사행을 파견했다. 예문춘추관 태학사 鄭摠이 담당한 진주사행은 조명관계의 봉전에 대한 노력의 실질적인 시작점으로 평가할 수 있다. 정총이 전달한 申文은 역성혁명이후 권지국사 승인, 국호선정, 공민왕대의 인장반납 등 일련의 봉전관련 사항을 제시하고 홍무 26년 12월, 조선에서 전달한 표문에 이미 국호를 조선으로 고쳤음에도 권지국사라 칭한 것을 지적한 좌군도독부의 자문을 근거로 태조의 고명과 조선의 인신을 청하는 내용이었다.[72)]

조선 태조는 개국군주로서 악화된 조명관계를 개선하고 안정적으로 명 중심 국제질서에 편입되기 위해서 봉전을 달성하고자 했다. 이

72) 『태조실록』권8, 태조 4년 11월 신미.

과정에서 명의 사행거부, 釁端사건, 말 교역(貢馬), 요동과 여진족을 둘러싼 조명간 갈등, 왜구의 빈번한 침입 등 난제들이 발생하였으며, 직접적으로 조명간에 변무사건, 表箋文 사건, 법제정비, 동북방 초무, 사병혁파, 왜구방비, 부세개혁 등 각종 현안의 해결을 위해 노력했다.[73)]

〈표 2〉 여말선초 조중관계 주요 사건연표

연도	고려-조선	원-명
1352년(공민1)	정방폐지, 변발금지	강남군웅 起兵
1355년(공민4)	雙城千戶 李子春 來附	劉福通 칭제(宋)
1356년(공민5)	奇轍일파 제거, 쌍성총관부 정벌, 제주도 반란	朱元璋 吳國公 칭함
1368년(공민17)	明使 出來	明 건국, 명군 원 大都점령
1369년(공민18)	원 연호 폐지	원축출(북원), 『祖訓錄』 편찬
1370년(공민19)	명의 책봉을 받음	親王封君
1371년(공민20)	辛旽 제거	원 劉益 투항
1373년(공민22)	牟尼奴를 江寧府院大君 책봉	『大明律』 반포
1374년(공민23)	공민왕 시해(崔萬生)	
1380년(우왕6)	명에 지속적으로 사행 파견, 왜구 출몰	胡惟庸獄, 五軍都督府 설치
1382년(우왕8)	이성계 동북면 都指揮使 임명	錦衣衛 설치, 空引案
1385년(우왕11)	명의 禑王 책봉	郭桓案
1387년(우왕13)	명에 사신파견(瀋陽 流民 4만호) 북원에 사신파견(鄭夢周)	納哈出 투항
1388년(우왕14)	위화도 회군	
1390년(공양2)	尹彝-李初의 獄	
1391년(공양3)	李穡의 반발	賦役黃冊 실시
1392년(태조1)	조선개국	
1393년(태조2)	명사 黃永奇 출래, 명의 조선사행 出禁	藍玉獄, 晉王·燕王 책봉
1394년(태조3)	명의 말교역 요구, 한양천도	

73) 김경록, 「조선초기 종계변무의 전개양상과 대명관계」『국사관논총』108, 2006. 참조.

1395년(태조4)	功臣錄券 하사,『고려사』37권, 『대명률직해』간행	馮勝試『皇明祖訓條章』반포
1396년(태조5)	權近의 대명사행, 金士衡의 대마도 공격	
1397년(태조6)	鄭摠의 죽음,『경제육전』간행	
1398년(태조7)	1차 왕자의 난	윤5. 홍무제 사망
1399년(정종1)	종친-훈신이 각도의 군사를 관장 『歷代帝王混一疆理圖』도입	1월. 명 建元 연호 사용 7월. 연왕의 起兵 9월. 티무르의 7년 원정
1400년(정종2)	1월. 제2차 왕자의 난(芳幹 유배) 2월. 李芳遠의 왕세자 책봉 4월. 私兵혁파 11월. 정종의 禪位(태종)	
1401년(태종1)	2월. 佐命功臣 책봉 6월. 誥命과 金印 접수(建文帝) 10월. 慶興府 축성 : 朝明間 軍馬교역	
1402년(태종2)	1월. 宗系辨誣 재발 11월. 安邊府使 趙思義의 亂 : 李薈『八道圖』제작, 趙溫『文獻通考』가져옴, 金士衡·李茂·李薈『混一疆理歷代國都地圖』제작	6월. 永樂帝 즉위
1403년(태종3)	1월. 漫散軍 송환(3,600여명) 4월. 誥命과 金印 접수(永樂帝) 10월. 鏡城 축성 : 明使 黃儼이『元史』전달	1월. 영락제가 北平을 北京으로 개칭함 3월. 大寧을 兀良哈에게 줌 윤11월. 安南國王 책봉(胡太巡)
1404년(태종4)	3월. 吾都里 회유(上護軍, 大護軍 수여) 영락제가 宗系의 수정을 명함	4월. 조선에 農牛 10,000두 교역 요구, 11處 여진 招諭 6월. 忠順王(安克帖木兒) 책봉
1405년(태종5)	10월. 한양천도	6월. 鄭和의 南征 : 티무르 사망
1406년(태종6)	7월. 명사 黃儼이 제주도 法華寺의 彌陀三尊佛을 가져감 : 慕華館 건립	3월. 開原, 廣寧에 馬市 설치 7월. 안남 정벌

1407년(태종7)	1월. 백관의 祿科 개정 6월. 명사 黃儼이 개성 廣利寺의 千手觀音鑄像을 가져감 10월. 田民別監 파견	6월. 交趾布政司 설치
1408년(태종8)	1월. 제주에 監牧官 설치 4월. 東寧衛 漫散軍 송환, 11월. 進獻女 보냄	8월. 安南 반란 :『永樂大全』 편찬
1409년(태종9)	2월. 平壤城, 義州城 축성 윤4월. 進獻女 보냄 8월. 三軍鎭撫所 설치(義興府 개칭) 12월. 말 1만필 보냄	5월. 오이라트 順寧王(瑪哈木), 賢義王(太平), 安樂王(把禿孛羅) 책봉 7월. 타타르 北征
1410년(태종10)	2월. 兀狄哈, 吾都里, 兀良哈 慶原침입 3월. 毛隣衛 지휘 把兒遜 섬멸 4월. 慶源府를 경성으로 옮김	2월. 영락제의 타타르 親征
1411년(태종11)	6월. 文書應奉司 → 承文院	10월. 忠義王(哈密의 兎力帖木兒) 책봉
1412년(태종12)	7월. 義興府 폐지(兵曹 관할)	11월. 甘肅 경략(楊榮)
1413년(태종13)	6월. 建州衛 入朝 9월. 號牌法 10월. 道郡縣 칭호 제정	2월. 貴州布政司 설치 7월. 和寧王(阿魯台) 책봉
1414년(태종14)	4월. 六曹기능 강화	2월. 영락제의 오이라트 친정 3월. 交趾 평정
1415년(태종15)	12월. 吉州城, 永興城 완성	
1416년(태종16)	1월. 官服制 제정 5월. 講武場 설치(泰安, 橫川, 平江) 9월. 永吉道→咸吉道(永興→咸興)	3월. 오이라트 격파 : 정화의 남정(4차)
1417년(태종17)		3월. 영락제의 북방순행, 『性理大全』,『五經』,『四書』 반포
1418년(태종18)	3월. 부산의 왜인을 鹽浦, 加背梁에 분산 6월. 讓寧大君 폐위, 忠寧大君 세자 책봉 8월. 讓位	1월. 안남의 반란

위 표와 같은 조선건국 전후 각종 사건을 거치며 조명간에 봉전사

안은 조명관계의 핵심사안으로 등장했다. 태조가 달성하지 못한 봉전은 靖難之役이란 혼란상황으로 인해 태종이 수월하게 해결했다. 이후 양녕대군에서 충령대군으로 세자를 교체하는 과정은 별다른 갈등없이 봉전이 해결되었지만, 癸酉靖亂으로 즉위한 세조는 봉전을 위해 많은 노력을 경주해야 했다.

조선국왕으로서 봉전을 처음으로 해결한 군주, 태종은 봉전을 바탕으로 태종대 각종 정치, 외교, 군사적 현안을 해결했다. 태종대 주요 외교사안을 정리해 보면 다음과 같다. 2차 왕자의 난 이후 즉위한 태종은 각종 현안을 해결하기 위해 무엇보다 봉전에 주목했다. 특히, 태조대 발생한 宗系辨誣와 封典은 밀접하게 연관되어 있었다. 명 중심 국제질서에서 책봉을 받지 못한 한계는 단순한 태조 개인의 문제가 아니라 조선의 국제적 공인문제였으며, 건국 초기 조선의 최대 외교현안은 명 중심 국제질서에 안정적으로 편입되어 왕실 정통성 및 국가안보를 확보하는 문제였다. 그러나 태조대 종계문제가 발생하여 봉전을 위한 조선의 노력은 성과를 내기 어려웠다. 종계문제의 발단은 尹彝·李初의 고변사건으로 1389년(홍무22)에 윤이와 이초가 고려 이성계가 종실이 아니라 姻親인 瑤를 공양왕으로 세우고, 兵馬를 동원하여 명을 침범하고자 한다고 홍무제에게 고변한 것이었다. 이를 홍무제는 대고려, 대조선 외교압박용으로 활용했다. 이는 1373년(홍무6) 5월, 홍무제가 『祖訓錄』을 지어 고대 禹王의 가르침을 천명하며 자신의 대외인식 및 통치구상을 후손들에게 남겼다. 『조훈록』은 이후 1395년(홍무28) 9월, 『祖訓條章』으로 頒布되었으며, 한 달 뒤에 『皇明祖訓』으로 重定됐다.

"朝鮮國 卽高麗其李仁人及子李成桂今名旦者 自洪武六年至洪武二十八年 首尾凡弑 王氏四王 姑待之"[74]

결국 처음 『조훈록』이 찬술된 뒤, 한참 뒤에 윤이・이초의 고변이 있었으며, 바로 뒤이어 『조훈조장』과 『황명조훈』이 반포되어 조선의 종계문제가 수록된 것이다. 이러한 종계문제는 다시 변무의 개념과 연관된다. 즉, 태조 홍무제가 제정한 『조훈』을 함부로 후대 황제가 개정할 수는 없으며, 이를 祖宗成憲으로 계승할 수 밖에 없었기 때문에 변무하기 위해서는 지난한 국가적 노력이 필요하였다. 또한, 변무의 완성은 가능성에 있어 너무 낮아 이를 달성할 수 없었다. 기본적으로 조중간에 적용되는 변무의 개념과 종류는 奏請, 陳奏, 辨誣, 陳告 등 4가지로 구분할 수 있다. 奏請은 구체적인 요구사항을 제시하는 것으로 書册, 衣服 등 요구, 허가 요청(逆黨討伐, 互市開場 등), 册封의 요청(誥命, 册封, 嗣位, 承襲, 廢位, 改封 등) 등이다. 陳奏는 외교상 문제가 되는 사항에 대해 주문으로 犯越人에 대한 처벌, 使行의 入朝요구, 무역의 요구 등 각종 사건이나 현안에 대한 요구 등이다. 실질적인 辨誣는 誣告에 대해 사실관계를 변명하는 것으로 宗系辨誣, 四王弑害, 仁祖의 일본통교, 史書의 변무, 倭情에 대한 변무 등이 이에 해당한다. 陳告는 중국에 사실관계의 통보로 告訃가 대표적인 경우이다.

태종은 영락제의 즉위과정에서 발생한 정통성 문제를 외교적으로 활용하여 封典의 달성하고 誥命과 印信을 획득하였다. 또한, 태조대

---

74) 『皇明祖訓』 祖訓首章.

와 달리 대명외교에 있어 수세적에서 공세적으로 전략변화가 있었다. 결과적으로 태종은 왕자의 난 이후 종계변무의 어려움에도 불구하고 봉전을 달성함으로써 정치적 정통성을 확보하고 각종 정치현안을 강력하게 대응할 수 있었다.

봉전을 통해 정통성을 확보한 태종은 명과의 외교에 있어 보다 유연하고 탄력적인 입장을 취했다. 가장 대표적인 사안이 조명간 여진족에 대한 영향력 갈등이었다. 여진족에 관련한 문제는 요동문제와 연관된다. 홍무제는 홍무연간 요동경략을 본격화하여 요동도사 체제를 정비하고 몽골방어에 집중했다. 그 과정은 다음과 같다.

- 1371년(홍무4) 遼陽行省平章 劉益 투항, 遼東衛 설치, 定遼都衛 설치
- 1375년(홍무8) 재외 각처 都衛를 都指揮使司 체제로 전환(遼東都指揮使司)
- 1377년(홍무10) 遼東都司의 府縣을 衛로 전환(衛25, 州1)
- 1387년(홍무20) 大寧都指揮使司 설치(나하추 투항)
- 1388년(홍무21) 阿札失里(遼王), 塔賓帖木兒(會寧王) 투항
- 1389년(홍무23) 泰寧, 朶顔, 福餘 등 三衛指揮使司 설치

이러한 홍무연간의 요동경략은 수세적인 성격이 강하지만, 영락연간에 접어들면서 여진지역에 대한 지출이 보다 본격화되었다.

- 1403년(영락1) 賞賚정책(초무), 建州衛, 兀者衛 설치
- 1404년(영락2) 奴兒干衛 설치
- 1409년(영락7) 奴兒干都司 설치(115개 衛所 설치)
- ~1445년(정통12) 衛(184), 所(20), 地面(58)
- ~1615년(만력연간) 衛(384), 所(24), 地面(7)

영락제는 여진지역으로 진출하며 建州部의 주요 족장이었던 童孟哥帖木兒를 회유하고자 했다. 또한, 이 과정에서 조선의 북방변경에 거주하던 여진족에 대해 초무정책을 추진했다. 이에 대해 태종은 최대한 여진족을 조선의 영향력 하에 두고자 하여 명의 초무정책 및 협조에 소극적으로 대응했다. 명은 여진족 영향력을 갈등에 대해 강력하게 조선을 압박하였지만, 만족스러운 결과를 초래하지는 못했다. 다만 여진족에 대한 영향력을 확대하여 몽골정벌을 위한 군사력 증강, 배후세력 확보, 조선견제 등의 정치, 외교, 군사적 목적을 달성하고자 했다. 조선과 명의 여진족에 대한 영향력 강화과정은 결과적으로 여진족이 명의 위소체제 편입으로 결론이 나지만, 의외의 결과로 여진족의 성장을 가져왔다.

태종의 탄력적인 대명외교는 漫散軍 送還문제가 있다. 靖難之役으로 요동지역에 있던 건문제의 영향력을 받던 세력은 연왕세력과의 전투에 패해 조선으로 탈출하는 사태가 벌어졌다. 이들은 逃軍으로 분류될 수 있으며, 그 숫자는 몇 만명을 넘어갈 정도로 많은 숫자였다. 정난이 종료된 뒤 조선으로 유입된 만산군의 송환문제가 양국간에 첨예하게 등장하였을 때도 태종은 소극적인 자세를 유지했다. 이외에도 명 중심 국제질서에서 주요 교역품이었던 말교역도 당시 조명간 첨예한 문제였다. 그럼에도 불구하고 태종은 명의 정세를 활용하여 말교역에서 조선의 상황 및 입장을 적극 반영한 태도를 보여주었다.

조선건국이후 최초의 신료에 의한 군주교체였던 중종반정은 연산군의 폐정이 원인이었지만, 신료에 의한 군주교체라는 측면에서 대외적으로 명분을 어떻게 설정하느냐가 관건이었다. 특히, 명으로부터 중종의 즉위를 승인받아야했던 조선의 입장에서 신료에 의한 군주교체를 용납하지 않았던 명을 설득한다는 것은 쉬운 일이 아니었다. 역사적으로 중국의 반정은 대체로 어지러운 세상을 바로잡아 정도의 세상으로 질서를 회복하는 것을 의미하였으며, 군왕의 교체를 의미하지는 않았다. 일원적인 황제중심의 강력한 통치구조를 형성하였던 명은 황제가 아무리 暗君이라도 일정한 행정통치체계에 의해 운영되었다. 반면에 조선의 경우, 중종반정이후 반정은 대체로 君道가 상실되어 세상이 혼란스러운 것을 天命과 人心을 근거로 군주를 교체함을 결과하였지만, 반정세력을 포함한 당시의 인물들은 조선왕조에서 최초의 반정이라는 인식은 없었고, 오히려 癸酉靖難과 비교하여 靖國의 수준으로 혼란스러운 국가를 바로 잡았다고 인식이었다.

반정이후 모든 법제를 성종조의 법제로 회복하고, 경연・중궁 책봉을 마련하는 조치가 이루어지는 등 개혁작업이 비정상적으로 강화된 신권에 의해 진행되는 과정에서 가장 중요한 문제가 중종의 즉위를 명으로부터 승인받는 것이었다. 조선은 명을 국제체계에서 정치권위의 변동에 대한 책봉권자로 인정함으로서 천자로부터 군주권을 확정받는 절차(冊封)를 통해 대내적인 권위를 부여받는데, 구체적인 형식이 誥命의 하사와 수령이었다. 이 과정을 통하여 질서화된 세계를 지향하는 天의 의지(天命)의 대행자이며, 의인화된 天으로서의 중책을 부여받아 절대적 존경과 구속력을 가지게 되었다. 중종의 책봉은 정치적 정당성과 절대성을 보증받기 위해 필수적인 단계이자 절차였다.

그러나 황제중심의 중앙집권적인 통치구조가 강화된 명과 달리 신하에 의해 군주가 선택되는 擇君의 사례가 발생하였다는 점에서 중종반정은 명으로부터 인정받기 어려웠다. 이러한 상황에서 반정세력은 반정의 자기부정적인 성격이 있는 연산군의 사위와 중종의 승습이라는 대응을 하였다. 연산군의 칭병을 이유로 내세운 것은 중종반정의 정당성을 반정주체가 스스로 부정하는 모순이 있었다.

승습외교는 반정직후 신중하게 진행되었다. 사실을 은폐하지만, 중종의 승습을 달성하기 위한 사행사목이 설정되고, 황제절대주의적 통치구조를 지향하는 명의 입장을 파악한 반정세력은 신병의 문제 등 왕위계승상 문제를 강조하며 禪位하는 방식을 선택하였다. 이는 대외적으로 설득력을 가질 수 있었지만, 내부적으로 반정의 명분과 어긋나는 모순을 가지는 것으로 향후 반정세력의 약점으로 작용하였다. 외교문서의 작성이 완성된 뒤 본격적으로 진행된 사위・승습외교는 출행시기를 기준으로 명의 강경한 입장을 확인하는 1차 사행, 환관세력의 활용 및 승습의 조건을 재확인하는 2차 사행, 중종의 승습을 인정받는 3차 사행 등으로 구분할 수 있다. 명 정세에 대한 정확한 판단, 주청과정을 예상한 철저한 준비, 모든 사행의 승습사안에 대한 집중 등 초국가적인 노력의 내부적 여건과 황제의 정치적 무관심, 환관의 전제권력 행사, 행정체계의 문란, 환관을 통한 직접적인 문서전달 및 재가여건의 조성 등 외부적인 상황이 종합적으로 작용하여 승습을 받았다.

중종의 승습외교는 중종의 즉위를 인정받는다는 의미뿐만 아니라 대내외적으로 다양한 의미가 있다. 첫째, 조명관계에서 誥命이 가지는 조공책봉체제의 의미를 파악할 수 있다. 둘째, 왕위계승 및 정치적 명분의 확보라는 책봉의 국내정치적 의미를 파악할 수 있다. 셋째, 조명관계에서 중화에 대한 사대인식과 무능한 황제들에 대한 대명인식을 구분할 수 있다. 넷째, 중종반정의 역사적 의미를 되짚어보게 한다. 반정세력은 反正을 正道라 주장하면서 대명관계는 權道로 진행하였다. 이러한 반정직후 대명 사위승습 외교활동은 사관의 사론에서도 비판되었으며, 이후 반정공신세력에 대한 윤리문제로 확대되었으며, 반정세력의 정체성 및 부적절한 대명관계의 전개라는 평가를 받기도 하였다. 특히, 중종의 즉위를 선위의 교대처럼 외교문서를 작성하여 승습외교를 하였으며, 조명관계에 위선적이었다는 비판이 제기되기도 하였다.

대외관계는 국내 정치의 외적표현이므로 중종반정과 이후 전개되는 정세변화는 조명관계와 밀접하게 연관되며, 특히 조선의 통치체계에 중심이었던 국왕이 폐정으로 名分과 禮를 상실한 경우에 군주의 교체가 신료들에 의해 제기된 상황에서 국제적으로 보다 명확한 명분과 정당성을 확보하기 위한 중종의 승습외교는 조선중기 조명관계의 흐름을 가늠하게 하는 단서가 된다. 신료에 의한 군주의 교체는 당시 명의 국가운영측면에서 용납되기 어려운 상황이었기 때문에 역사적 사실을 은폐하고 반정의 역사적 명분을 대외적으로 천명하지 못하는 이율배반적인 측면이 있었지만, 현실적으로 승인을 받을 수 있는 사위와 승습의 방법을 선택하였다. 한편으로 박상 등의 문제제기는 중종의 즉위과정에서 내포하고 있던 명분적 손상과 현실적 대립이 사림의 言官權이 확대되면서 사실로 노정된 것이다.

중종의 승습외교는 반정직후 정치적 상황하에서 제기되었던 대명관계의 외교정책이었지만, 명분과 현실적인 측면에서 전개과정부터 다양한 문제를 내포하였으며, 국왕과 신료의 권력문제와 연관되어 복잡하게 진행되었다. 이는 중종반정의 역사적 의미를 새롭게 분석할 수 있는 단서가 되며, 이후 사림의 등장과 언관권의 강화과정과 연관되어 중종대 역사상을 보여준다. 승습에 대한 평가가 새롭게 조명되는 시점을 전후하여 趙光祖, 金湜, 朴薰 등이 추천되어 중앙정계에 등장하고, 사림이 대간층을 중심으로 본격적으로 진출하였다는 점에서 중종의 승습외교는 국내적으로 천명과 명분을 중시하는 조선 정치사상계의 변화와 군신권력 관계의 변화, 대외적으로 조공책봉의 사대관계 하에서 현실적인 외교목적을 달성하려는 총체적인 외교활동의 결과라고 할 것이다.

조명관계에서 봉전은 원명교체 이후 새로운 명 중심 국제질서를 형성하고 책봉국으로서 일원적인 황제중심의 중앙집권체제를 구축하고자 하였던 홍무제의 의도에 의해 제도화되고 시행되었다. 신생국 조선은 명 중심 국제질서에 편입되면서 봉전사안을 대명관계의 최대 현안으로 인식하고 국력을 동원하여 해결하고자 하였지만, 시대상황에 따라 많은 우여곡절을 경험했다. 건국초기 조명관계의 악화와 각종 사건의 발생 그 기저에 봉전사안이 잠재해 있었으며, 책봉국으로서 명의 대외인식과 정책이 반영된 결과였다. 조선은 조공국으로서 조공제도를 준수하되 국가의 안정과 왕실의 권위를 위해 지속적으로 봉전사안의 원활한 해결을 위해 노력했다.[75)]

Ⅳ. 조청관계의 국제질서와 봉전의 계승

명청교체는 동아시아 국제질서를 급격하게 변화시켰다. 누르하치는 1583년 기병한 이후 1589년 건주여진을 통일하여 만주족의 통합을 달성하고,[76] 1593년 葉赫部 등 9部연합군의 공격을 격퇴하고, 1598년 瓦爾喀(Warka)部를 정복하고 인원을 복속시켰으며, 1603년 허투아라(赫圖阿拉)지역으로 이주,[77] 1607년 布占太(Bujantai)을 공격하여 烏喇兵을 패배시키고 조선에 유입된 와라부의 인민을 돌려줄 것을 요구했다.[78] 1616년(광해군8) 후금을 건국한 누르하치는 '七大恨'을 천명하고 征明戰을 벌였으며, 1618년 무순과 청하를 함락시키며 승승장구했던 후금은 1619년 深河전투에서 조・명연합군을 대패시켰다. 명은 1618년 楊鎬를 경략으로 임명하여 후금토벌의 총책임을 맡겼으며,[79] 조선으로 하여금 파병을 강요하여 姜弘立과 金景瑞가 이끄는 13,000명이 참전했다. 1619년 2월 허투아라를 향해 조명연합군 10여만명의 병력이 4개 부대로 分進合擊했지만, 후금의 병력집중에 의한 각개격파에 의해 대패했다. 이후 1621년 遼陽과 瀋陽일대를 점령했다.[80]

---

75) 김경록,「中宗反正이후 承襲外交와 朝明關係」『한국문화』40, 2007. 참조.

76) 李景蘭,「試論后金政权的性質」『社會科學輯刊』1980-6. 95쪽. 후금은 국가형성과정에서 민족통일이후 점진적으로 노예제 정치기구의 국가형태를 띠고, 이후 군사민주제의 잔재가 남은 정치제도를 형성했으며, 성문법의 법률제도를 갖추어 병농일치의 팔기군대를 보유함으로써 장차 淸으로 발전하는 사상의식과 풍속습관을 갖추었다.

77) 張瑞文,「赫图阿拉-後金第一都」『百科知識-上』, 2006. 51~52쪽.

78) 『청태조실록』권2, 무술 정월; 정미 정월; 기유 2월 계축.

79) 『명신종실록』권568, 만력 46년 4월 무오.

광해군대 조명관계는 국왕 광해군의 책봉문제와 정치적 갈등, 국경무역을 비롯한 경제적 갈등 등으로 분석할 수 있으며, 명의 대후금 출병을 둘러싸고 명과의 갈등, 심하전투의 패전과 그 여파, 명의 재징병 요구와 조・명간 긴장관계 등 갈등과 긴장의 연속이었다.[81] 이 과정에서도 후금은 전반적인 국세에 있어 명과 비교하여 현저한 열세에 있었기 때문에 적극적으로 요동의 한인을 흡수하여 토지를 분배하고 歲役을 부과하는 등 우대함으로써 한족의 귀순을 장려했다.[82]

1623년(광해군15) 3월 金瑬, 李貴, 李曙, 崔鳴吉 등 서인이 주도한 인조반정은 대내적으로 廢母殺弟와 토목공사로 인한 민생도탄을, 대외적으로 명에 대한 再造之恩을 배신하고 오랑캐와 화친한 것을 명분으로 발생했다. 인조반정의 대외관계사적 의미는 광해군대 명・청 사이에서 양단외교를 통해 외교범주를 넓히고자 했던 조선의 외교정책이 명 지향으로 전환되었으며, 인조반정을 찬탈로 규정하면서도 인조를 책봉하여 후금과의 군사대결에 조선을 적극 활용하고자 하였던 명의 군사・외교적 목적에 동원되는 결과를 초래한 점이다. 또한, 청에 투항한 명의 장수와 관료들은 청의 정치적, 군사적 역량을 증가시키는데 크게 기여했다.[83]

인조대 조・후금관계에서 모문룡문제는 갈등의 근본 원인이었다. 모문룡은 椵島에 5~6만의 병력을 보유하여 후금을 위협하면서 조

---

80) 孫文良,「論明與後金的遼瀋之戰」『社會科學輯刊』1980-5. 83쪽.
81) 한명기,『임진왜란과 한중관계』역사비평사, 1999. 참조.
82) 김두현,「요동지배기 누르하치의 대한인정책」『동양사학연구』25, 1987.
83) 한명기,「17세기 초・중반 조청관계와 貳臣」『북방사논총』8, 2005. 247~249쪽.

선과의 분쟁을 유발하기도 했다. 후금세력에 대한 대비로 군사력을 집중시켰던 이괄이 반정공신책봉에 반발하여 이괄의 난을 일으켜 조선은 반정직후 내분에 휩싸였다. 이괄의 난을 진압하면서 도원수 韓明璉의 아들 韓潤이 후금으로 탈출하여 姜弘立에게 후금군사의 출동을 권유했다. 강홍립과 朴蘭英 등이 1626년 군사를 동원할 계획을 세웠지만 실행되지는 않았다. 조선은 강홍립의 아들 姜璹과 박난영의 아들 朴雲을 후금에 보내 이를 무마하고, 하삼도의 병력을 양계에 배치하여 전쟁에 대비했다.

1626년 5월 누르하치의 죽음은 대명전쟁에 보다 강경한 홍타이지(皇太極)의 즉위로 이어졌다. 명・후금의 전황은 명 經略 袁崇煥이 광녕을 진압하는 등 일시적으로 명의 상승세가 있었다. 이 기간 명에 사행했던 역관 韓瑗은 원숭환의 요청으로 원숭환의 군진에서 명・후금의 전투상황을 문견하기도 했다. 1626년 寧遠敗戰은 명・후금간 전쟁의 잠정적인 소강기를 초래했는데, 후금은 요서의 명군 동향에 민감하게 반응하며, 후방의 가도와 조선에 대해 경계했다.84)

조선은 인조반정으로 서인정권이 광해군의 외교정책을 비판하고 성리학적 명분론을 내세워 친명정책을 취하였으며, 명은 국내의 혼란과 후금의 대대적 공세로 국가 위기상황이었다. 조선이 명 중심 국제질서를 강조하며, 후금에 대해 적대적인 자세를 취함으로써 정묘호란을 초래한 이유는 조・후금관계, 조・명관계, 명・후금관계 등에서 다양한 요인이 있었지만, 인조반정의 승인여부가 적지 않은 의미가 있다.85) 인조반정 이후 서인정권의 정통성을 확보하고, 전통적

84) 『청태종실록』 권2, 天聰 원년 3월 신사.

인 조명관계를 회복함으로써 조선의 대후금정책에서 유일한 선택만을 가져야 했던 시대상황을 초래했으며, 정묘호란이후 여전히 명 중심 국제질서에 존재하며 긴장의 조후금관계 및 사행을 지속한 가장 정치적, 사상적, 외교적 이유였기 때문이다.

1627년(인조5) 후금은 가도의 모문룡을 정벌하고 아울러 조선의 징계한다는 명분으로 조선을 침략했다. 홍타이지는 조선이 누대로 후금에 죄를 지었고, 모문룡이 가도에서 주둔하여 후금을 습격하고 한인의 반란을 부채질하여 환란을 제거하기 위해 출병한다고 했다.[86] 후금의 기병부대는 조선군의 방어를 무색하게 만들고 수도 한양을 목표로 신속하게 진격하였지만, 조선이 근왕병을 모으고 세자의 분조를 만드는 등 일정한 대비책을 마련하면서 군량과 후반차단의 가능성이 제기되면서 후금 지휘부는 일면 화친을 제안하고 일면 진격하는 양면군사작전을 시행했다. 조선은 후금군에 대한 현실적인 항전이 불가능하다는 판단을 하였으며, 조선과 후금의 입장이 합일점을 찾게 되면서 결국 강화도에서 맹약이 체결됐다.

누르하치와 홍타이지는 후금에서 청으로 국가체제를 전환하기 전까지 조선, 명, 몽골 등과 군사외교를 할 때 빈번하게 맹약을 맺었다. 누르하치시기에 여진족 내부의 각 부락을 정벌 및 혼인을 통한 맹서를 통해 통일을 완성했다. 대외적으로 명에 대해서는 명의 경계심을 완화하기 위해 명과 修好를 맺고, 몽골에 대해서 혼인을 통한 연합을 발전시켜 맹약을 맺었다. 정묘호란시 후금의 阿敏은 조선을 압박하

---

85) 김경록, 「조선의 대청관계 인식과 외교체계」 『이화사학연구』37, 2008. 152~153쪽.
86) 『청태종실록』권2, 天聰 원년 1월 병자.

여 맹약을 맺도록 강요했다. 후금(청)은 입관이전까지 대외적으로 맹서를 활용하여 군사외교를 전개했는데, 맹서는 후금의 정치, 군사적 발전과정에서 연유한 것이자 사회통합의 한 방편으로 가장 유용했던 수단이었다.[87] 물론 맹서는 후금에서 청으로 이어지는 군사활동이 가장 유용한 질서확보의 수단이었을 때 상대국이나 세력에 강요되었지만, 청이 이미 지배세력으로 국제질서의 중심이 되면서 보다 안정적이고 제도화된 조공과 책봉의 관계를 정법으로 강제했다.

누르하치시대의 조・후금관계가 평등의 관계였다고 한다면 정묘호란이후 체결된 맹약을 통해 실질적으로 조선은 후금에 사신을 파견하여 納貢하고, 군비의 건설을 정지하는 등 전반적으로 조선의 대명관계를 모방하여 구체적으로 조선을 제약하는 내용이 포함했다. 명분상으로 형제지맹을 체결했지만, 엄연하게 계서적인 측면이 존재했다.[88] 또한, 정묘호란의 결과 체결된 강도약서와 평양약서의 경우, 많은 문제점이 있었지만, 세폐의 개념이 강요된 점으로 보아 후금은 조선을 군사적으로 정벌하고 승리에 따른 전리품 개념으로 세폐를 요구한 것이며, 조선은 통상적인 예물의 개념으로 이를 받아들이고자 했다.[89]

한편, 조선은 명에 후금과 맹약을 체결하게 된 정황을 설명하여 대

87) 鄭微, 「論清入關前盟誓根源」 『邊疆經濟與文化』97期, 2012-1. 51~52쪽.

88) 宋慧娟, 侯稚文, 「論後金朝鮮“兄弟之盟”的性質」 『長春師範學院學報』22卷2期, 2003. 49~50쪽.

89) 芮忠漢, 「“澶淵之盟”的歷史意義」 『殷都學刊』3, 1994; 「談“澶淵之盟”」 『中國社會科學院研究生院學報』5, 2002; 이석현, 「‘澶淵의 盟’의 성립과 宋人의 認識」 『동북아역사논총』26, 2009; 박지훈, 「송요간의 전쟁과 和議澶淵의 전역과 맹약을 중심으로」 『동북아역사논총』34, 2011 참조.

명관계에서 발생할 수 있는 외교적 마찰을 방지하고자 했다. 인조가 명에 보낸 주문은 정묘호란이후 조명관계, 조・후금관계 및 사행에 대한 조선의 입장을 살펴볼 수 있는 자료이므로 이를 좀 더 자세히 살펴본다. 인조는 처음에 회유하였지만 상황이 절박하여 후금과 화친할 수밖에 없었던 정황을 설명하고, 전후 사정을 進達한다는 서론적인 언급을 먼저 한 뒤, 후금군의 침략과정과 조선군의 항전을 상세하게 평안도 도순찰사 尹暄, 도체찰사 張晩의 치계내용을 근거로 설명했다.

결국 강화도에서 盟誓文을 작성하여 조선이 화친을 체결하게 되었음을 밝히고 맹서문을 수록하여 후금과 화친하되 명 중심의 국제질서에서 벗어나지 않았음을 분명하게 전달했다. 인조는 후금의 대명전쟁 도발이 금수와 같은 행동이며, 강을 사이로 지척이었던 조선을 침략하여 종사의 위태로움에 후금과 화친을 맺게 되었지만 인조 자신은 臥薪嘗膽하여 명에 대해 사대관계를 지속할 것이라는 다짐을 보여주었다.[90]

정묘호란이후 홍타이지 치세의 후금은 요동과 만주에서 인적자원을 최대화시켜 정명전쟁에 투입하였으며, 여진족 특유의 군사・사회체제를 전시상황에 맞도록 전환함으로써 전쟁에 동원되는 모든 국력을 최적화했다. 이에 반하여 명은 내부의 혼란과 부패로 인해 대후금 전선의 패배를 자초하고 사회체제의 모순으로 인해 이자성의 난과 같은 농민반란으로 북경이 점령되는 사태를 맞았다. 후금은 청으로 국호를 개정하며 맹약의 관계에 있었던 조선을 명 중심 국제질

90) 『인조실록』권16, 인조 5년 4월 정유.

서에서 청 중심 국제질서로 편입시키기 위한 대규모 전쟁, 병자호란을 일으켜 조선을 침략했다.

청대 봉전은 구체적으로 명대 봉전을 계승하여 확대시킨 점에서 명대 봉전과 큰 차이점을 찾을 수 없다.[91] 조청관계에서 봉전은 『동문휘고』의 봉전을 통해 그 전체를 살펴볼 수 있다. 『동문휘고』의 봉전은 책봉국의 천자가 신하 및 그의 조상에게 爵位의 名號를 賜給하는 榮典을 의미하며, 조선이 중국의 천자로부터 爵位를 賜給받는 내용이다. 封典은 곧 중국의 조공체제에 포함됨을 의미하며,[92] 조선의 입장에서 宗統의 궁극적 근거를 제공한다. 종통논쟁은 왕권의 정통성을 辨定하는 것으로 정국변동에 중요한 원인이다. 또한 다른 정치 현안과는 달리 장기 지속되는 속성을 가진다.[93] 실제 조선후기에 발생하였던 昭顯世子의 죽음과 孝宗의 世子册封, 숙종대 景宗의 元子定號와 己巳換局, 仁顯王后의 復位와 甲戌換局, 景宗 世子廢位 논의와 老·少論의 갈등, 영조의 世弟册封과 辛壬獄事, 영조대 思悼世子의 죽음과 世孫册封으로 이어지는 정국변화는 왕권의 정통성과 왕위계승에 밀접하게 연관되어 있으며, 최종 매듭은 대외적인 봉전에 의해 결정되었다. 이러한 측면에서 봉전은 의례적으로 전개되는 사안이 아니라 가장 첨예한 정치성을 가지는 사안이며, 왕실과 정치세력은 이를 명확하게 인식하였다.

조선의 대청관계에서 봉전관련 사행은 奏請, 謝恩, 陳奏使行이며, 사행이 매우 중요하여 부견하는 사신이 가장 높은 직급을 가지거나

91) 이는 2장을 참조하기 바란다.
92) 『선조실록』 권84, 선조 30년 1월 계사.
93) 이영춘, 『조선후기 왕위계승 연구』, 집문당, 1998, 12-16쪽.

結銜을 시행하기도 했다.[94] 『동문휘고』 원편 봉전은 '建儲(世子冊封)', '嗣位', '王妃冊封', '金印下賜', '追崇' 등의 세부사안으로 구성되었다. 建儲사안은 효종의 請冊封世子, 현종의 請冊封世子, 경종의 請冊封世子, 영조의 請冊封世弟, 영조대 孝章世子와 思悼世子의 請冊封世子, 정조의 請冊封世孫, 순조의 請冊封世子 등 8건이며, 嗣位사안은 효종의 請世子嗣位, 현종의 請世子嗣位, 숙종의 請世子嗣位, 경종의 請世子嗣位, 영조의 請世弟嗣位, 정조의 請世孫嗣位 등 6건이며, 王妃冊封사안은 숙종대 仁敬王后 金氏의 죽음과 仁顯王后 閔氏의 請繼封王妃, 仁顯王后 閔氏의 폐위와 禧嬪 張氏의 請改封王妃, 仁顯王后 閔氏의 請王妃復位, 仁元王后 金氏의 請繼封王妃, 영조대 정순왕후 김씨의 請繼封王妃 등 5건이며, 金印下賜사안은 효종대 禮部換頒清漢字金印咨, 영조대 清漢篆體金印襲封時另鑄換頒 등 2건이며, 追崇사안은 정조 초년의 請追崇 1건이다. 이들 세부사안들은 일정한 관련성을 가진다. 왕세자의 책봉에서 시작되어 국왕의 사망과 새로운 국왕의 책봉(조선의 입장에서는 嗣位), 왕비책봉, 금인하사, 추숭까지 이어진다.

조청관계에서 建儲는 왕세자의 책봉으로 조선의 왕위계승에 있어 가장 중요한 사안이었다. 숙종이 나이어린 경종을 왕세자로 책봉하고 이를 중국에 요구한 丙子 請冊封世子奏文의 경우는 "朝鮮國王臣姓諱謹奏爲請封儲貳事"를 문서제목으로 작성하여 전달하였다.[95]

---

94) 김경록, 「동문휘고를 통한 조선후기 외교사안 연구-원편 봉전사안을 중심으로-」 『명청사연구』32, 2009. 86쪽.

95) 『同文彙考』 原編, 卷2, 封典2. 丙子 請冊封世子奏. 互陳奏. 奏文은 崔錫鼎이 짓고, 徐文重이 사신으로 파견되었다.

이러한 建儲는 왕세자책봉이 주 대상이지만, 경종대 世弟책봉, 영조대 世孫책봉과 같은 예외적인 건저가 발생하여 일반적인 봉전과정을 진행하기 어려운 경우도 있었다. 이러한 경우, 조선은 봉전을 陳奏와 哀禮 등과 연관시켜 인식하고, 다양한 외교활동을 전개하여 외교목적을 달성하였다.

건저사안은 효종에서 영조까지 5명의 국왕이 왕세자시절 책봉과 영조대 孝章世子, 思悼世子, 정조(世孫) 등이 있어 전체 8건이다. 일반적인 사행이 4개월인 것에 비해 건저사안은 적게는 1개월이상, 많게는 6개월이상 시간이 더 소요되었다. 특히, 숙종대 나이어린 경종을 세자로 책봉하는데 두 차례의 사행파견과 10달이상의 시간이 소요되어 책봉외교가 매우 어렵게 전개되었음을 알 수 있다. 조선은 건저를 진주와 연계시켜 진주의 특징인 구체적인 요구사항을 내세우고('奏請'), 외교상 문제가 되는 점에 대해 오해를 사전에 제거하는('陳奏') 외교활동을 전개하였다.

嗣位는 왕이 죽으면 세자에게 承襲을 청하는 것으로 영조와 정조처럼 각각 世弟와 世孫으로 嗣位를 청하는 예외적인 경우도 있었다. 사위는 告訃로부터 시작되는데, 告訃는 承襲으로 이어지며, 승습의 주체는 승하한 국왕의 왕비가 된다.

책비의 경우, 조선후기 숙종과 같이 네 차례의 왕비책봉은 관련 문서만 보더라도 仁顯王妃의 復位를 요구할 때는 많은 분량의 문서가 소요될 정도로 외교활동이 있었다.[96] 왕비책봉의 사례는 仁敬王后

96) 『同文彙考』 原編, 卷1, 封典1. 辛酉 請繼封王妃奏; 己巳 請改封王妃奏; 卷2, 封典2. 甲戌 請王妃復位奏; 壬午 請繼封王妃奏.

金氏의 죽음으로 인하여 仁顯王后 閔氏를 책봉하는 경우, 仁顯王后 閔氏를 폐하고 禧嬪 張氏를 왕비로 책봉하는 경우, 仁顯王后를 복위시키는 경우, 仁顯王后의 죽음으로 인하여 仁元王后 金氏를 책봉하는 경우 등이다.[97] 한편, 왕비책봉은 단순한 왕비를 봉전하는 의미뿐만 아니라 향후 왕위계승자의 종법적 명분을 사전에 마련한다는 의미에서 중요하게 인식되었다.

金印은 황제와 고급관원의 印璽, 印章으로 관직에 공식적으로 封爵됨을 의미한다. 병자호란이후 청 중심의 조공체제에서 조선국왕은 황제로부터 금인을 하사받음으로서 조선국왕의 권위를 인정받게 된다. 청은 건국이후 지속적으로 각종 금인의 印文을 滿字, 漢字, 滿漢字 등으로 개정하였으며, 개정시 조선에 하사되었던 금인을 회수하고 새로 주조한 금인을 하사하였다. 특히, 국가적인 경하가 있으면 금인을 새로 주조하기도 하였다.[98] 금인의 하사는 조선국왕의 봉작에 관련되었기 때문에 조선은 '金印下賜'를 봉전으로 분류하였다.[99]

추숭은 사망한 이를 높여 봉작하는 경우로 왕실의 권위와 밀접하게 연관되어 있었다. 정조에 의해 孝章世子와 孝純王后를 추숭하는 사례로 국내적인 의미보다 대외적인 공인을 획득하고자 하였던 점에서 주목된다. 실제 조선후기 수 많은 추숭이 있었지만, 청의 추숭

---

97) 『同文彙考』 補編 卷33, 陳奏1. 庚申 請繼封王妃奏; 己巳 請改封王妃奏; 甲戌 請王妃復位奏; 辛巳 請繼封王妃奏.

98) 『同文彙考』 原編 卷4, 封典4. 甲申 請世孫嗣位奏; 禮部抄錄勅使饋遺減半等上諭及換頒印信原奏咨; 換頒金印原奏; 盛京禮部抄錄禮部遣官册封賜祭諡頒討平詔換金印賜追諡原奏咨; 原奏; 回禮部換頒金印咨.

99) 『同文彙考』 原編 卷1, 封典1. 癸巳 禮部換頒淸漢字金印咨; 卷3, 封典3. 戊辰 禮部知會淸漢篆體金印襲封時另鑄換頒咨.

승인을 받았던 사례는 드물다. 그러나 정조는 영조 사후에 즉시 효장세자를 추숭하면서 함께 思悼世子의 尊號를 莊獻로, 수은묘의 封號를 永祐園으로, 사당을 景慕宮으로 하였다. 추숭이지만, 국왕을 시호를 올리는 것이므로 봉전이 필수적이었다.

V. 맺음말

이상과 같이 조선시대를 중심으로 전근대 동아시아 국제질서와 봉전에 대해 살펴보았다. 전근대 동아시아 국제질서는 현실 정치·군사력에 의해 형성되고 운영된 국제질서가 아니라 비록 국제질서의 형성과정에 물리적인 역학관계가 작용하지만, 예제에 바탕한 명분과 조공제도에 의해 운영되고 작동되었다. 지리적 개념에서 시작되어 종족개념으로 확대되고 문화개념을 포괄하면서 중화개념이 국제질서를 규정하였으며, 구체적인 제도화의 과정에서 조공개념이 현실화됐다. 조공개념은 조근과 헌공의 개념에서 시작되어 사행과 공물이란 제도를 도출했다.

전근대 동아시아 국제질서에서 가장 예제적인 성격을 가진 봉전은 봉작, 봉증, 봉습의 형태로 나타나는데, 현실 정치에서 봉전은 대외적으로 책봉국과 조공국의 관계를 위계적으로 설정하며, 국내적으로 국왕의 정통성과 권위를 인정받아 통치의 명분이 된다는 점에서 가장 정치적인 사안이었다. 이러한 점에서 역대 한중관계에서 봉전은 중요하게 인식되었다. 특히, 명대 홍무제에 의해 성립된 봉전제도는 다른 시대에 비해 매우 정밀하고 예제적인 성격이 강했다. 외교는 내치의 외적 표현이라는 점에서 홍무제의 봉전제도 제정은 원명교체기 국내적으로 일원적인 황제중심 중앙집권적 통치구조를 형성하고 명 중심 국제질서를 안정적으로 유지하기 위해 정리되었다.

조명관계에서 조선은 역성혁명의 정당성을 인정받고 신생 조선의 안정적인 유지를 위해 봉전사안에 민감하게 대응하였다. 봉전사안을 둘러싼 조명간의 갈등과 충돌은 종계변무사건, 표전문사건, 고명사건 등으로 이어지면서 긴박하게 전개되었다. 또한, 책봉국으로서 명의 정변은 봉전사안에서 예제적 명분을 상실한 점에서 태종대 상대적으로 수월하게 봉전이 해결되었다. 그러나 중종반정과 같이 조선이 예제적 명분을 상실한 경우는 대명관계에서 봉전사안이 많은 난제를 가지기도 했다.

명청교체와 함께 형성된 조청관계에서 조선은 상대적으로 봉전에 원활한 전개를 보였지만, 건저, 책비, 사위, 추승, 금인 등 다양한 세부 봉전사안에 있어 시대적 상황이 반영되어 전개되었다. 조선의 입장에서 소현세자의 죽음과 효종의 즉위, 숙종대의 책비, 청대의 독특한 금인제도에 따른 금인문제 등 다양한 형태로 봉전이 조청관계에서 등장했다. 조선시대 조중관계와 국제질서를 이해하는데 봉전은 가장 핵심적인 사안이라 할 것이며, 봉전사안과 연관된 다른 사안까지 포함한다면 조중관계와 조선시대 국제질서를 살펴보는 잣대가 된다.

참고문헌

1. 사료

『讀史記十表』, 『明史』, 『皇明詔令』, 『皇明祖訓』, 『宋濂全集』, 『명태조실록』, 『典故紀聞』, 『大明會典』, 『大明律集解』, 『청태조실록』, 『乾隆會典』, 『光緖淸會典事例』, 『同文彙考』, 『高麗史』, 『同文選』, 『櫟翁稗說』, 『稼亭集』, 『牧隱文藁』, 『魯齋遺書』.

2. 단행본

계승범, 『조선시대 해외파병과 한중관계』 푸른역사, 2009.
권선홍, 『전통시대 동아시아 국제관계』 부산외국어대학교출판부, 2004.
김한규, 『고대중국적세계질서 연구』 일조각, 1982.
박충석 · 유근호, 『조선조의 정치사상』 평화출판사, 1980.
이삼성, 『동아시아의 전쟁과 평화』1, 한길사, 2009.
이영춘, 『조선후기 왕위계승 연구』, 집문당, 1998.
이춘식, 『중화사상』 교보문고, 1998.
조동일, 『문명권의 동질성과 이질성』 지식산업사, 1999.
한명기, 『임진왜란과 한중관계』 역사비평사, 1999.

3. 연구논문

강정인, 안외순, 「서구중심주의와 중화주의의 비교연구」 『국제정치논총』, 2000.
권선홍, 「유교문명권 국제관계 : 책봉제도를 중심으로」 『한국정치외교사논총』 31-2, 2010.
권선홍, 「유교문명권의 국제관계사상」 『국제문제논총』9, 1997.
권선홍, 「유교의 예(禮)규범에서 본 전통시대 동아시아국제관계」 『한국정치외교사논총』35-2, 2014.
김경록, 「공민왕대 국제정세와 대외관계의 전개양상」 『역사와 현실』64, 2007.

김경록, 「동문휘고를 통한 조선후기 외교사안 연구-원편 봉전사안을 중심으로-」 『명청사연구』32, 2009.
김경록, 「명대 공문제도와 행이체계」 『명청사연구』26, 2006.
김경록, 「조선시대 국제질서와 조명관계」 『문화로 보는 한국사』5, 태학사.
김경록, 「조선시대 사대문서의 생산과 전달체계」 『한국사연구』134, 2006.
김경록, 「조선초기 대명외교와 외교절차」 『한국사론』44, 2000.
김경록, 「조선초기 종계변무의 전개양상과 대명관계」 『국사관논총』108, 2006.
김경록, 「조선후기 동문휘고의 편찬과정과 성격」 『조선시대사학보』32, 2005.
김경록, 「中宗反正이후 承襲外交와 朝明關係」 『한국문화』40, 2007.
김경록, 「홍무제의 대외인식과 조공제도의 정비」 『명청사연구』37, 2012.
김두현, 「요동지배기 누르하치의 대한인정책」 『동양사학연구』25, 1987.
박재우, 2005 「고려군주의 국제적 위상」 『한국사학보』20.
박지훈, 「송요간의 전쟁과 和議:澶淵의 전역과 맹약을 중심으로」 『동북아역사논총』34, 2011.
윤영인, 「10-13세기 동북아시아 다원적 국제질서에서의 책봉과 맹약」 『동양사학연구』101, 2007.
윤영인, 「서구학계 조공제도 이론의 중국 중심적 문화론 비판」 『아세아연구』45-3, 2002.
이경룡, 2005, 「명초 금화학파의 화이론 형성과 변경인식」 『명청사연구』24.
이석현, 「'澶淵의 盟'의 성립과 宋人의 認識」 『동북아역사논총』26, 2009.
이성규, 「중화사상과 민족주의」 정문길 외 엮음, 『동아시아, 문제와 시각』 문학과지성사, 1995.
이익주, 「14세기 후반 원명교체와 한반도」 『동북아 국제질서 속의 한국사』 역사학회, 2006.
이춘식, 「西周 宗法封建制度의 起源문제」 『동양사학연구』26, 1987.
전순동, 1991, 『명왕조 성립사 연구』 한양대 박사학위논문.
전영진, 1999, 「명태조의 정치사상과 군주전제의 성격」 『중국사연구』5집.
전해종, 「韓中朝貢關係考 : 韓中關係史의 鳥瞰을 위한 導論」 『동양사학연구』1, 1966.

한명기, 「17세기 초 · 중반 조청관계와 貳臣」 『북방사논총』8, 2005.

4. 외국서 및 논문

高明士, 「從天下秩序看古代的中韓關係」 『中韓關係史論文集』 臺灣韓國硏究學會編, 1983.
那波利貞, 「中華思想」 岩波講座 『東洋思潮』, 岩波書店, 1936.
白翠琴, 「略論元朝法律文化特色」 『民族硏究』 1998-1.
孫文良, 「論明與後金的遼瀋之戰」 『社會科學輯刊』 1980-5.
宋慧娟, 侯稚文, 「論後金朝鮮“兄弟之盟”的性質」 『長春師範學院學報』22卷2期, 2003.
艾紅玲, 「古代外交禮制的歷史流變考察」 『牧丹江大學學報』21-12, 2012.
芮忠漢, 「“澶淵之盟”的歷史意義」 『殷都學刊』3, 1994.
芮忠漢, 「談“澶淵之盟”」 『中國社會科學院硏究生院學報』5, 2002.
王正毅, 『世界體系論與中國』 商務印書館, 2000.
王曾才, 「中國對西方外交制度的反應」 『淸季外交史論集』 臺灣商務印書館, 1972.
李景蘭, 「試論后金政权的性質」 『社會科學輯刊』1980-6.
李雲泉, 「略論宋代中外朝貢關係與朝貢制度」 『山東師範大學學報』 人文社會科學版 48-2, 2003.
李雲泉, 『朝貢制度史論』, 신화출판사, 2004.
林起安, 「明代禮制與大明律關係初探」 福建師範大學 석사학위논문, 2013.
張啓雄, 「中華世界帝國與中琉宗藩體制的秩序原理性展開: 中華世界秩序原理的考察」 『第四回琉中歷史關係國際學術會議琉中歷史關係論文集』, 1993.
張瑞文, 「赫图阿拉-後金第一都」 『百科知識-上』, 2006.
張雙智, 『淸代朝覲制度硏究』, 학원출판사, 2010.
張存武, 『淸韓宗藩貿易:1637~1894』 中硏院 近代史硏究所, 1978.
鄭微, 「論淸入關前盟誓根源」 『邊疆經濟與文化』97期, 2012-1.
周谷城, 『中國政治史』 中華書局, 1982.
陳戍國, 「大淸律與淸朝禮制」 『湖南大學學報』15-4, 2001.
許振興, 1986, 「朱元璋的天命選授思想」 『學術月刊』1986-8.
黃枝連, 『天朝禮治體系硏究』(上 · 中 · 下) 中國人民大學出版社, 1992.

찾아보기

(ㅇ)

(ㅈ)